보육교사인성론

보육교사 인성론

강유정·박진희 공저

동문사

PREFACE
| 머리말

영유아는 새로운 미래와 시대를 이끌고 갈 중요한 주인공들이다. 보육교사는 보육현장에서 영유아들과 가장 많은 시간을 함께 보내고 가장 직접적으로 상호작용하는 전문인들이다. 따라서 보육교사는 보육의 질을 좌우하는 가장 대표적인 요인인 동시에 보육의 방향과 성과를 결정하는 가장 핵심적인 요인이라고 해도 과언이 아니다. 본 저서는 보육교사가 된다는 것이 무엇을 의미하는지, 훌륭한 인성과 전문성을 지닌 보육교사가 되기 위해서는 어떤 노력을 기울여야 하는지, 올바른 보육교사의 자세는 무엇인지 등을 진지하게 고민하는 데에서 출발한다.

이러한 고민의 해결을 위해서는 보육교사에 대한 전문적인 이해가 필요하다. 따라서 본 저서에서는 보육교사가 되기 위한 출발점에 서 있는 예비보육교사들을 위해 영유아의 전인적인 발달을 돕는 보육교사가 갖추어야 하는 인성과 자질을 살펴보고, 보육교사에게 필요한 여러 가지 직무를 이해하며, 올바른 보육철학과 신념 확립의 중요성을 살펴본다. 또한 보육교사의 사명감과 책무성에 기초하여 꾸준한 자기개발 및 인성 함양의 중요성을 인식하고 전문인으로서 보육교사가 어떻게 성장하고 발달해 가는지 그리고 현직 보육교사가 되면 어떻게 성숙해져야 하는지를 이해할 수 있는 내용으로 구성하였다.

이와 같은 보육교사인성론의 학문적 이해를 위한 이론과 실제들을 3부 12장에 걸쳐 소개하고 있는데, 1부는 보육교사의 개념과 역사를 서술하고 있다. 1장에서는 보육의 개념, 2장에서는 보육교사의 개념, 3장에서는 보육교사의 역할과 자질, 4장에서는 보육교사의 권리와 윤리를 제시하였다.

2부는 보육교사의 전문성 및 인성발달에 관하여 서술하고 있다. 각 장을 살펴보면 5장에서는 보육교사의 전문성, 6장에서는 보육교사의 전문성 함양, 7장에서는 보육교사의 발달과 전문적 성장, 8장에서는 보육교사의 인성교육, 9장에서는 보육교사 인성교육을 위한 8대 인성덕목을 제시하였다.

3부는 보육교사의 자격관리에 관해 서술하고 있다. 구체적으로 10장에서는 보육교사의 자격기준, 11장에서는 보육교사의 자격관리, 12장에서는 보육교직원의 보수교육을 설명하였다.

이 책을 통하여 어느 한순간도 똑같은 사건이 일어나지 않고, 매순간 개별 영유아가 보이는 행동은 어느 하나 똑같은 것이 없으며, 이에 대한 교사의 반응 또한 어느 하나도 똑같을 수가 없는 변화무쌍한 보육현장에 대하여, 예비보육교사들이 당황하거나 어려워하지 않고 잘 대처할 수 있는 보육교사의 역할과 자질, 전문성을 갖기를 바란다. 그리고 영유아를 보다 사랑하는 예비보육교사, 좋은 인성과 자질을 갖춘 보육교사로서 지속적으로 성장·발달하고 성숙되어 나가기를 바란다.

이 책의 집필을 마무리하면서 보육교사인성론이라는 학문에 대해 더욱 많은 이해와 연구가 필요함을 느끼면서, 저서의 미흡한 부분에 대해서는 끊임없는 충고와 비판을 수용하여 더욱 나은 보육교사인성론이 되도록 지속적인 노력을 다할 것을 약속한다.

끝으로 이 책을 완성하기까지 많은 수고를 하신 도서출판 동문사의 임직원 여러분께 감사의 마음을 전한다.

2018년 3월

저자 일동

CONTENTS

| 차 례

| PART II |

보육교사의 전문성 및 인성발달

PART I

보육교사의 개념과 역사

CHATER 01

보육의 개념

1 보육의 의미

보육이란 '보호'와 '교육(教育)'이 합쳐진 개념이다. '보육(保育)'의 의미를 풀어보면 보(保)는 '지키다, 편안하다, 돌보다, 돕다'이며, 육(育)은 '기르다'를 의미한다. 일반적인 사전적 의미는 영유아를 기르고, 정상적인 발달을 목적으로 베푸는 교육이다.

이러한 보육의 개념은 사회발전이나 생활수준의 향상과 더불어 변화되어 왔는데, 원래 보육은 18세기 산업혁명과 20세기 세계대전을 겪으면서 일하는 여성 혹은 가정에서 여러 가지의 질병, 가난 등의 사정으로 영유아를 양육하기 힘든 경우에 이를 지원하기 위한 '탁아사업'으로 시작되었다. 이후 1991년 영유아보육법이 제정·공포되면서 그동안 보호기능에 그쳤던 탁아의 개념이 보호와 교육의 기능을 통합하게 되었고, 그 이후 보호와 교육을 통합하여 '보육'으로 명명하기 시작하였다.

현행 영유아보육법(2017)에 의하면 '영유아란 만 6세 미만의 취학 전 아동을 말하며, 보육이란 영유아를 건강하고 안전하게 보호·양육하고 영유아의 발달특성에 맞는 교육을 제공하는 어린이집 및 가정양육 지원에 관한 사회복지서비스를 말한다'라고 규정되어 있다. 종전의 영유아보육법에서는 '보호자가 근로 또는 질병 기타 사정으로 인하여 보호하기 어려운 영아 및 유아를 심신의 보호와 건전한 교육을 통하여 건강한 사회성원으로 육성함과 아울러 보호자의 경제적, 사회적 활동을 원활하게 하여 가정복지 증진에 기여함을 목적으로 한다'고 규정하고 있었다.

종전의 법과 비교해서 개정된 영유아보육법을 살펴보면, 보육대상이 과거의 보충적 관점에서 저소득층 대상자녀를 중심으로 취업모의 자녀를 맡아 단순히 보호해 주는 개념에서 벗어나, 보편적 영유아로 변화됨에 따라 모든 영유아가 교육과 보호받을 권리를 보장하기 위한 보편적인 인권의 관점으로 변화되었다(이은상 외, 2013). 현대사회에서의 보육은 과거와 같이 저소득층이나 결손가정의 자녀들만이 보육이 필요한 것으로 보지 않고, 일반 가정의 어린이까지 보육의 대상으로 범위를 확대함으로써 보편적 보육으로 변화되었다. 더불어 보육의 성격 또한 부모의 취업유무와 상관없이 그 가족과 지역사회의 요구를 반영하여 확대되었다. 이러한 정의 속에서 보육은 어린이를 잘 길러야 한다는 의미와 유아의 정상적인 발달을 목적으로 유아교육기관에서 제공하는 교육이라는 복합적인 의미가 내재되어 있다.

이와 같이 현대사회에서 보육의 개념은 다음의 세 가지 차원에서 이해될 수 있다. 첫째, 특수계층의 문제가 아닌 모든 계층의 영유아를 포함한다. 둘째, 양육자를 대신하거나 보충한다는 소극적 관점에서 영유아의 전인적 발달을 위해 마땅히 제공되어야 하는 적극적 관점의 전환이 필요하다. 셋째, 영유아와 가족 그리고 지역사회를 지원하는 포괄적 프로그램이다. 이와 같은 보육에 대한 인식의 변화를 Wilson(1986)은 표 1-1과 같이 정리하고 있다.

표 1-1 • 보육에 대한 인식의 변화

전통적 입장(과거의 인식)	현대적 입장(오늘날의 인식)
• 보육은 사회적 서비스이다.	• 보육은 대중사회의 공익사업이다.
• 보육은 국가의 책임이다.	• 보육은 부모의 공적·사회적 지원체제의 공동책임이다.
• 보육은 저소득층 가정을 대상으로 한다.	• 보육은 필요로 하는 모든 계층의 가정을 대상으로 한다.
• 보육시설을 이용하는 사람은 수령인이거나 수혜자이다.	• 보육시설을 이용하는 사람은 소비자인 동시에 후원자이다.
• 보육시설은 공공기금으로 이루어진다.	• 보육은 공공기금으로 이루어지는 서비스만은 아니다.
• 보육시설 허가제도는 아동을 위한 국가의 법적 규제 장치이다.	• 보육시설 허가제도는 부모들이 보다 나은 보육시설을 선택하는 데 도움을 주기 위해 만들어진 소비자 보호 제도이다.
• 보육프로그램을 통해 빈곤가정에서 요구하는 모든 서비스를 전달한다.	• 보육프로그램은 빈곤가정의 요구뿐만 아니라 사회계층과 무관하게 모든 부모들의 요구에 서비스를 제공한다.
• 가족의 문제와 무능은 보육시설을 이용하는 사람들의 주요 특징이다.	• 보육은 기본적인 가정기능의 원활한 수행에 도움이 될뿐만 아니라 치료적 역할을 하기도 한다.
• 보육시설은 가정에 문제가 있을 때 요구되는 '필요악'이다. 보육시설보다는 하루 종일 일하지 않는 부모가 아동을 돌보는 것이 이상적이다.	• 부모의 취업 유무와 관계없이 아이들에게 유익하기 때문에 보육시설과 유치원을 이용한다.
• 보육시설은 학교나 사회적 서비스 체계 안에 있어야 한다.	• 모든 가정이 이용할 수 있는 보육시스템은 공영 또는 사립기관에 의해 운영되는 가정보육, 보육시설, 방과 후과정 등 다양한 종류의 보호형태를 포함한다.

출처: Wilson, S. C.(1986).

현대사회에서의 보육은 이제 단순히 일하는 엄마를 대신하여 아이를 맡아 신체적 안전과 건강에만 치중하는 '탁아'를 넘어서서, 영유아의 신체적·인지적·정의적 발달과 성장을 돕는 보호와 양육과 교육의 모든 활동이 포함되는 복합적이고 다면적인 하나의 '세계'이다(김은설 외, 2009). 최근 국가직무능력표준(NCS, National Competency Standards)에 의하면, 보육은 교육의 의미를 포함하여 영유아의 보호와 양육, 보육과정 운영과 교수, 영유아의 평가 및 안내, 상담 및 정서적 지원 등의 일을 하는 직무로 정의하고 있다. 따라서 보육은 단순한 보호의 기능을 넘어 교육의 의미를 포함하여 이해되어야 할 것이다.

2 보육의 필요성

우리 사회에서 영유아 보육사업은 다양한 원인들로 점점 더 그 필요성이 높아가고 있다. 보육에 대한 인식의 변화, 아동발달의 측면, 여성의 사회 참여로 인한 취업모의 증가, 가족형태의 다양한 변화, 심각한 출산율의 저하, 부모의 이혼 등으로 인한 한부모가정, 조손가정 및 상대적으로 빈곤한 가정의 증가, 아동의 권리 그리고 부모의 학력과 소득증가로 인하여 영유아의 조기 발달 및 교육에 대한 관심이 높아진 점 등이 보육사업의 필요성을 요구하게 되었다. 좀 더 구체적으로 보육의 필요성을 제시하면 다음과 같다.

1) 보육에 대한 관점의 변화

개정된 영유아보육법 제1조(목적)에 의하면 “이 법은 영유아의 심신을 보호하고 건전하게 교육하여 건강한 사회구성원으로 육성함과 아울러 보호자의 경제적·사회적 활동이 원활하게 이루어지도록 함으로써 영유아 및 가정의 복지 증진에 이바지함을 목적으로 한다”<개정 2011.8.4.>고 명시되어 있다. 개정 전 보육의 대상이 요보호 아동에서 개정 후 보편적 영유아로 변화됨으로써 보육은 이제 모든 영유아를 위한 국가적인 책임의 보편적 보육의 관점으로 변화되었다.

2) 영유아기의 발달적 중요성

이 시기는 발달의 기초를 형성하는 중요한 시기로 교육적으로 풍부한 경험이 중요하다고 할 수 있다. 많은 연구들에서 질 높은 보육은 아동의 발달을 향상시킨다는 연구결과들을 제시하고 있다(Clarke-Stewart, 1982; Crockenberg & Litman, 1990; NICHD Early Child Care Research Network, 2001). 이러한 관점에서 사회는 모든 아동이 발달에 적합한 양질의 보육을 받게 할 책무가 있다고 할 수 있다.

3) 취업모의 증가

여성인력을 필요로 하는 직업의 다양화, 자아실현을 위한 방편, 이혼이나 별거 등으로 가정을 꾸려야 하는 가장의 역할, 자녀 교육비나 가계생활비를 보태기 위한 수단, 상대적 빈곤 등으로 인해 여성 취업률이 점점 더 높아지고 있다. 대부분의 취업모들은 직장 일 외에 가사와 자녀 양육 등의 부담을 지니게 된다. 이러한 취업모의 부담을 덜어주고, 국가의 사회 및 경제 발전을 위한 여성 인력의 활용 효과를 높이기 위해서는 그에 병행하여 영유아 보육사업을 확충시켜 나가야 할 필요성이 높아지고 있다.

4) 가족구조의 변화

부모와 자녀중심의 핵가족 가정에서는 한두 자녀를 낳기 때문에 형제 사이에서 사회성을 형성할 기회가 거의 없고, 부모를 대신하여 돌봐줄 가족도 없다. 또한 이웃 간에 단절된 현상이 심화되면서 다른 자녀와 어울릴 기회조차 드물어지고 있다. 따라서 이러한 현실적 문제를 해결하는 방안으로서 어린이집, 유치원 등의 보육 및 교육시설이 절대적으로 필요해지고 있다.

또한 부모의 이혼, 별거, 사별 등으로 자녀 양육에 어려움을 겪는 가정의 증가 현상은 보육의 필요성을 증가시키는 또 다른 이유가 되고 있다. 또한 결혼은 하지 않고 자녀를 낳아 키우는 여성의 수도 증가하고 있으며, 이들은 이혼모들과 마찬가지로 외로운 부모 역할의 어려움을 감수해야 한다. 혼자 자녀를 양육하면서 경제활동을 해야 하는 한부모가정의 경우, 어린 자녀를 안심하고 맡길 수 있는 보육시설의 필요성이 높을 수밖에 없다.

이와 같은 가족구조의 변화는 가치관의 변화나 삶의 양식변화 등을 가져오게 되어 가정과 연계된 국가적 차원의 보육사업을 필요로 하게 되었다.

5) 출산율의 저하

여성이 출산을 기피하는 데에는 자녀 교육비에 대한 큰 부담, 자녀에 대한 노후보장 기대 감소, 결혼 연령의 상승, 여성의 사회활동 참여 증가 등 여러 가지 원인들이 있다. 전국경제인연합회(2002)는 저출산의 요인을 다음과 같이 분석하고 있다.

- 높은 교육비용: 공교육의 부실, 학벌위주 사회, 학부모의 왜곡된 교육열 등이 과도한 사교육비 부담을 초래하여 자녀수를 위축시키는 요인으로 작용
- 자녀에 대한 노후보장 기대감소: 효에 대한 인식변화, 부모 스스로 생계를 해결하거나 노후를 준비하는 경향이 증가하여 자녀수를 위축시키는 요인으로 작용
- 결혼연령 상승: 자아실현을 결혼보다 우선시하고 여성의 사회활동 참여 증가 및 고등교육 수요증대 등으로 남녀의 초혼연령이 상승하는 추세가 높아져서 첫 자녀의 출산연령 증가 및 자녀수 감소현상 초래
- 여성의 경제활동 참여 증가: 여성의 교육수준 향상, 사회참여 욕구 증가, 교육비 부담 등으로 여성의 경제활동 참가가 증가하여 자녀출산을 기피하거나 연기하는 현상 초래

공공보육제도의 유무가 출산력에 유의미한 영향을 주기 때문에(한국보건사회연구원, 2005), 국가는 이러한 관점에서 저렴하고 질 높은 보육을 제공해야 할 것이다.

6) 빈곤가정의 자녀문제 해결

자본주의적 경제 체제를 도입하고 있는 사회에서는 흔히 빈익빈 부익부 현상이 나타나는 것은 일반적이다. 미국의 경우에도 보육사업은 이러한 빈곤층 자녀의 문제를 해결하기 위한 방편에서 크게 발전되었다. 1964년 미 연방정부는 헤드스타트(Head Start)라는 프로젝트를 실시하여 빈곤가정의 아이들을 위한 교육, 영양, 건강, 부모교육 등의 광범위한 사회적 서비스를 제공하였다. 현재까지 지속되고 있는 이 헤드스타트는 세계적으로 많은 영향을 주어 각국의 보육정책에 새로운 방향을 제시하였고, 빈곤층 및 다양한 계층의 어린이들을 위한 많은 보육프로그램들을 개발하고 발전시키는 계기가 된 것으로 평가받고 있다.

7) 아동의 권리

아동은 어떠한 경우에도 안정된 가정환경을 제공받아야 할 권리가 있으며, 발달에 적합한 보육환경과 사랑 속에서 평등하게 성장할 권리가 있다. 국제적 차원에서 아동의 권리선언은 네 차례 선포되었고, 그 시초는 1924년 국제연맹에서 공포한 '아동의 권리에 대한 제네바 선언'이다. 그 다음은 1959년 국제연합에서 공포한 '아동권리선언'으로, 이 선언은 세계 각국에 아동의 생존과 발달에 관한 권리를 보장하려는 노력에 많은 영향을 끼쳤다(주정일, 이소희, 1998).

이러한 입장에서 볼 때 현대사회의 산업화·도시화에 따른 여성의 사회참여 증가 및 가족구조의 핵가족화로 급증하고 있는 보육수요는 아동의 복지권이라는 측면에서 국가가 능동적으로 대응할 필요성을 야기하고 있다(도미향 외, 2016).

8) 부모의 학력 및 소득의 증가

부모의 학력 및 소득의 증가로 인해 우수한 영유아 보육 프로그램 개발과 적용의 요구가 높아지고 있다. 어떠한 교육 프로그램을 실시하고 있는가 하는 문제는 부모들이 어린이집과 유치원을 선택하는 중요한 기준이 되고 있다. 이러한 측면에서 지역사회 실정에 알맞은 독특하고도 우수한 프로그램의 개발과 적용 그리고 높은 수준의 시설이 요구되면서 보육사업의 질을 향상시키고 있다.

3 현대사회 보육서비스의 특성

우리나라의 보육사업은 1921년 태화기독교사회관에서 빈민아동을 위한 구제사업의 일환으로 시작되었으며, 1961년 아동복리법이 제정·공포되면서 '탁아소'를 법정 아동복지시설로 인정하고 보육시설의 설치기준, 종사자 배치기준, 보육시간, 보호내용 등을 구체적으로 규정하였다(김창복 외, 2004).

이후 보육사업은 1991년 영유아보육법이 시행되면서, 그간 아동복지법(보건복지부), 유아교육진흥법(교육부), 남녀고용평등법(노동부)으로 분산되어있던 법체계와 주관부서가 통합·일원화됨으로써 새로운 발전과 도약의 전기를 맞게 되었다. 기존의 '탁아'라는 용어를 보호와 교육을 통합한 '보육'이라는 개념으로 전환하였고, 보육의 내용도 아동에 대한 교육, 영양, 건강,

안전 등 보호와 교육뿐만 아니라 부모에 대한 서비스와 지역사회와의 교류까지 포괄하는 종합적인 서비스를 제공하도록 하였다.

즉, 초창기 아동보육이 저소득층 자녀 및 소외계층의 자녀들을 대상으로 구빈적인 차원에서 이루어졌으나, 사회변화에 따라 그 대상과 서비스가 점점 확대되어, 아동보육의 개념이 아동복지, 여성복지, 가족복지, 지역사회복지 등 사회복지의 여러 분야로 확대·시행되기에 이르렀다(임시아, 2013).

현대사회의 보육서비스는 그 본질적 기능에서 사회복지와 교육의 두 가지 기능을 담당한다는 점에서 이중적인 특성을 지니고 있다. 이제는 영유아에 대한 보육이 영유아의 잘 자랄 권리, 교육의 권리 및 영유아의 행복추구의 권리 이외에도 그들의 복지를 지원하는 체제로서의 특징이 강조되고 있다.

최근 우리나라에서는 아동보육이 양육·보호 및 교육을 통합하는 개념으로 아동과 일하는 어머니를 위한 사회적 지원서비스로 개념화되고 있다. 즉, 보육이란 교육, 사회서비스, 영양, 건강서비스 등을 종합한 보호·교육의 통합적 개념으로 설명한다(이기숙, 1995).

이러한 보육에 대한 관점은 아동의 발달이 그를 둘러싼 환경과의 지속적인 상호작용의 결과로, 아동의 최적 발달을 위해 아동뿐 아니라 가족, 지역사회, 사회적 가치 등 다양한 환경체계에까지 관심을 가지고 이들의 개별적 욕구와 문제를 해결하면서 보육의 목적을 달성하는 포괄적 아동보육서비스(comprehensive child care service)의 개념으로 이해될 수 있다(김기환, 2001).

좀 더 구체적으로 포괄적 아동보육서비스의 개념은 목적의 포괄성, 관점의 포괄성, 기능의 포괄성, 대상의 포괄성, 시간의 포괄성으로 설명된다(김기환, 2001: 24-30).

① 목적의 포괄성: 아동복지, 여성복지, 가족복지, 지역사회복지를 모두 추구하는 목적의 포괄성을 갖는다.

② 관점의 포괄성: 생태체계적 관점에 따라 보육아동, 가정환경 그리고 지역사회의 특성에 따라서 개별적으로 구성되고 제공되어야 한다. 따라서 농어촌지역의 보육서비스는 도시지역의 보육서비스와 차별되어야 하고, 저소득 가정 아동과 중류층 가정 아동을 위한 보육서비스 또한 다르게 구성되어야 한다.

③ 기능의 포괄성: 전통적으로 아동보육서비스는 보충적 아동복지서비스로 분류되었으나, 그 기능이 확대되어 지지적 아동복지서비스 및 대리적 아동복지서비스도 포함한다.

④ 대상의 포괄성: 서비스 대상이 보육아동뿐 아니라, 부모 및 지역사회까지도 포함한다.

⑤ 내용의 포괄성: 교육, 영양, 안전, 부모에 대한 서비스, 지역사회교류의 보육영역들이 모두 포함된다.

⑥ 시간의 포괄성: 보육아동을 영유아기뿐 아니라 초등학교 졸업 시까지 지속적으로 관리하는 시간의 포괄성을 갖는다.

따라서 보육서비스는 아동의 기본 생존권과 교육받을 권리를 보장한다는 점과 그들의 권리와 그들이 속한 가정을 지원한다는 측면에서 사회복지는 물론, 교육체제로서의 특징을 지닌 복합적인 복지서비스라고 할 수 있다. 이에 따라 현대적 관점에서의 아동보육서비스는 김종해(2003)의 모형에 따라 그림 1-1과 같이 나타낼 수 있다.

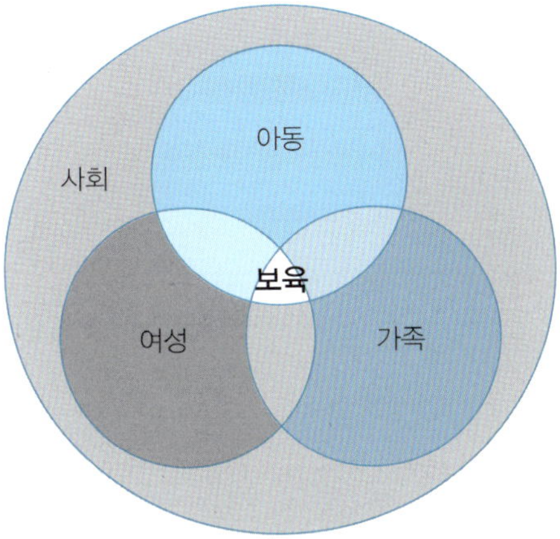

그림 1-1 • 현대 아동보육서비스의 모형

CHATER

02

보육교사의 개념

1 보육교사의 개념

보육교사는 어린이집에서 0세~만 5세 영유아를 보호하고 교육하는 교사를 의미한다. 즉, 보육교사는 영유아를 대상으로 심신의 보호와 건전한 교육을 통하여 건강한 사회구성원으로 육성하고, 더불어 보호자를 지원하여 궁극적으로는 가정복지 증진에 기여하는 자라고 할 수 있다. 그러나 무엇보다 보육교사는 영유아를 대상으로 영유아가 자신의 잠재력을 충분히 발휘하고 성숙한 인격을 가진 이상적인 인간으로 성장·발달할 수 있도록 돕는 사람을 의미한다(민성혜 외, 2013).

교육의 질은 교사의 질을 능가하지 못하므로 교육의 질을 향상시키기 위해서는 법적·행정적 기준이나 양질의 프로그램도 중요하지만, 시설을 운영하고 프로그램을 활용하며 부모를 대신하여 영유아들을 돌보고 가르치는 보육교사는 보육의 가장 중요한 질적 요인이라 할 것이다(이은상 외, 2013).

우리나라에서 '보육교사'라는 명칭은 1991년 영유아보육법이 제정되면서 이전의 '보육사'라는 자격이 영유아보육법에 보육교사의 자격이 규정되면서 '보육교사'라는 명칭이 공식화되었고 대중적인 용어로 사용되기 시작했다. 영유아보육법이 처음 제정되었을 때에는 보육교사의 자격에 학력과 전공 교육과정의 기준이 적용되었다. 학력은 대학 또는 고등학교 졸업 이상이며 전공은 '유아교육 또는 아동복지'와 관련된 학과로 규정되어 있었다. 여기서 학력조항은 현재까지 적용되고 있으나, 전공조항은 관련학과를 졸업해야 한다는 기준에서 '보육관련 교과목과 학점을 이수'해야 하는 것으로 바뀌었다. 또한 2004년에 영유아보육법이 전면 개정되면서 보육교사의 직업적 전문성을 강화하고자 보육교사 자격인정제를 국가자격증제로 전환하였다(문혁준 외, 2011).

이에 오늘날 우리나라의 보육교사는 어린이집 교사로서 보건복지부장관이 수여하는 '보육교사'라는 국가자격증을 소지한 자를 일컫는다. 우리나라에서 '교사'라는 국가자격증은 기본적으로 유아교육법 및 초·중등교육법 규정에 의한 교원자격증을 의미하는데, 기존의 '보육종사자'를 보육교사라고 지칭한 것은 어린 영유아를 돌보고(보육), 가르치는(교육) 일이 중요한 역할임을 인정한 것이라 할 수 있다. 또한 최근에 영유아보육법의 일부를 개정하면서 그동안 '보육종사자'로 규정되어 있던 보육교사의 명칭을 '보육교직원'으로 변경하였다. 개정 제안의 이유는 국민들에게 보육교사에 대한 밝고 긍정적인 이미지를 주고 보육교사의 위상을 제고하고자 함이었다. 오늘날 보육교사는 보건복지부장관이 발급한 자격증을 가지고 어린이집에서 영유아의 보육과 교육, 나아가 사회복지서비스를 담당하는 보육전문 인력으로 자리매김을 하고 있다(문혁준 외, 2011).

보육교사는 여타의 각급 교사들과는 또 다른 역할이 기대되는데, 카츠(Katz, 1978)는 교육대상 아동의 연령이 어리면 어릴수록 교사의 역할이 중요하고, 다양하며, 애매하다고 지적하고 있다. 초·중등교사가 집단적이고 언어적인 교수방법을 통하여 지식전달의 역할에 치중하고 있다면 영유아를 담당하는 교사는 개별적이고 비언어적인 방법, 즉 다양하고 구체적인 경험을 통해 아동 스스로 세상을 발견해 나가도록 조력해야 한다. 뿐만 아니라 유아들에게 기본적인 생활습관을 길러 주어야 하고, 사회성의 기초를 다져 주어야 하며, 신체적인 안전까지 책임져 주어야 한다.

이와 같이 보육교사는 단순히 영유아를 보호하는 양육의 역할 담당자일 뿐 아니라 영유아의 전인적 성장을 지원하고 안내하기 위하여 전문적인 교육을 계획·실행하는 교육 전문가이며, 가족 및 부모상담 그리고 복지전문가이자 아동의 권리지킴이이다. 따라서 보육교사란 단순히 영유아의 교육과 보호뿐 아니라, 그들의 학부모를 위한 포괄적 서비스는 물론이고 두 수혜자의 이득과 권리보장을 적절히 조화시킬 수 있는 전문가를 의미한다.

이러한 교육 전문가로서의 보육교사는 영유아의 생애 초기에 결정적인 역할을 담당하기 때문에 매우 중요한 존재일 뿐 아니라 영유아와 함께 생활하는 가운데, 본인도 전문가로서의 성장과 발달을 지속해나간다는 점에서 그 중요성이 강조되고 있다. 따라서 보육교사가 되려고 하는 사람들은 적어도 보육교사가 된다는 것이 무엇을 의미하는지, 감당해야 할 역할은 구체적으로 어떤 것인지, 자질과 전문성은 어떤 것인지 그리고 그런 자질과 전문성을 지니기 위해서 어떤 노력을 기울여야 하는지 등에 관하여 진지하게 생각해 보아야 할 것이다.

2 보육교사직의 특성

우리나라는 1982년에 유아교육진흥종합계획이 수립되고 유아교육진흥법이 제정되면서 본격적으로 유아교육의 이원화가 시작되었는데, 당시 문교부 산하 유치원과 내무부 산하 유아원으로 나누어져 유아교육기관이 운영되어 왔었다. 그 후 1991년 영유아보육법이 제정되면서 다시 교육부의 유치원과 보건복지부의 어린이집으로 이원화되었는데, 과거의 유아원이 어린이집으로 대거 전환된 사실로 미루어 볼 때, 유치원 교사와 보육교사의 직업적 특성은 시대적, 사회적 요청에 의해 구분되어 왔다고 볼 수 있다. 유치원과 어린이집은 운영체제에 있어서는 각각 독립적이나 그 기능에 있어서는 유사하거나 중복되는 면이 많다.

보육은 주 대상이 영유아기 아동은 물론이고 그 부모를 포함하는 교육과 사회복지 성격을 모두 지니고 있다. 보육교사가 지닌 이중적인 전문가의 역할수행이 보육교사의 전문성 개념을 모호하게 만드는 원인이 되기도 한다. 그러나 분명한 것은 보육교사가 한 가지 역할만을 수행하는 전문직은 아니라는 점이다. 영유아의 전인적 성장을 지원하는 전문가이면서 동시에 이 두 가지 역할의 균형을 잘 조정하는 관계 전문가라는 점을 특성으로 볼 수 있다.

보육교사직의 전문적 특성을 정리하면 다음과 같다(백혜리, 2012).

첫째, 영유아 발달 및 교육 전문가이다.

영유아기는 인생에서 발달이 가장 빠르게 일어나는 시기이다. 모든 발달의 기초를 이루는 시기로서 이 시기의 어떠한 경험이 이후의 생리적·심리적 발달에 불가역적(不可逆的)인 영향을 줄 수 있다(이은상 외, 2013). 따라서 이 시기 영유아의 전체적인 발달을 돕기 위해 영유아의 발달과 학습에 관한 폭넓은 지식을 지니며, 교수기술이나 교실운영 등의 업무뿐만 아니라 진단, 의사결정 및 판단 등과 같은 여러 역할을 수행할 수 있는 지식을 필요로 하는 전문가이다(Broudy, 1984).

둘째, 지역사회 내 영유아 복지 전문가이다.

보육은 영유아를 건강하고 안전하게 보호·양육하고 영유아의 발달 특성에 맞는 교육을 제공하는 어린이집 및 가정 양육 지원에 관한 사회복지서비스를 말한다(영유아보육법 제2조 2항). 즉, 영유아를 위한 보육서비스에 있어서 아동에게 영향을 미치는 가족, 지역사회 등을 서비스의 대상으로 보는 생태학적인 관점에서 접근하는 것을 의미한다. 따라서 보육교사는 보육서비스에서 단순히 아동의 교육과 보호만을 시행하는 것이 아니라 아동의 위생, 건강, 안전 등과 관련된 활동뿐 아니라 그들의 가족 및 지역사회의 기능을 보강하고 지원하는 활동을 실행함을 의미한다.

셋째, 영유아와 그 가족을 위한 상담 및 부모교육 전문가이다.

교사는 학부모를 교육하고 상담하는 등의 다양한 역할을 수행한다. 보육교사가 가족을 위한 상담 및 부모교육 전문가인 이유는 영유아를 위한 적절한 교육은 인생의 초기 경험으로서 전 생애에 결정적인 영향을 미치기 때문에 중요하며, 발달 특성상 영유아를 위한 교육기관에서의 교육만으로 제대로 성취되기 어렵기 때문이다. 영유아기에 발달적 특성과 적합한 교육, 애착의 중요성, 적절한 부모-자녀 상호작용의 중요성, 학교-가정의 의사소통의 중요성에 대한 교육뿐 아니라 이를 실천해야 하며, 더 나아가 육아에 대한 상식이 적은 학부모가 올바른 가치판단을 하고 그들의 자녀를 적절하게 양육할 수 있도록 지원하는 상담, 지도 및 도움이 필요한 경우 지역사회의 다양한 복지기관과의 연결을 지원하는 등과 같은 양육지원사업을 실천함을 의미한다.

넷째, 영유아의 권리지킴이이다.

아동권리협약(1982)에 따르면, 영유아는 인간으로서의 존엄함을 지니고 태어난다. 따라서 영유아에게도 이러한 인간의 권리로서 행복추구권이 보장되어야 하는데, 이는 그들의 잠재력을 개발하고 행복을 누릴 권리를 보장하는 것을 의미하며, 아동을 위한 최선의 이익이 성인 중심주의, 행정편의주의 등에 의해 침해되는 일이 없어야 함을 의미한다. 즉, 아동과 관련된 모든 사회적 활동에서 아동의 권리를 최우선으로 고려하여야 함을 의미한다.

아동권리협약의 관점에 기초하여 보육하고 있는 영유아의 인권이 침해되는 경우가 발생하지 않도록 방지하기 위하여 최선의 노력을 기울여야 하고, 이들의 권리를 보호해야 하며, 만약 영유아의 권리가 침해된 경우가 발생한다면 이를 해결하기 위하여 지역사회에 신고, 후속조치 혹은 적극적인 보호 등의 최선의 노력을 하여야 한다. 또한 보육교사는 부모를 대신하여 영유아의 건강과 안전을 돌볼뿐 아니라, 영유아가 학대에 노출되어 있는지에 대하여도 관심을 가져야 하는 직업인이다(문혁준 외, 2011).

3 영유아보육법에 나타난 보육교사직의 특성

영유아보육법에서 언급된 보육교사 관련 내용은 크게 보육교사 자격기준, 보수 및 승급교육 그리고 보육교사의 업무 등이 있다. 이 중 보육교사의 업무와 관련된 영유아보육법의 규정을 통하여 보육교사직의 특성을 살펴보면 다음과 같다.

첫째, 영유아보육법 제2조(정의)에서 살펴보면 보육교사는 '보육교직원'으로 어린이집 영유아의 보육, 건강관리 및 보호자와의 상담, 그 밖에 어린이집의 관리·운영 등의 업무를 담당하는 자로 명시되어 있다<전문개정 2007.

10.17.>. 또한 제18조(보육교직원의 직무)에서는 보육교사는 영유아를 보육하고 어린이집의 원장이 불가피한 사유로 직무를 수행할 수 없을 때에는 그 직무를 대행한다고 규정되어 있다<개정 2011.6.7.>. 따라서 보육교사의 업무로는 영유아를 보육하고, 보육시설의 장이 불가피한 사유로 직무를 수행할 수 없을 때에는 그 직무를 대행하는 것을 알 수 있다.

둘째, 영유아보육법 제21조(어린이집의 원장 또는 보육교사의 자격)에서 보육교사는 다음 각 호의 어느 하나에 해당하는 자로서 보건복지부장관이 검정·수여하는 자격증을 받은 자이어야 한다고 명시되어 있다<개정 2011.8.4.>.

1. 「고등교육법」 제2조에 따른 학교에서 보건복지부령으로 정하는 보육 관련 교과목과 학점을 이수하고 전문학사학위 이상을 취득한 사람

1의2. 법령에 따라 「고등교육법」 제2조에 따른 학교를 졸업한 사람과 같은 수준 이상의 학력이 있다고 인정된 사람으로서 보건복지부령으로 정하는 보육 관련 교과목과 학점을 이수하고 전문학사학위 이상을 취득한 사람

2. 고등학교 또는 이와 같은 수준 이상의 학교를 졸업한 자로서 시·도지사가 지정한 교육훈련시설에서 소정의 교육과정을 이수한 사람

③ 제2항에 따른 보육교사의 등급은 1·2·3급으로 하고, 등급별 자격기준은 대통령령으로 정한다.

④ 제2항 제2호에 따른 교육훈련시설의 지정 및 지정 취소, 교육과정 등에 필요한 사항은 보건복지부령으로 정한다<신설 2011.8.4.>.

또한 영유아보육법 제23조의2(보육교사의 보수교육)에서는 보건복지부장관은 보육교사의 자질 향상을 위한 보수교육(補修教育)을 실시하여야 한다. 이 경우 보수교육은 집합교육을 원칙으로 한다<개정 2015.5.18.>고 규정하고 있다.

영유아보육법에서 보듯이 국가는 질 높은 영유아 보육서비스의 실행을 위하여 적합한 보육교사 국가자격증제도의 운영, 경력관리는 물론이고 교사의 계속적인 전문적 성장을 유도하기 위한 승급 및 보수교육의 기준을

마련하고 있다. 따라서 보육교사는 국가에서 그 자격과 경력 등에 대하여 체계적으로 관리하고 지원하는 전문가이다.

셋째, 영유아보육법 제29조(보육과정)에 의하면 보육과정은 영유아의 신체·정서·언어·사회성 및 인지적 발달을 도모할 수 있는 내용을 포함하여야 한다고 명시하고 있다. 보육교사는 표준보육과정의 내용이 제시하는 영유아의 전인적 성장을 위한 교육서비스와 함께 영유아의 안전과 건강관리를 위한 서비스를 실행할 의무(영유아보육법 제31조)가 주어진다.

이와 같이 현행 영유아보육법에서의 규정에 기초하여 볼 때, 만6세 미만 영유아를 위한 보육교사는 그 직업이 보육교직원으로 규정되어 있으며, 국가에서 그 자격을 인정하고 발전시키고자 하는 전문직이다. 또한 그 업무의 특성이 영유아의 전인적 성장 및 건강과 안전을 보장하기 위한 보육서비스를 포함한다는 점을 알 수 있다(백혜리, 2012).

4 보육교사제도의 변천

우리나라의 보육교사 양성제도는 영유아를 위한 보육제도의 발전과 그 맥을 같이 한다. 우리나라의 보육은 1921년 서울의 태화기독교사회관의 빈민 아동을 위한 구제사업의 일환으로 시작되었고, 1961년 아동복리법이 제정됨으로써 본격적으로 보육사업이 실시되었고, '탁아소'가 법정시설로 인정되었다. 1960년대 경제개발 5개년 계획을 추진하던 정부는 도시화·산업화가 촉발되면서 보육수요가 늘어나 시설이 부족하게 되자, 1968년 미인가 보육시설의 임시조치령을 공포하였으며, '탁아소'를 '어린이집'으로 명칭을 바꾸었다. 당시 아동복리법에서는 별도의 인력기준에 대한 조항은 없었다.

따라서 이 시기에 탁아를 담당하고 있는 보육교사는 별도의 자격 없이 아무나 담당할 수 있었으며, 시설의 설치·운영 역시 누구나 할 수 있었다.

1982년 제정된 유아교육진흥법은 제5공화국에서 추진한 유아교육 육성계획에 따른 것으로 유치원과 어린이집의 통합을 통해 유아교육의 일원화를 모색하는 것이었다. 따라서 기존에 보건사회부에서 관장하던 691개소의 어린이집과 농촌진흥청에서 관장하던 382개소의 농번기 탁아소, 1980년 1월부터 내무부에서 설치·관장하던 263개소의 새마을협동유아원 및 38개소의 민간 유아원 등 1,374개소의 아동관련 시설은 새마을 유아원으로 일원화되어 내무부에서 관장하게 되었다(양옥승 외, 2001). 유아교육진흥법에서는 시설 종사자로 원장과 교사 및 영아반 담당 보육사를 두도록 하여 아동의 연령에 따른 이원적인 교사제도를 운영하였다. 새마을 유아원 교사의 경우 유치원 2급 정교사 자격을 가진 경우로 하였으며 영아반을 담당하는 보육사의 경우는 별도의 자격기준으로 이원화되었다.

보육사업에 대한 사회적 요구가 높아지자 효율적인 보육사업 운영을 위해 국가에서는 1991년 「영유아보육법」을 제정하고 본격적으로 보육사업을 시행하게 된다. 그리고 그동안 노동부, 내무부, 문교부 등으로 분산되어 있던 보육업무가 보건복지부를 주무부서로 일원화되고, 보육사업의 체계화와 양적인 확대를 위하여 노력을 하게 된다. 보육교사라는 직업명은 1991년 영유아보육법에 의하여 보육시설 종사자에 포함되어 사용되기 시작하였다.

1998년 3월에 개정된 영유아보육법에 의해서 보육교사 1급 자격을 취득하기 위해서는 반드시 보육시설, 유치원, 사회복지시설에서 4주 이상의 보육실습을 추가하고, 승급을 위해서 보수교육을 의무화하는 등의 종사자 기준을 강화하여 보육전문인으로서 준하는 기준을 요구받게 되었다(보건복지진흥원, 2006). 그러나 소정의 교육과정을 이수하면 자격을 수여하는 인정제의 형식을 여전히 취하였다. 매우 개방된 시설장과 보육교사자격제도는 보육의 전문성을 떨어뜨리는 결과를 가져왔다. 이러한 개방된 보육교사 양성제도로 인하여 보육시설장과 보육교사의 전문성에 대한 문제가 제기되었다.

2004년 영유아보육법이 전면 개정되면서 이제까지 보육의 양적 확충에 중점을 두었던 보육사업은 보육의 질을 제고하기 위한 정책으로 변경된다. 개정된 영유아보육법에서는 보육시설의 제도적 기반을 재정비하여 "보육의 공적 책임 강화와 보육서비스의 질 제고"를 위한 기반을 조성하고자 노력하였다. 이를 위하여 개정된 영유아보육법에서는 보육시설 설치의 인가제로의 전환, 어린이집 평가인가제도의 시행, 보육교사의 국가자격증제도 시행, 지역사회와 연계된 보육서비스 제공, 보육내용의 표준화, 영아·장애아·저소득층 보육의 우선 제공, 직장보육시설 설치 활성화, 소득수준에 따른 보육료의 차등지원제도 도입, 보육교사 인건비, 운영 경비 지원 등을 주요내용으로 하고 있다.

개정된 영유아보육법에 의해서 2005년부터 보육교사 자격의 인정제도는 국가자격증제도로 변화하게 되었다. 이러한 발전은 보육교사직에 대하여 국가에서 그 전문성을 인정하는 신호로 볼 수 있다. 이때 보육교사자격제도는 보육교사의 등급 1, 2, 3급으로 변경되었다. 보육시설장에 대해서도 2007년부터 국가자격증제도가 처음 시행되었다.

이후 2011년 정부는 '만 5세 공통과정'제도를 발표하면서 취학전 교육·보육에 대한 국가의 책임을 강화하였다. 즉, 누리과정은 유치원과 어린이집에 상관없이 만 3~5세 어린이들의 공평한 교육과 보육 기회 보장을 위해 2012년부터 공통으로 시행하도록 만든 표준 교육내용을 말하며, 2012년 3월, 5세 누리과정을 시작으로 2013년 3월부터는 3~4세까지 확대되어 시행되고 있다. 누리과정 담당교사의 자격은 1, 2급 보육교사, 만 5세 장애아담당 특수교사로서 반드시 누리과정 연수과정을 이수하여야 한다.

현행 보육교사의 자격은 취득 경로가 다양하고, 교육과정 이수를 통하여 일정한 기준을 충족만 하면 자격증을 취득할 수 있다.

결론적으로 보육교사제도의 변화에 비추어 볼 때 이제는 보육교사의 역량을 강화시킬 필요성이 본격적으로 논의되어야 할 시점에 이르렀다고 할 수 있다. 보육의 질은 보육교사의 질을 넘을 수 없다는 평범한 문장을 되새기면서 훌륭한 인적자원을 효과적으로 교육시켜 현장에 배치시켜야 할 것이다.

CHATER

03

보육교사의 역할과 자질

1 보육교사의 역할

역할이란 제도 속에 규정된 지위에 부여되는 행동적 기대를 말한다. 사람은 누구나 사회체제 속에서 일정한 지위를 획득하게 된다. 지위를 점유한 사람은 그 지위와 관련하여 수행해야 하고 공동체에 의해 인정된 특정한 행위를 하게 된다. 이때 지위와 관련하여 사회공동체에 의해 제도적으로 부여된 권한과 책임을 역할이라 한다(이병환 외, 2012). 이러한 관점에서 볼 때 보육교사의 역할이란 보육교직원이라는 지위에 대해 다른 사람들로부터 기대되는 행동의 범주라고 볼 수 있다.

영유아보육법(2017)에 의하면 "보육교직원이란 어린이집 영유아의 보육, 건강관리 및 보호자와의 상담, 그 밖에 어린이집의 관리·운영 등의 업무를 담당하는 자로서 어린이집의 원장 및 보육교사와 그 밖의 직원을 말한다"라고 역할 수행을 명시하고 있다. 이러한 보육교사의 역할은 개별 영유아의 성장·발달에 직접적으로 영향을 미치기 때문에 중요하다(서영숙, 김경혜, 2003).

1) 보육교사의 역할 수행에 영향을 미치는 사회적 맥락

보육교사의 역할은 다양한 시대적·국가적·경제적·지역사회적 맥락 등 다양한 사회적 맥락의 틀에서 생각해 볼 수 있다. 예를 들어, 보육이 영유아를 안전하게 보호하고 제때 적절한 식사를 주는 어머니와 같은 역할을 담당하였던 시기에 보육교사에게 우선적으로 요구된 역할은 따뜻한 어머니의 역할이었을 것이다. 그러나 가족구조가 다양해지고 여성들의 사회적 진출이 보편화되기 시작한 21세기에는 좀 더 다양한 역할이 요구된다고 볼 수 있다.

21세기로 접어들면서 어린이집에서 염두에 두어야 할 사회적 맥락을 정리해 보면 다음과 같다.

첫째, 취업모의 근로시간이 다양화된 점이다. 최근에는 근로형태가 다양화되면서 근로시간이 일정하게 정해져 있지 않은 업무에 종사하는 사람들도 늘고 있고, 야간과 새벽까지 근무해야 하는 사람들, 24시간 3교대 근무 간호사 등의 직업이 늘고 있고, 가족 구조의 특성상 보호자의 예기치 않은 질병, 사고, 장기 출장 등으로 학부모 역할을 수행할 수 없을 경우에 자녀가 24시간 보육을 받아야 하는 경우도 있다. 이러한 특수보육의 상황에서는 보육교사에게 보다 전인적인 역할이 요구된다고 볼 수 있다(민성혜 외, 2013).

둘째, 아동은 다양한 가족환경, 즉 다양한 주거 형태, 가족 구조, 고용 상태 등을 가지며, 또한 빈곤 등에 의해 스트레스를 받는 가정환경을 가진 영유아 등 다양한 가족환경에서 온다(권영례, 김소라, 2015). 이러한 상황도 보육교사가 아동들에게 제공할 학습경험을 준비할 때 고려해야 할 사회적 맥락이다.

셋째, 저소득층 영유아, 가족의 변화를 경험한 영유아, 사회·정서적 어려움을 가지고 있는 영유아 등의 문제가 지적되고 있다. 보육교사는 다양한 보육요구를 가진 영유아들에 대한 맞춤형 보육을 제공할 수 있도록 전문성을 갖추어야 한다(민성혜 외, 2013).

2) 보육교사의 역할

교사란 통찰력과 지식을 가지고 행동을 가르치고, 지도하고, 훈련시키는 사람이다. 영유아기를 담당하는 보육교사는 영유아와 상담하고, 조언해 주고, 지원하고, 격려하고, 평가하며 존중하는 역할을 수행한다. 이러한 보육교사로서의 역할은 매우 다양하고 서로 다른 역할들이 동시에 요구되기 때문에 역할수행에 어려움이 많은 직업이다. 강문숙(2008)은 보육교사의 직무에 대한 내용 분석 및 인식조사에 관한 연구에서 보육교사의 직무가 10개 영역에서 144개 내용으로 분석될 만큼 그 직무가 복잡하고 다양하다.

보육교사가 맺게 되는 다양한 관계를 중심으로 보육교사의 역할을 정리하면 다음과 같다.

첫째, 양육자로서의 역할이다. 영유아들과 친밀한 관계를 형성하고, 영유아들이 어린이집에서 안전하고 편안하며 행복하게 성장하도록 하는 데 강조점을 두는 것이다.

아동은 언어적 지지를 받고 '사람은 누구나 의미있는 존재'라는 메시지가 담긴 교사의 태도를 통해 양육된다(Weiser, 1970). 어린이집에서 양육자의 역할을 담당하는 보육교사와 영유아가 형성하는 애착은 다양한 사회·정서적 발달을 예측하는 강력한 변인으로, 어머니와의 불안정 애착에 대한 보상 역할까지 하는 것(Goossens & van IJzendoorn, 1990)으로 보고되고 있다. 부모를 대신하여 하루의 대부분을 어린이집에서 머무는 영유아들을 가정에서 느끼는 편안함과 부모로부터 받는 따뜻한 사랑으로 안전하게 돌봐주어야 한다.

교사의 양육자로서의 역할이 곧 엄마로서의 역할을 의미한다고 할 수 없지만, 보육교사는 일반 전문직이나 교직에서는 찾아보기 어려운 돌봄 역할의 특성으로 인해 어머니에 버금가는 헌신적이고 친밀한 양육자의 역할을 한다(백승선, 2010).

둘째, 관찰자 및 평가자의 역할이다. 영유아를 효율적으로 보육하기 위해서는 영유아의 발달수준이나 요구들을 파악하고 이해해야 한다. 이를 위해서는 유아를 객관적으로 관찰·평가하고 평가자료를 근거로 하여 영유아에게 효율적인 보육을 하며, 학부모와 가족에게 보고하는 역할로 이해될 수 있다.

셋째, 상호작용자로서의 역할이다. 지식과 정보를 전달하고 유아들이 기술을 발달시키도록 하는 역할이다. 즉, 유아의 지적 능력을 길러주고 애정적이고도 반응적이며 긍정적인 상호작용을 하는 역할을 말한다. 아동은 일상생활 및 교육환경에서 다양한 종류의 상호작용을 통해 발달하고 배운다. 어떤 때는 사물과의 개별적인 상호작용이 되기도 하고 어떤 때는 한 사람과 또는 1 : 다수로 상호작용을 한다. 성인-아동 간 상호작용은 아동의 잠재력을 계발하고 학습이 일어나도록 해준다. 이때 성인은 반드시 아동에게 탐색하고 실험에 필요한 시간, 공간, 재료를 제공해 주어야 한다. 탐색하고 실험하는 동안 성인의 참여가 필요 없는 경우도 있지만, 성인은 유능한 관찰자가 되어 잘 보살필 수 있는 방안을 강구하고 아동의 발달을 저해하지 않고 조장할 수 있어야 한다(권영례, 김소라, 2015).

넷째, 환경관리자로서의 역할이다. 영유아는 연령에 따라 발달상황이 다르며, 또한 개개인마다 발달상황이 다르다. 그러므로 교사는 아동을 자극하고, 아동이 적절한 활동이나 놀잇감을 선택할 수 있도록 교실의 교재 및 교구, 바깥놀이터의 환경 등을 영유아의 발달적 요구에 안전하고 민감하게 구성해야 한다.

다섯째, 교수학습계획자로서의 역할이다. 보육교사는 어린이집이나 자신의 교육철학을 토대로 보육과정을 계획·운영·평가하여야 한다. 상호작용자로서의 역할을 잘 수행하기 위해서는 이미 짜여진 교육 프로그램을 수행하는 것이 아니라 국가수준의 보육과정, 자신이 담당한 영유아의 배경과 발달수준, 어린이집의 상황 그리고 학부모나 지역사회의 요구 등의 다양한 변인들을 고려하여 교육내용을 체계화할 수 있어야 하고 또한 진행할 수 있어야 한다(이은상 외, 2013).

여섯째, 상호협력자로서의 역할이다. 교사가 보육기관의 일원으로서의 역할을 수행함을 의미한다. 즉, 보육교사는 아동뿐 아니라 학부모, 지역사회의 기관뿐 아니라 어린이집에서 다른 교사 및 종사자들과 함께 전문적 보육이 실행되도록 협력하고 협동해야 하는 조직구성원으로서의 역할을 수행해야 하는 전문가이다. 영유아의 전인적 성장이라고 하는 공동의 목적을 달성하기 위하여 교사는 기관의 다른 구성원들과 경험을 나누며 기관에 대한 책임과 의무를 공유하고 기관에서의 생활과 교육의 질을 개선하는 데 참여해야 한다. 기관의 구성원과의 상호작용은 개별 교사의 스트레스를 감소시켜 줄 수 있으며, 혼동의 최소화, 동기화 그리고 기관이 즐거운 작업환경이 될 수 있게 한다(Rodd, 1994).

일곱째, 지역사회구성원으로서의 역할이다. 영유아기 어린이의 경우 교육기관에서의 교육만으로 보육의 목적인 전인아동을 이루는 것은 불가능하기 때문에 기관, 가정 그리고 지역사회와의 연계가 적극적으로 이루어지도록 지원함을 의미한다. 부모의 자녀양육을 조력해주기 위해 노력하여야 하며, 지역사회에 어린이집의 프로그램을 소개하고, 지역으로부터 필요한 지원을 끌어내는 역할을 수행하여야 한다.

현장에서 보육교사의 역할은 대상 연령에 따라서도 그 역할의 차이가 나타나게 된다. 보육교사의 전문적 역할에 대한 논의는 크게 교사의 양육적 역할과 교수자로서의 전문적 역할과 관련되어 있다. 그리고 대상 영유아의 연령에 따라 두 가지 역할 수행이 비중에 있어서 차이가 나타나게 된다. 대상 아동에 따른 보육교사의 역할을 그림으로 제시해보면 그림 3-1과 같다.

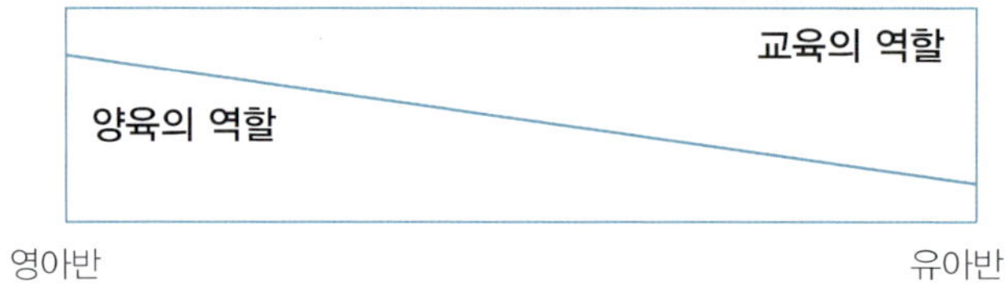

그림 3-1 • 대상 아동에 따른 보육교사의 역할

그림 3-1과 같이 보육교사의 역할은 아동의 연령이 증가함에 따라 양육의 역할이 상대적으로 감소하고 교육의 역할이 증가하는 것을 알 수 있다. 영아반 교사의 역할 수행에 있어서 일상적인 보살핌과 보호를 위한 양육의 역할이 상대적으로 강조되고 있지만, 교육의 역할을 완전히 소홀히 할 수는 없다. 이에 반해 유아반 보육교사의 역할은 상대적으로 교육의 역할이 강조되는 것으로 해석할 수 있다. 물론 유아에 대한 양육적 역할도 여전히 중요하지만 유아의 잠재력이 개발되고 성취될 수 있도록 보다 적극적으로 교육적인 개입을 해야 하는 역할이 강조된다.

이와 같이 보육교사의 역할은 대상 연령에 따라 조금씩 차이가 날 수 있다. 이는 보육의 대상이 0세에서 만 5세까지의 영유아를 대상으로 하기 때문인데, 이 시기가 전 생애에서 발달이 매우 빠르게 이루어지는 특별한 시기이기 때문에, 각 시기에서 전인적인 성장을 지원할 수 있으려면 영유아의 발달적 특성에 적합한 다양한 역할을 수행하여야 하기 때문이다. 여기에 기초하여 보육교사의 역할을 영아반 교사의 역할과 유아반 교사의 역할로 나누어 제시하면 다음과 같다(백혜리, 2012).

(1) 영아반 교사의 역할

① 영아반 교사는 영아에 대한 양육을 제공하여야 한다. 즉, 영아에게 보살핌과 보호를 제공하여야 한다. 영아기에 가지는 경험은 일생에서 매우 중요한 의미를 가지는 것들이기 때문에 적절한 보호를 제공하여야 한다.

② 영아반 교사는 양육뿐 아니라 교육의 기회를 제공하여야 한다. 영아가 이 시기에 경험을 통해 얻게 되는 자극은 영아기의 신체, 언어, 인지, 정서, 사회성 발달이 고르게 발달할 수 있도록 한다. 따라서 적절한 교육적 자극을 통하여 발달이 지체되거나 결손되지 않도록 해야 한다.

(2) 유아반 교사의 역할

① 유아반 교사는 안내자, 격려자의 역할을 수행해야 한다. 유아반을 위한 보육에서 교사는 유아를 직접 가르치는 교수 역할보다는 그들이 스스로 자신의 잠재력을 충분히 발휘하고 성장할 수 있도록 지속적인 지원과 격려를 제공하여야 한다.

② 유아반 교사는 환경구성자, 제공자의 역할을 수행해야 한다. 영유아가 발달에 적합한 활동을 선택하고 활동할 수 있도록 풍부한 환경을 제공하는 것이 필요하다. 이를 위해 보육교사는 환경을 계획하고 풍부한 환경을 구성·유지하여야 한다.

③ 유아반 교사는 유아와 적극적인 상호작용을 하여야 한다. 보육교사는 유아의 전인적 성장을 돕기 위하여 유아의 질문과 표현에 대하여 적극적으로 경청하여 주고 이에 대한 적절한 반응을 하여야 한다. 영유

아를 존중하는 언어를 사용하면서 그들의 판단과 결정이 한걸음 더 나아가고 발전할 수 있도록 정서적인 측면에서 지원하여야 한다.

현대사회에서 보육교사에게 요구하는 역할은 매우 다양하다. 따라서 보육교사는 단순히 영유아를 돌보는 일뿐만 아니라 교육하는 교사로서의 전문성, 지역사회와의 연계지원을 계획하고 실천하는 사회복지 전문가로서의 역할을 함께 수행해야 하며, 이러한 다양한 역할을 잘 조정하여 서로 균형있게 역할을 수행해 가는 역할 조정 전문가로서 역할을 수행하여야 한다(백혜리, 2012). 또한 보육대상자의 연령을 충분히 고려하여 양육과 교육의 역할을 균형있게 수행해 나가야 할 것이다.

3) 어린이집 원장의 역할

영유아보육법 제18조(보육교직원의 직무)에 의하면 "어린이집의 원장은 어린이집을 총괄하고 보육교사와 그 밖의 직원을 지도·감독하며 영유아를 보육한다"라고 제시하고 있을 뿐 구체적인 역할과 직무에 대해 언급하고 있는 바가 없다.

그러나 영유아의 전인적인 성장과 발달을 위한 보육시설은 다른 조직과는 달리 규모가 작고, 업무 특성상 사적인 기관으로서의 특성을 많이 가지고 있기 때문에 어린이집 원장에게는 더 많은 자질과 역할이 요구된다. 어린이집 운영을 위한 관리의 측면에서 원장의 역할을 정리해보면 다음과 같다(이은상 외, 2013).

첫째, 어린이집에서의 보육운영에 대한 전반적인 계획 수립과 평가를 실시해야 한다. 보육운영이 효율적으로 이루어질 수 있도록 계획을 수립하고, 계획에 따른 실행과 평가의 과정을 통해서 좀 더 발전적인 보육운영이 이루어지도록 한다.

둘째, 보육과정과 보육프로그램에 대한 계획과 운영, 실행을 관리해야 한다. 어린이집에서 이루어지는 보육과정과 관련하여 보육프로그램에 대한 연, 월, 일 단위의 보육프로그램을 계획하고 운영 및 실행할 수 있도록 해야 한다.

셋째, 어린이집 내의 구성원, 즉 보육교사와 그 이외의 종사자들을 채용하고 능력에 알맞게 적재적소에 배치해야 한다. 어린이집 내의 인적자원을 효과적으로 관리하기 위해서 우수한 보육교사들을 채용하고 능력에 맞는 업무에 배치하여 효과적인 보육이 실시될 수 있도록 해야 한다.

넷째, 어린이집의 시설 및 비품, 교재 및 교구를 관리해야 한다. 어린이집의 시설 및 비품을 수시로 점검하여 영유아들이 안전한 물리적 환경에서 풍부한 물적자원을 활용할 수 있도록 교재 및 교구를 관리해야 한다.

다섯째, 자원을 조달하고 보육기관의 수입과 지출을 관리해야 한다. 보육운영에 필요한 자원을 확인하고 조달하며, 안정적이고 균형 있는 보육운영을 위해 보육기관의 수입과 지출을 관리해야 한다.

여섯째, 어린이집의 원아를 모집하고 유지할 수 있도록 관리해야 한다. 어린이집을 홍보하여 원아를 모집하고 어린이집에서 원아들의 생활이 잘 유지될 수 있도록 관리해야 한다.

일곱째, 보육운영 시 요구되는 문서를 작성하고 보관 및 관리해야 한다. 보육운영 시 행·재정 체계에서 요구되거나 학부모나 지역사회에 공지 및 안내되어야 하는 문서들을 작성하고 보관해야 할 문서들을 관리해야 한다.

여덟째, 학부모, 유아, 사회를 위한 바람직하고 질 높은 보육서비스를 제공하기 위해 부모교육을 실시해야 한다. 보육의 대상이 영유아뿐만 아니라 영유아의 가정도 포함되어 있으므로 어린이집과 가정과의 일관성 있는 보육을 위해서 정기적·비정기적으로 부모교육을 실시해야 한다.

어린이집 운영을 위한 재정관리, 물품관리, 인사관리, 시설관리 및 지역사회와의 관계 유지 등에 관계된 관리의 역할에 더하여 원장에게는 지도적 역할이 요구된다. 영유아를 위한 보육서비스의 목적인 '전인아동'을 달성하기 위한 전문가로서 교사들이 교육과 보호의 역할을 충실히 수행할 수 있도록 교육내용을 점검하고, 그 실행을 장학할뿐 아니라 전문적 성장을 해나갈 수 있도록 이들을 지원함을 의미한다.

훌륭한 원장은 어린이집 경영을 합리적·과학적으로 해나갈 수 있는 전문지식과 기술을 익혀야 하며, 구성원들의 욕구, 흥미, 필요에 민감해야 하며, 구성원들이 헌신감과 충성심을 가지고 조직 목적 달성에 참여하도록 동기를 유발시켜 주어야 한다. 또한 어린이집이 나가야 할 비전에 대한 방향감각을 가지고 있어야 하며, 구성원들에게 발전방향을 확실하게 알려주어야 한다. 즉, 영유아를 위한 보호와 교육의 실행이 의미 있게 이루어지기 위해서는 보육교사뿐만 아니라 원장의 역할과 직무의 수행이 제대로 이루어져야 할 것이다.

2 보육교사의 자질

보육교사의 자질이란 보육교사로서의 역할을 잘 수행하기 위해 갖추어야 할 개인적인 특성, 직무에 대한 태도 등을 말한다. "자질"의 사전적 정의는 "타고난 성품이나 소질" 또는 "어떤 분야의 일에 대한 능력이나 실력의 정도"를 의미한다. 교사가 갖추어야 할 기본 자질은 사회·문화·시대에 따라 강조점이 달라질 수 있으며, 교사양성교육의 기본목적은 교사자질을 키워주는 것에 집중되어야 한다(서울대학교 교육연구소, 1994). 그러면 교사의 자질이란 무엇을 의미하는가? 교사의 자질이란 '무엇'이라고 정확하고 만족스럽게 정의할 수 없으며, 어떤 자질이 필요하다고 표준화하는 것도 어렵다(김희용, 2007). 그렇지만 교사의 자질을 구성하는 요인을 추출하고 이에 대한 합의를 끌어내려는 시도들이 필요한 이유는 질 높은 교사의 양성이라는 교사교육의 궁극적인 목표를 구체화시켜 주는 역할을 하기 때문이다(염지숙 외, 2011).

결국 훌륭한 교사의 자질은 보육의 질과 앞으로의 발전을 결정하는데 매우 중요한 요인이 되기 때문에 교사의 자질을 고민해볼 이유가 분명한 것이다. 아무리 훌륭한 교육과정과 교육환경이 마련되어 있다 하더라도 교사가 현장에서 수행력이 떨어진다면 교육의 목적을 제대로 달성할 수 없을 것이다. 특히 영유아기는 교사의 행동을 모방하고 의존하는 발달적 특성으로 인해 여타 교육기관보다 보육교사에게는 더욱 엄격한 자질이 요구된다고 할 수 있다.

현장에서 보육교사가 어떠한 자질을 갖추어야 하는가에 대해서 많은 학자들이 견해를 제시하였다. Almy(1975)는 교사에게는 온정, 사랑, 활동력, 참을성 등의 개인적 자질과 교수와 관련된 지식, 교수기술 등의 전문적 자질이 요구된다고 하였으며, Leeper, Skipper, & Witherspoon(1974)은 영유아교사가 지녀야 할 10가지 자질로서 온화한 성격, 개방적인 성격, 직무수행능력, 창의성, 유머, 단정한 외모, 말씨, 음성, 자신감, 의사 소통 능력을 제시하였다. 이은화(1985)는 교사가 갖추어야 할 자질로서 소명감, 신체적 건강, 정신적 건강, 유아를 사랑하는 마음, 지도기술에서의 유능함, 교양과 높은 지적 능력, 창의력, 강한 실천력 등을 강조하였다.

몇몇 학자들의 견해를 본다면 과연 현장에 이러한 자질을 모두 갖춘 보육교사가 있을지 의문스러울 정도의 다양한 자질들을 요구하고 있는 것을 이해할 수 있다. 아이들을 가르친다는 것은 그만큼 어렵고 힘든 일이며, 끊임없는 스스로에 대한 반성과 성찰이 필요하다.

보육교사의 자질은 크게 개인적 자질과 전문적 자질로 나눌 수 있다(이기숙 외, 1986). 개인적 자질은 교사 개개인의 사람됨과 관계되는 특성으로 주로 인성적 측면의 자질을 말한다. 전문적 자질은 영유아에 관한 전문적 지식, 교육과정 및 교수에 대한 전문적 지식과 운영기술, 교직에 대한 건전한 태도, 윤리의식 등 교사의 전문성과 관련된 자질을 말한다. 여기에서는 교사의 개인적 자질과 전문적 자질 그리고 최근 국가직무능력표준에서 제시하는 보육교사의 자질로 나누어서 살펴보고자 한다.

1) 개인적 자질

개인적 자질이란 교사가 직무를 수행함에 있어서 교사의 개인적 특성, 즉 정서, 성격 그리고 세상에 대한 관점 등을 포함하는 것이다. 보육교사는 다른 교사직에 비해 보다 어린 연령의 영유아들을 대상으로 하기 때문에 개인적 자질이 더욱 요구될 수 있다.

강문희 외(2002)는 개인적 자질로 신체적·정신적 건강, 온정적 성품, 유아를 이해하고 수용하며 존중하는 태도, 열성적 태도, 도덕적·사회적으로 건전한 성품, 헌신적 자세, 봉사하는 자세 및 생각하는 자세를 갖추어야 한다고 보았다. 김창복, 김오남, 모지환(2004)은 보육교사의 개인적 자질로서 신체적 건강, 정서적 성숙, 근면성, 책임감, 창의적 태도, 직업에 대한 사명의식, 유아 및 동료, 학부모들과의 원만한 인간관계를 제시하였다.

허혜경, 박인숙(2010)은 보육교사의 개인적 자질에서 성실, 열정적 태도, 영유아를 사랑하는 마음이 보육의 질에 영향을 미친다고 하였으며, 특히 영유아에 대한 교사의 열정이 강하고 긍정적일수록 영유아와의 상호작용의 질이 높다고 하였다.

보육교사의 개인적 자질에 관한 여러 학자들의 견해를 종합해보면 다음과 같다.

첫째, 영유아에 대한 존중과 사랑이 있어야 한다. 영유아를 진심으로 사랑하며, 인격체로서 존중할 줄 알아야 한다. 영유아가 보내는 신호에 민감하게 반응하며, 적극적인 관심과 사랑으로 대해 주어야 한다.

둘째, 영유아에 대한 이해와 공감을 하여야 한다. 영유아들의 행동을 지도하는데 있어서 겉으로 보이는 행동만으로 지도하기보다는 영유아를 둘러싸고 있는 다양한 환경적인 변인을 고려하여 이해하고 공감해 주어야 할 것이다.

셋째, 신체적·정신적·사회적으로 건강해야 한다. 교사가 자신의 건강에 신경을 쓰는 것은 교사로서 반드시 갖추어야 하는 기본 자질이다(김명희, 2001). 보육교사는 하루의 대부분을 아이들과 활동하므로 신체적으로 건강해야 하며, 정신적으로도 안정되어 있어서 영유아를 편안하게 해줄 수 있어야 한다. 또한 어린집의 다른 구성원들이나 영유아의 학부모들과도 원만한 관계를 형성할 수 있도록 사회적으로도 건강해야 할 것이다.

넷째, 근면하고 책임감이 높고, 열정적이어야 한다. 또한 보육교사는 모든 보육활동에 있어서 의욕을 가지고 최선을 다해야 할 것이다. 교사가 자신의 직무를 성실히 수행하는 모습은 아이들에게 훌륭한 모델링이 될 수 있다.

2) 전문적 자질

전문적 자질이란 보육활동을 수행하는데 필요한 전문적인 지식과 기능, 태도 등을 포함하는 것이다. 보육교사는 유아교육 현장의 독특하고 역동적인 특징을 이해하고 당면 문제상황에서 가장 적절한 방안을 새로이 이끌어낼 수 있는 전문적 자질을 겸비해야 한다(조부경, 김정화, 2000).

보육교사의 전문적 자질은 일반적으로 직전교육을 통하여 습득되지만, 교사직을 수행하는 과정에서 현직교육을 통하여 계속적으로 변화하고 발전해 가는 것이다. 보육교사는 영유아를 단순히 보호만 하는 것이 아니라, 영유아의 발달을 지원할 수 있는 질 높은 교육적 경험을 제공해 주어야 한다. 따라서 보육교사의 개인적 자질과 함께 전문적 자질을 갖추어야 한다.

차정윤(2007)이 원장, 시설장, 교사를 대상으로 한 연구에 의하면, 유아교육 현장에서 요구되는 유아교사의 전문적 자질로는 학력, 경력, 전문적 지식과 능력으로 나타났다. Ramsey와 Bayless(1980)는 우수한 보육교사의 특성으로 개인적 자질 이외에 어린이의 성장발달 단계에 맞는 교재·교구를 창의적으로 만들어 사용할 수 있어야 하며, 어린이의 흥미·요구·능력·수준에 맞추어 교육내용을 선택하고 적용할 수 있어야 하는 전문적 자질이 요구된다고 하였다.

이은화 외(2006)는 유아교사의 전문적 자질을 지식, 교수기술, 교육관으로 나누어 제시하였다. 첫째, 지식은 일반교양지식, 유치원 교육과정에 대한 지식, 교수방법 및 평가에 대한 지식, 유아에 대한 지식 등이며, 둘째, 교수기술은 교육과정 구성기술, 프로그램 실천 및 평가기술, 의사소통기술, 부모 및 전문가 참여기술, 창의성, 융통성, 교재·교구의 제작 및 활용기술 등이며, 셋째, 교육관은 교육에 대한 소명감, 직업윤리, 전문성 함양의 노력 등이다.

보육교사의 전문적 자질을 교직 수행에 필요한 특수 지식, 교육기술, 교직에 대한 태도로 나누어서 구체적으로 살펴보면 다음과 같다(양옥승 외, 2001).

① 교직 수행에 필요한 특수 지식: 보육교사는 교육 프로그램을 계획하고 실천하여 영유아의 성장과 발달을 촉진시켜야 할 의무를 지닌다. 이러한 과업을 적절하게 수행하기 위해서는 교육과정의 결정과 교수전략에 관한 지식, 영유아의 학습방법·발달·태도형성·언어습득 등에 관한

지식을 지니고 있어야 한다. 또한 보육환경 및 교수자료의 적절성 그리고 학부모와의 상담을 위한 전문적 지식을 갖추어야 한다.

② 교육기술: 교육기술은 교사의 효과적인 학습상황조성 능력과 상관이 깊다. 보육교사는 개인차에 대한 탐색, 개별적인 교수방법, 동기 유발, 학습활동의 참여 유도, 다양하고 능동적인 학습활동을 위한 환경구성, 영유아들을 관찰하고 평가하는 기술 등을 지니고 있어야 한다. 뿐만 아니라 보육교사는 일상적인 과정 중에도 유아들의 건전하고 적절한 사회·정서·언어·인지 발달을 위한 기준들을 적용시킬 줄 아는 기술을 지니고 있어야 한다.

③ 교직에 대한 태도: 사람은 어떤 일을 하든지 자기가 하고 있는 일에 대한 어떤 태도를 가지느냐에 따라 그 일의 효율성이나 결과가 크게 다르게 나타난다. 교직에 대한 태도 및 신념을 의미하는 것으로 수업에의 열의, 보육현실의 직시, 자신에 대한 긍지, 교직에 대한 신념 및 유아에 대한 긍정적인 지각 그리고 전문성 신장을 위한 노력 등을 포함한다. 또한 유아들의 복지를 위해 공정하고 책임 있게 행동하는 교사로서의 윤리의식이 강조된다.

3) 국가직무능력표준에 따른 보육교사의 자질

최근 국가에서는 보육이라는 직무를 성공적으로 수행하는 보육인력을 양성하는데 효율성과 체계성을 갖추기 위하여 보육이라는 직무를 포함한 국가직무능력표준을 제시하였다. 그리고 최근 보육교사양성기관에서는 국가직무능력표준에 따라 보육교사를 양성하기 위해 교육과정을 개편·운영하는 등 보육인력 양성체제 개선을 위해 많은 노력을 기울이고 있다.

국가직무능력표준(NCS)이란 산업현장에서 직무를 수행하기 위해 요구되는 지식·기술·소양 등의 내용을 국가가 산업 부문별, 수준별로 체계화한 것으로 산업현장의 직무를 성공적으로 수행하기 위해 필요한 능력(지식·기술·태도)을 표준화한 것이다.

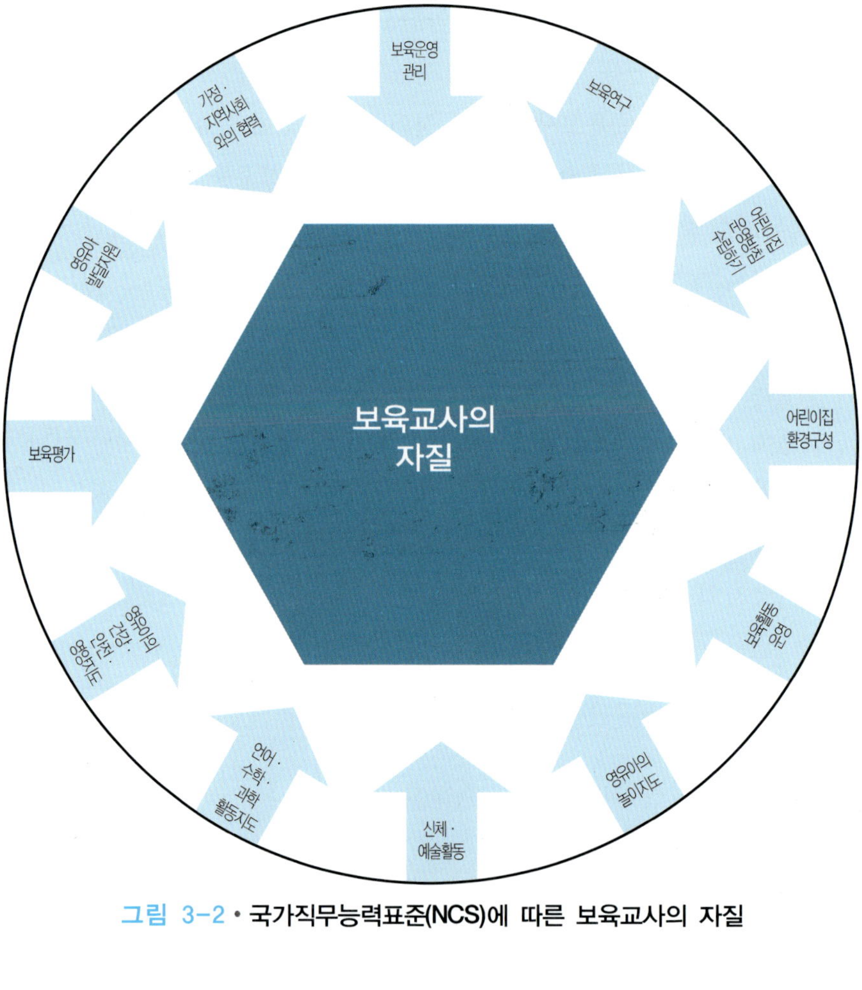

그림 3-2 • 국가직무능력표준(NCS)에 따른 보육교사의 자질

이 책에서는 국가직무능력표준에서 제시하고 있는 보육교사의 12개 능력단위를 중심으로 보육교사의 자질을 살펴보고자 한다(황해익 외, 2015).

첫째, 어린이집 운영방침 수립이다. 이는 어린이집 운영철학에 입각하여 당해연도 운영방안과 보육계획을 수립하는 능력으로 연간 운영방안 수립하기, 반 구성하기, 보육계획안 수립하기, 연간 행사계획하기 등이 포함된다.

둘째, 어린이집 환경 구성이다. 이는 영유아의 성장과 발달을 도모하기 위해 영유아의 흥미와 발달적 특성에 적합하도록 물리적 환경을 구성하고 이를 체계적·지속적으로 관리하는 능력이다. 보육실 및 실내·외 환경 구성하기, 시설·설비와 비품 관리하기, 활동자료 관리하기 등의 자질이 포함된다.

셋째, 보육활동 운영이다. 이는 영유아들이 자신의 흥미와 관심에 기초하여 보육활동에 참여할 수 있도록 흥미영역활동, 대·소집단활동, 실외활동을 준비하여 운영하고 기본생활을 지도하는 능력이다. 흥미영역 운영하기, 영유아 생활지도하기, 대·소집단활동 운영하기, 실외활동 운영하기 등이 포함된다.

넷째, 영유아의 놀이지도이다. 이는 영유아의 놀이 발달 수준을 높이고 활성화하기 위하여 기능놀이, 상상놀이, 구성놀이, 실외놀이를 준비하고 놀이참여를 촉진하며 놀이를 다른 활동과 연계·통합하는 능력이다.

다섯째, 신체·예술활동지도이다. 이는 영유아의 신체능력, 예술감각 및 심미감각을 증진시키기 위하여 신체활동, 음률활동, 미술활동에 필요한 활동자료를 준비하여 영유아의 흥미와 발달수준에 적합한 보육활동을 지도하는 능력이다.

일곱째, 영유아의 건강·안전·영양지도이다. 이는 영유아가 신체적·정신적으로 건강하고 안전하게 지내기 위하여 영유아의 발달단계 특성을 토대로 건강하고 안전하게 생활할 수 있도록 지원하는 능력이다.

여덟째, 보육평가이다. 이는 영유아평가, 보육과정평가, 보육운영평가를 통해 어린이집 운영 전반에 걸쳐 운영방침에 따라 적절하게 운영되었는지를 파악하는 능력이다.

아홉째, 영유아 발달 지원이다. 이는 발달에 어려움이 있는 영유아와 장애영유아를 위해 지도 및 상담의 내용과 방법을 계획·결정하여 지원하는 능력으로 아동상담하기, 전문가 연계하기, 장애아 발달 지원하기 등의 역할이 포함된다.

열 번째, 가정 및 지역사회와의 협력이다. 이는 부모와의 상담, 교육, 참여 지원을 통해 가정과 협력하고 어린이집이 지역사회의 일원으로 기여할 수 있도록 지역사회와의 협력을 확대하는 능력이다. 부모상담하기, 부모교육하기, 부모참여 지원하기, 지역사회 협력하기 등이 포함된다.

열한 번째, 보육운영관리이다. 이는 어린이집에 의한 직접적인 서비스 제공에 있어 부수적인 활동을 지원하거나 촉진하는 과정으로 보육통합정보시스템 이용, 인사, 회계, 보육실습을 관리하는 능력이다.

열두 번째, 보육연구이다. 보육연구는 교사의 전문성을 신장하기 위하여 보육현장 관련 연구, 보육활동 및 프로그램 개발, 교사교육 참여, 동료교사와의 멘토링 등을 통해 교사의 전문적 능력과 자질을 계발·관리하는 능력이다.

국가직무능력표준(NCS)에서는 보육이라는 직무를 실질적으로 수행하기 위한 직접적인 직무능력과 관련된 12가지 보육교사의 자질 이외에도, 보육이라는 직무를 효과적으로 수행하기 위해 다른 직업과 마찬가지로 10가지의 직업기초능력 함양을 강조하고 있다. 최근 보육교사 양성기관에서는 국가직무능력표준(NCS)에 따라 체계적으로 교육내용을 구성·운영하기 위해 노력하고 있다.

표 3-1 • 직무수행에서 요구되는 보육교사의 자질(NCS)

직무수행에서 요구되는 보육교사의 자질	
능력단위	직업기초능력
• 어린이집 운영방침 수립 • 어린이집 환경구성 • 보육활동 운영 • 영유아의 놀이지도 • 신체·예술활동지도 • 언어·수·과학활동지도 • 영유아의 건강·안전·영양지도 • 보육평가 • 영유아 발달 지원 • 가정·지역사회와의 협력 • 보육운영관리 • 보육연구	• 의사 소통능력 • 수리능력 • 문제해결능력 • 자기개발능력 • 자원관리능력 • 대인관계능력 • 정보능력 • 기술능력 • 조직이해능력 • 직업윤리

CHATER 04

보육교사의 권리와 윤리

1 보육교사의 권리와 의무

유치원 교사나 원장이 교육법에 근거한 교원으로서의 신분을 가지는 반면에, 보육교사는 법적으로 교원이 아닌 보육교직원의 신분을 가지기 때문에 교원으로서의 어떠한 권리와 의무도 갖지 못한다. 보육교사가 어린이집에서 수행하는 직무와 역할은 충분히 교원으로서의 역할을 수행하고 있지만, 보육교사가 교원으로서의 권리와 대우를 받을 수 있는 어떠한 교육관련법의 규정도 없다. 법률적 차원에서 보육교사는 일반종사자, 즉 노동자에 해당하는 신분으로 근로기준법에 의한 일반근로자의 권리와 의무만을 보장받고 있다.

일반근로자의 권리와 의무는 모두 근로계약의 체결과 함께 이루어진다. 근로계약은 근로자가 사용자에게 근로를 제공하고 사용자는 이에 대하여 임금을 지급하는 것을 목적으로 체결된 계약으로 근로자와 사용자는 이러한 근로계약을 체결함으로써 상대방에 대해 일정한 권리를 가지고 의무를 부담하게 된다. 근로자로서 보육교사가 지니는 법적 의미에서의 권리와 의무는 다음과 같다(임종률, 2012).

1) 근로자로서 보육교사의 권리

① 임금수령권: 근로자가 노동을 제공하고, 그에 대한 임금을 수령할 권리로서 근로자가 지니는 가장 주된 권리이다.

② 작업중지권: 산업안전보건법에서 정하는 산업재해 발생 가능성이 있는 급박한 위험상황일 경우 근로자는 작업을 중지하고 긴급히 피난할 권리를 가진다. 이 권리는 근로자의 부차적 권리에 속한다.

③ 취업청구권: 근로제공의무가 있는 근로자가 근로제공 의사와 능력을 가지고 있음에도 사용자가 취업을 거부하는 경우 근로자가 사용자에게 업무수행을 위한 취업을 청구할 수 있는 권리를 말하는데, 이는 그 인정 여부에 대하여 찬반의 견해가 대립한다. 이 권리는 근로자의 부차적 권리에 속한다.

2) 근로자로서 보육교사의 의무

① 근로제공의무: 근로계약에 따라 근로를 제공하여야 할 의무를 말한다.

② 충실의무: 사용자의 이익이 침해되지 아니하도록 근로자가 특정행위를 하거나 혹은 하지 않아야 할 의무를 말한다. 충실의무에 속하는 구체적인 의무사항은 다음 다섯 가지 사항을 제시할 수 있다.

- 경영비밀 유지의무: 근로자가 근로제공과 관련하여 알게 된 정보 중 타인에게 알려지면 사용자에게 불이익이 되는 경영상의 비밀을 타인에게 누설하지 않을 의무를 말한다.
- 경업피지의무: 근로자가 사용자의 이익에 현저히 반하여 경쟁사업체에 취직하거나 경쟁사업체를 경영하지 않을 의무를 말한다.

- 사고대처의무: 근로자가 근로시간 내외와 관계없이 작업시설·설비·원료 등의 결함을 발견한 경우에 사용자가 적절한 대책을 강구할 수 있도록 이를 지체 없이 사용자에게 고지하되, 고지할 여유가 없을 정도로 사정이 급박하면 고장·사고 등을 방지하기 위한 응급조치를 취할 의무를 말한다.
- 명령이행의무: 근로제공에 있어 사용자의 지휘·명령에 따라야 할 의무를 말한다.
- 직무전념의무: 근로제공에 있어 최선을 다하여 자신의 직무에 전념할 의무를 말한다.

이러한 근로자로서 보육교사의 신분은 교원에 해당하는 유치원 교사와는 차이가 있다. 교원으로서 유치원 교사는 교육기본법 제14조(교원)에 따르며, '학교교육에서 교원의 전문성은 존중되며, 그 신분은 보장된다'라고 명시되어 있다. 교육공무원법 제43조(교원의 존중과 신분보장)에서도 '교권은 존중되어야 하며 교원은 그 전문적 지위나 신분에 영향을 미치는 부당한 간섭을 받지 아니한다'라고 규정하고 있다. 또한 교원지위 향상을 위한 특별법 제6조에서도 교원의 의사에 반하여 휴직, 강임(降任) 또는 면직을 당하지 아니한다고 명시하여 교원의 신분을 법으로 보장하고 있다. 교육공무원법 제48조와 사립학교법 제60조 그리고 교원지위향상을 위한 특별법 제4조에 의하면, '교원은 현행범인 경우를 제외하고는 소속학교의 장의 동의 없이 학교 안에서 체포되지 아니한다'라고 규정하여 교원의 권리를 법적으로 보장하고 있다.

보육교사가 유치원 교사와는 다른 양성과정을 거쳐 현장에 입문하였지만, 영유아를 대상으로 하는 그들의 실제 역할은 다르지 않다. 이러한 측면에서 보육교사의 신분보장을 고려해 보아야 할 것이다.

2 보육교사의 윤리

1) 윤리의 개념

윤리(etics)란 도덕(moral)을 의미한다. 이 두 용어는 일반적으로 윤리·도덕이라고 하여 같은 의미로 사용되기도 하며, 희랍어의 'etos'에서 유래한 'etics'와 라틴어의 'mores'에 기원을 갖는 도덕과 같은 의미로서 '풍속', '관계', '관습'에서 유래한 말이다. 그러므로 윤리적·도덕적 행동은 풍속 또는 관습, 관례에 따른 행동을 의미한다. 즉, 강제성은 없으나 개인생활이나 사회생활에서 꼭 지켜야 할 도덕실천으로 생활을 바르게 이끌어 줄 규범을 '윤리'라고 한다. 법률이 사회질서를 유지하기 위한 공식적 통제체제라면 윤리는 바람직한 사회를 위한 당위적이고 이상적인 내적·자율적 통제체제이다(윤종건, 전하찬, 1998). 따라서 윤리란 인간이 다른 사람과 더불어 살아가는 사회생활 속에서 사람으로서 마땅히 행하거나 지켜야 하는 도리이며, 인간관계 속에서 지켜야 할 것으로 기대되는 사회적 규범이다.

이러한 윤리의 개념적 측면에서 교직윤리를 정의해보면, 교직윤리란 교직자가 그 직무수행과 관련하여 스스로 또는 관련된 사람들에 대하여 지켜야 할 것으로 기대되는 사회적 규범을 의미한다고 할 수 있다. 그러므로 교직윤리는 비록 강제를 수반하는 법률적 성격을 갖지는 않지만 교사가 교육활동을 수행하면서 사표로서 마땅히 지키고 실천해야 할 행동규범 또는 도덕적 의무이며, 교사와 교직에 중대한 영향을 미친다(서정화, 1994). 법률적 차원에서 보육교사는 교원으로서의 신분을 가지지 못하지만, 그 직무와 역할을 교원으로서의 역할을 충분히 수행하고 있으므로 마땅히 교직윤리가 요구된다고 할 수 있다.

최근 들어 교직윤리의 개념이 중요한 키워드가 되고 있는데(Sockett, 1993), 교사의 윤리의식은 교육의 질과 성패에 매우 큰 영향을 미치며, 교사들이 사회변동에 효과적으로 적응하기 위해서는 직업에 대한 건전한 윤리의식의 확립이 요구된다(문승태, 양복만, 2007). 교사들의 직업윤리는 다른 직업에 비해서 상대적으로 높지만 교육은 일반 직업과 달리 인간의 도덕적 품성과 자질을 육성하는 특수한 활동이고, 교직은 그러한 직무를 수행하는 전문직이기 때문에 교직윤리는 다른 어떤 직업윤리보다 중요하다. 그런데 교사들의 도덕성은 교직에 입문한 이후부터 함양될 수 있는 역량이라기보다는 예비교사 양성과정에서부터 실제 학교현장에서 교사들이 경험할 수 있는 도덕적 딜레마에 대해 다양한 방식으로 고민할 수 있는 교육적 기회를 제공·함양함으로써 예방백신과 같은 효과를 기대할 수 있다(문용린, 1998).

2) 보육교사 윤리의 필요성

모든 전문직에는 직업윤리가 있듯이 보육교사에게는 영유아를 돌보고 가르치는 전문인으로서 가져야 할 자질 및 전문성과 함께 올바른 가치관에 바탕을 둔 직업윤리가 요구된다(염지숙 외, 2011). 보육교사직은 인간의 성장과 발달에 관한 전문적인 활동이므로 타 전문직보다 윤리의 중요성이 더 부각되며(조형숙 외, 2008), 이러한 윤리는 보육교사의 전문성을 위해 반드시 필요한 조건일 뿐만 아니라 보육의 질을 결정하는 가장 근본적인 요소이다. 따라서 보육교사는 강한 윤리적 의식과 태도를 가지고 영유아를 건강하고 안전하게 보육해야 하는 본분에 임해야 한다.

보육교사는 돌봄과 가르침을 수행하면서 만남과 관계를 형성하는 영유아, 부모, 동료, 시설장 등과 윤리적 딜레마를 경험하게 되며, 이러한 양자택일의 곤란 상황에서 본인이 보다 중시하는 기준에 따라 윤리적 의사결정을 하게 된다(박은주, 2009). 따라서 보육교사의 윤리강령은 신체적·정신적으로 상처받기 쉬운 영유아의 특성상 교사의 권력 남용을 내적으로 막을 수 있으며, 다양한 상황에서 교사가 최대한 어느 한쪽으로 치우치지 않은 공평한 결정을 내려야 하는 데 도움이 되기 때문에 필요하다(임부연 외, 2014).

좀 더 구체적으로 유아교육에서 특히 보육교사의 윤리강령이 필요한 이유를 제시하면 다음과 같다(권영례, 김소라, 2015).

① 적절한 의사결정을 내리기 위해서 필요하다. 교직을 수행하는 과정에서 같은 비중의 가치가 서로 충돌하여 의사결정을 내리기 어려운 상태인 딜레마에 직면했을 때 윤리강령은 적절한 의사결정을 내릴 수 있는 기준이 된다(박은혜, 2009).

② 보육교사의 힘과 지위에 따른 영향력을 올바르게 행사하기 위해 필요하다(katz, 1995). 보육교사의 교육권은 엄청난 위력을 가진 권한이다. 교사는 교실의 대통령이며, 그의 힘과 지위는 막강하다. 영유아에게 둔감한 반응, 무시, 방관, 체벌, 편애, 부정적 상호작용 등은 영유아에게 치명적 영향을 줄 수 있다. 영유아들은 아직 여러모로 미숙하기 때문에 자신의 의사표현을 정확하게 할 수 없고 스스로 자신을 방어할 수 없다. 교사의 윤리강령은 교사가 영유아의 권리를 보장하고 인격을 존중하는 방향으로 올바르게 자신의 지위를 활용할 수 있도록 하는 지침이 된다.

③ 다양한 영유아와 학부모의 요구를 조화롭게 수용하기 위해서이다. 영유아마다 처한 환경이 다르고 학부모의 요구와 기관의 교육철학이 갈등할 수도 있다. 교사의 윤리강령은 다양한 요구를 조화롭게 수용할 수 있는 기준이 된다.

④ 누리과정 및 표준보육과정을 일관성 있게 운영하기 위해 필요하다. 누리과정과 표준보육과정은 학교 교육과정과 달리 교사가 의사결정

을 해야 하는 자율성이 많이 부여되며, 그 과정에서 교사의 개인적인 가치관이 많이 작용한다. 윤리강령은 불확실성이 높은 상황에서 철학적 기초를 제공하여 교사의 판단에 일관성 있는 기준을 제시하는 역할을 한다.

⑤ 적절한 교사의 역할 범위를 설정하기 위해 필요하다. 최근 영유아 보육과 교육시설에서 영유아의 연령이 낮아지고 아이들이 기관에서 생활하는 시간이 길어지고 있다. 교사는 유아들을 먹이고 입히고 씻기고 기본생활습관을 길러주는 등 역할이 늘어나게 되는데, 이러한 상황에서 교사가 실제 수행하는 역할과 기대되는 역할이 다른 경우 교사가 상황에 맞는 교사의 역할을 수행하기 위해 교사의 윤리강령은 적절한 기준이 된다.

3) 영유아 교사의 윤리강령

(1) 미국의 영유아 교사 윤리강령

미국 유아교사연합(NAEYC, National Association for the Education of Young Children)에서는 1989년에 윤리강령을 제정하고 보육교사직에서의 책임성을 유아, 가정, 동료교사 및 기관 그리고 사회로 구분하여 제시하고 있다. 이 윤리강령은 현재까지 전 세계에서 보육교사와 관련된 윤리강령 중 가장 의미 있는 것으로 1997년과 2005년에 개정되어 현재까지 사용되고 있으며, 영유아 교사가 윤리적 딜레마를 해결할 수 있는 합리적 행동에 대한 가이드라인이 되고 있다(NAEYC, 2005).

NAEYC의 윤리강령은 아동, 가정, 동료 및 기관, 사회 등 4개 범주에 따라 실천원리인 요구, 금기, 허가 등이 각각 설명되어 있으며, 이와 함께 그 원리를 설명하기 위한 가치, 즉 이념을 함께 제시하고 있다는 점이 특징이다.

이는 영유아 교사의 전문성이 단순히 기술적인 면에서 발휘되는 것이 아니라 가치지향적임을 나타내는 것이다(백혜리, 2012).

선서문은 윤리강령의 일부는 아니지만, 아동보호와 교육 분야의 독특한 가치와 도덕적 의무를 개인적으로 기꺼이 받아들이겠다는 의지에 대한 개인적 승인이다. NAEYC(2011) 윤리강령의 서문, 핵심가치, 개념적 체계 그리고 선서문의 내용은 다음과 같다.

① 서문(Preamble)

NAEYC는 영유아를 대상으로 일하는 사람은 매일 도덕적, 윤리적 의미를 지니는 결정을 해야 한다는 것을 인식하고 있다. NAEYC의 「윤리강령」은 책임있는 행동에 대한 지침들을 제시하고, 어린 영유아를 보육하고 교육하는 과정에서 마주치게 되는 중대한 윤리적 딜레마를 해결하기 위한 보편적인 기초를 제공한다. 핵심은 출생부터 8세에 이르는 영유아를 위한 프로그램에서 영유아 및 그 부모와 관련된 매일의 실제에 두고 있는데, 영유아를 위한 프로그램으로는 영아 프로그램, 취학 전 교육기관, 보육기관, 가정보육, 유치원, 초등학교 저학년 학급 등이 있다. 이 규칙 속의 조항들 중 상당수는 영유아를 직접 상대해서 일하지 않는 전문가들 - 프로그램 관리자, 부모, 교육이론가, 대학교수, 공무원들 - 에게도 적용될 수 있다.

② 핵심가치(Core values)

영유아들을 교육·보육하는 과정에서 윤리적 행동 기준은 이 분야의 역사에 깊이 뿌리박힌 다음의 핵심가치에 대한 헌신에 기초해 있다.

- 아동기를 인간의 인생 주기에서 독특하고 가치 있는 한 단계로 이해한다.
- 아동의 발달과 학습에 관한 지식에 근거하여 우리의 직무를 수행한다.

- 아동과 가족 간의 연결을 중요하게 생각하고 지원한다.
- 아동은 가족과 문화, 지역사회의 맥락 속에서 가장 잘 이해할 수 있고 지원할 수 있다는 것을 인식한다.
- 아동과 가족 그리고 동료들에게 존재하는 다양성을 존중한다.
- 아동과 성인은 신뢰와 존경에 기초한 관계의 맥락 속에서 그들의 모든 잠재력을 발휘한다는 것을 인식한다.

③ 개념적 체계(Conceptual framework)

NAEYC의 윤리강령은 4개 영역에서 전문적인 책임으로 이루어진 체계를 제공하고 있는데, 각각의 영역은 아동, 가정, 동료, 지역사회에 대한 전문적인 관계의 영역을 다루고 있다. 각 장마다 관계에서 영유아 교사들의 중요한 책임에 대해 소개하고, 모범적인 실행을 나타내는 이상(ideals)을 제시한 다음, 이 분야에서 직면하는 윤리적 딜레마들을 해결하는 과정에서 행동의 지침을 제시하는 원칙(principles)에 대한 진술을 제시한다. 그 내용을 제시하면 표 4-1과 같다.

표 4-1 • NAEYC의 윤리강령의 영역, 이상, 원칙, 내용의 개관

1장 아동에 대한 윤리적 책임	
유아기는 인생에서 독특하고도 중요한 단계이다. 우리의 중요한 책임은 유아들에게 안전하고 건전하며 반응적인 환경을 제공하는 것이다. 첫째, 유아들의 발달을 지원하고, 둘째, 개인 간의 차이를 존중하며, 셋째, 협동적으로 생활하고 일하는 방법을 배울 수 있도록 도와주고, 넷째, 건강, 자기 인식, 능력, 자아존중감, 쾌활성을 증진시키는 데 전념한다.	
이상(ideals)	원칙(principles)
1. 영유아 보육의 기본 지식을 잘 알고 지속적으로 교육 및 훈련할 것 2. 교육, 발달 등 공통 지식과 개별 영유아에 대한 특정 지식을 모두 잘 배울 것 3. 개별 영유아의 독특성과 잠재성을 인정하고 존중할 것	1. 최우선의 원칙은 영유아에게 해가 되지 않는 것. 영유아를 정서적, 신체적으로 해롭게 하거나 경멸하거나 위험하게 하거나 착취하거나 위협해서는 안 됨. 이 원칙은 윤리강령의 모든 원칙 중 가장 중요함

(계속)

이상(ideals)	원칙(principles)
4. 영유아의 취약성과 성인에 대한 의존성을 이해할 것 5. 영유아의 제반 영역발달을 위해 안전하고 건강한 환경을 조성할 것 6. 적절한 평가도구를 사용할 것 7. 영유아의 발달과 학습을 이해하고 지지, 추가적 요구를 가진 영유아를 판별하기 위해 평가 정보 사용할 것 8. 개별 영유아가 장애아 통합환경에서 함께 지낼 권리 지지할 것 9. 장애아를 포함한 모든 영유아가 필요한 지원서비스를 쉽게 받을 수 있도록 보장할 것 10. 개별 영유아의 문화, 언어, 민족, 가족 특성이 존중될 것 11. 모국어와 영어를 함께 배울 수 있도록 할 것 12. 새로 입소한 영유아의 가족이 순조롭게 적응하도록 도울 것	2. 긍정적인 정서 및 사회환경 제공 3. 성, 인종, 출신국 등 어떤 이유로도 영유아를 차별하지 말 것 4. 영유아에 대한 의사결정 시, 관련 정보를 모두 포함되도록 하고 사려 깊게 다룰 것 5. 적절한 평가체제 사용 6. 특수교육 대상으로 결정하려면 다양한 평가를 통해서 할 것 7. 개별 영유아에게 맞는 개별화된 교수전략, 학습환경, 커리큘럼, 가족상담을 마련할 것 8. 영유아 학대나 방임의 징후를 숙지하고 관련법과 절차를 숙지할 것 9. 학대나 방임 발견 시 적절히 조치할 것 10. 타인이 학대나 방임을 알려주면 적절히 조치할 것 11. 영유아가 위험에 처하는 상황을 알게 되면 영유아를 보호하거나 부모에게 알릴 것

2장 가정에 대한 윤리적 책임

가정은 유아들의 발달에 있어 커다란 의미를 지닌다. 가정은 부모뿐만 아니라 유아에 관해 책임을 담당하는 모든 사람들을 포함하는데, 가정과 유아들을 담당하는 전문가들은 유아의 복지에 관해 공통적인 이해관계를 가지고 있기 때문에 우리는 가정과 기관이 유아의 발달을 강화하는 방향으로 서로 협조해야 할 책임이 있음을 인정해야 한다.

이상(ideals)	원칙(principles)
1. 가족과 효율적으로 협력하기 위한 기본 지식을 숙지하고 계속해서 교육 및 훈련을 할 것 2. 가족과 상호신뢰관계를 맺어 파트너십을 구축할 것 3. 모든 가족구성원을 환영하고 공동 의사결정을 포함하여 프로그램 참가를 격려할 것 4. 가족의 의견을 경청하고 가족의 강점과 역량을 인정하고 키울 것 5. 각 가족의 명예와 선호를 존중하며, 각 가족의 구조, 문화, 언어, 관습, 신념을 이해할 것 6. 가족들의 양육가치들과 자녀에 대한 의사결정권을 인정할 것 7. 영유아의 발달 및 교육정보를 가족과 공유할 것 8. 교사는 가족과의 소통으로 영유아를 더 잘 이해함에 따라, 가족이 자녀를 더 잘 이해하고 대하도록 도울 것 9. 네트워크를 지원하는 가족의 노력을 강화할 것	1. 가족원에게 보육실 접근을 막지 말 것 2. 가족들에게 기관의 보육철학, 정책, 보육과정, 평가체계 등을 알려줄 것 3. 가족에게 정책결정에 대해 알리고 결정에 참여시킬 것 4. 영유아에게 영향을 미치는 결정에 가족참여를 보장할 것 5. 가족이 이해하는 언어나 수준에 맞추어 소통하려 노력할 것 6. 가족과 영유아 정보를 공유하면 그것이 프로그램 계획 및 실행에 중요하게 기여하도록 보장할 것 7. 가족에게 영유아의 평가의 특성과 목적을 알릴 것 8. 영유아 평가 정보를 비밀로 하고 정당한 이유가 있을 때만 공유할 것 9. 영유아가 연관된 부상이나 사건, 감염을 일으킬지 모를 질병의 위험성, 스트레스를 유발할지 모를 사건을 가족에게 알릴 것 10. 영유아가 포함된 연구가 기관에서 진행될 때 가족에게 알릴 것 11. 개인적 이익을 위해 가족과의 관계를 이용하지 말 것

(계속)

	12. 기밀 보호와 공개에 대한 정책을 문서로 준비할 것 13. 가족의 프라이버시에 대해 비밀을 보장할 것 14. 가족구성원이 서로 싸울 경우, 공개적으로 영유아 정보를 공유하고 모든 관련 당사자의 결정을 도울 것 15. 가족들이 지역공동체의 자원을 이용하도록 도울 것

3장 동료에 대한 윤리적 책임

유아교육기관이라는 직무 환경에서 인간의 존엄성은 존중되고, 직업에 관한 만족도는 향상되어야 하며, 긍정적 관계가 형성되어야 한다. 우리의 책임은 생산적인 직무 수행을 지원하고 직업적 요구 사항들을 충족시킬 수 있는 환경과 관계를 형성·유지하는 것이다.

이상(ideals)	원칙(principles)
a. 동료에 대한 윤리적 책임 1. 존중, 신뢰, 협업, 협력관계를 형성 및 유지할 것 2. 자원을 공유할 것 3. 동료의 전문적 요구 충족과 발달을 위해 동료를 지원할 것 4. 동료가 전문적 성취의무감을 갖게 할 것	a. 동료에 대한 윤리적 책임 1. 동료의 기여를 인정하고 비난하지 말 것 2. 동료의 행동이 염려되면 먼저 당사자에게 개인의 존엄과 다양성을 존중하는 태도로 알리고, 그 다음 각자 책임을 나누는 방식으로 문제해결을 시도할 것 3. 동료의 개인적 자질이나 직업적 행동에 대해 견해를 표현할 때 신중할 것. 들은 이야기가 아닌 직접 아는 것. 영유아와 프로그램에 이득인가에 근거할 것 4. 성, 인종, 출신국가, 종교, 연령, 결혼지위, 가족구조, 장애, 성적 취향을 이유로 동료를 차별하지 말 것
b. 원장에 대한 책임 1. 최상의 서비스 제공으로 기관을 조력할 것 2. 아동보호법 및 규칙, 강령에 대한 명백한 위반이 아니라면 기관의 명성을 해치지 말 것	b. 원장에 대한 책임 1. 기관의 정책을 준수할 것 2. 자신의 역할 범위 내에서만 기관을 대변할 것 3. 영유아보호를 위한 법과 정책을 준수할 것 4. 영유아의 복지를 위협하는 동료의 행동이 염려되면 동료에게 문제를 제기하고, 그 후에도 개선이 안 되면 상사나 기관에 보고할 것 5. 기관의 환경이나 상황에 문제가 있으면 기관의 관리자 또는 다른 적절한 기관에 알릴 것

(계속)

4장 지역사회와 공동체에 대한 윤리적 책임

유아교육은 가정과 유아 복지를 담당하는 기타 기관들로 구성된 지역사회 내에서 운영된다. 따라서 우리의 책임은 지역사회의 요구 조건을 만족시키는 프로그램을 제공하고, 유아에 대한 책임을 나누는 기관 및 전문가들과 협력하며, 현재 실시되고 있지는 않지만 필요한 프로그램들을 개발하는 것이다. 유아의 발달에 관한 전문화된 지식이 있으므로 우리는 어떠한 경우에든지 유아들을 위한 대변인으로서의 역할을 수행할 의무를 받아들여야 한다.

이상(ideals)	원칙(principles)
a. 개인에 대한 책임 1. 지역공동체에 양질의 보육서비스 제공할 것 b. 집단에 대한 책임 2. 영유아 복지를 위해 학제 간 협력 증진할 것 3~4. 영유아에게 안전한 세상을 위해, 영유아가 양질의 보육서비스에 접할 수 있도록 교육, 연구, 옹호할 것 5. 영유아에게 이로운 적절한 평가체제를 마련할 것 6. 영유아와 그들의 욕구를 더 잘 알고, 그들의 권리와 복지에 대해 더 많이 인식하고 수용하도록 노력할 것 7. 영유아와 가족의 복지 증진을 위한 정책과 법률을 지지할 것 8. 영유아교육에 대한 전문성을 신장시키고 윤리강령의 핵심가치 실현을 위해 노력을 강화할 것	a. 개인에 대한 책임 1~4. 어린이집의 특성을 공개하고 객관적이고 정확한 정보를 알릴 것 2~3. 인성적으로 적합하고 전문적 자격을 갖추어 채용되고 일할 것이며, 능력과 자질이 부적격인 자를 채용하지 말 것 5. 평가도구에 대해 잘 알고 가족에게 결과를 정확히 설명할 것 6~7. 영유아보호를 위한 법률과 규정을 숙지하고 준수하기 위해 노력하며 영유아에게 위험이 인지되면 보호하고 가족 등에게 알릴 것 8~10. 아동보호 법률 및 규정을 준수하고, 위반 증거가 있을 때는 적절한 기관에 보고할 것. 법이나 윤리강령을 어기도록 요구하는 어린이집이 있을 때는 증거를 갖추어 보고할 것 b. 집단에 대한 책임 11. 영유아를 해롭게 하려는 정책이 제정되면 바꾸기 위해 집단적으로 노력할 것 12. 영유아복지서비스가 의무를 다하지 못하면 문제를 적절한 기관 또는 여론에 보고하고 해결할 때까지 주시할 것 13. 학대 방임 영유아를 적절히 보호하지 못할 때 개선을 위해 집단적으로 노력할 것

④ NAEYC의 교사윤리 선서문

영유아들을 담당하는 교사로서 나는 NAEYC의 윤리강령에 반영되어 있는 대로 영유아들의 교육에 대한 가치를 향상시킬 것을 맹세합니다.

내 능력을 최대한 발휘해서 나는

- 영유아를 해롭게 하지 않는다.
- 영유아 교육 프로그램이 영유아 발달과 영유아 교육의 최신 이론에 기초하도록 한다.
- 영유아를 양육하는 가정의 임무를 존중하고 지원한다.
- 영유아들을 보호하고 교육하는 동료들을 존중하고 그들이 NAEYC의 윤리강령을 준수할 수 있도록 지원한다.
- 지역사회와 공동체 내에서 아동, 가정, 교사의 대변자로서 역할을 다한다.
- 직업적 행동의 높은 기준을 유지한다.
- 개인의 가치, 의견, 편견이 전문적 판단에 얼마나 영향을 미칠 수 있는지 인식한다.
- 새로운 사상에 개방적인 자세를 취하고 다른 사람들의 주장으로부터 배울 것은 기꺼이 배운다.
- 전문가로서 끊임없이 배우고, 성장하며, 기여한다.
- NAEYC 윤리강령의 이상과 원칙을 존중한다.

(2) 우리나라의 영유아 교사 윤리강령

우리나라는 1958년 9월 19일 대한교육연합회 제12차 대의원회에서 교원윤리강령을 채택하였으며, 1982년 5월 15일에는 사도헌장과 사도강령이 선포되었다. 그러나 오랫동안 유치원 교사 및 보육교사를 위한 윤리강령은 존재하지 않았다. 유치원 및 보육교사의 책임과 전문성에 대한 논의가 활발해지면서 2010년 12월에 유치원 교사 및 보육교사와 시설장을 위한 윤리강령이 제정되었다.

① 유치원 교사 헌장과 강령

유치원 교사를 위한 윤리강령의 구체적인 내용은 다음과 같다(유치원교원양성·임용제도개선연구단, 2010).

유치원 교사 헌장

유아교육은 유아의 삶에 초석이 되며, 우리 사회와 국가의 미래를 결정한다. 우리는 국민의 생애 초기 교육을 책임지며 사회로부터 존중받는 교사로서 자신을 연마하고 소명의식을 가지고 유아교육자로서 가야 할 길을 밝힌다.

1. 우리는 유아를 사랑하고, 개성을 존중하며, 전인 발달을 지원하고, 평화로운 교실 문화를 조성한다.
2. 우리는 미래지향적이며 질 높은 교육을 계획하고 실천하여 교육자로서의 책임을 다한다.
3. 우리는 가정에 대한 이해와 연대를 강화하여 교육복지사회 구축에 공헌한다.
4. 우리는 사회의 변화와 요구에 적극 부응하여 유아교육의 혁신과 발전을 위해 노력한다.
5. 우리는 교육자로서의 품위를 유지하고, 부단한 자기개발을 통해 유아교육 전문가로서의 위상을 갖춘다.

유치원 교사 강령

01. 유치원 교사와 유아

- 핵심 개념: 사랑, 평등, 개성 존중, 전인교육, 안전과 보호

1. 우리는 유아를 사랑하며, 유아의 인격을 존중한다.
2. 우리는 유아의 개인적·가정적 배경에 관계없이 모든 유아를 평등하게 대한다.
3. 우리는 유아의 개성을 존중하며, 개인의 흥미와 잠재력에 적합한 교육을 제공한다.
4. 우리는 유아의 전인적 발달을 지원하는 교육과 환경을 제공한다.
5. 우리는 유아의 안녕을 위협하는 가정적·사회문화적·경제적 상황을 적극적으로 파악하고, 유아를 보호하기 위해 노력한다.

02. 유치원 교사와 가정

- 핵심 개념: 가족에 대한 이해, 권리 보호, 협력, 지원

1. 우리는 유아를 교육하고 지원하기 위해 가정과 연계하고 협력관계를 구축한다.

2. 우리는 교육적 목적으로 수집한 가족 정보에 대해 기밀을 유지하고, 가족의 사생활을 보장한다.
3. 우리는 유치원에서 일어난 안전사고나 위험 상황에 대해 가족에게 충분히 설명한다.
4. 우리는 가족에게 유치원을 개방하며, 필요한 정보를 제공한다.
5. 우리는 유치원 운영에 관련된 중요한 의사결정 과정에 부모를 참여시킨다.
6. 우리는 가족에게 필요한 지역사회 자원에 대한 정보를 구축하고, 이를 가족에게 적극 제공한다.

03. 유치원 교사와 사회

- 핵심 개념: 사회에 대한 이해, 교원의 지위 향상, 유아교육 위상 강화, 교직문화, 지역사회와의 협력

1. 우리는 사회의 흐름을 파악하고, 이를 교육에 반영하고자 노력한다.
2. 우리는 유아에 관련된 법률과 정책을 이해하고, 이를 개선하기 위한 활동에 적극 참여한다.
3. 우리는 교직 관련 단체와 전문가 협회를 통해 교권 확립을 위한 활동에 참여한다.
4. 우리는 유치원 교육을 사회에 널리 알려 유아교육의 위상을 높인다.
5. 우리는 교직원 간의 상호 존중과 협력을 통해 건전한 교직문화를 형성한다.
6. 우리는 유치원과 연계하여 지역사회의 생활과 문화 향상에 기여한다.

04. 유치원 교사의 책무

- 핵심 개념: 직업의식과 긍지, 인성(열정, 개방성, 창의성, 자율성), 교사로서의 품위, 연구와 자기개발

1. 우리는 교육 전문가로서의 직업의식을 가진다.
2. 우리는 건전한 국가관과 확고한 교육관을 가지고 교직에 종사한다.
3. 우리는 유아에게 최적의 교육을 제공하기 위해 열과 성을 다한다.
4. 우리는 건전한 언행과 생활태도로 유아에게 모범이 되도록 한다.
5. 우리는 열린 사고와 개방적 태도를 가지고 전문성 향상에 매진한다.
6. 우리는 다양한 분야의 전문가와 교류하고, 새로운 지식과 정책을 비판적으로 수용한다.

② 보육교사 윤리강령

다음은 보육교직원 윤리강령 전문이다(육아정책연구소, www.kicce.re.kr).

보육인 윤리선언

나는 영유아의 건강한 성장과 발달을 지원하는 보육교사(어린이집 원장)로서, 직무상의 윤리적 책임을 다하여 다음 사항들을 지킬 것을 다짐합니다.

1. 나는 내가 영유아에게 지대한 영향을 미치는 존재임을 잊지 않으며, 항상 스스로의 말과 행동에 신중을 기한다.
1. 나는 영유아의 인격과 권리를 존중하며, 어떠한 경우에도 영유아에게 해가 되는 일을 하지 않는다.
1. 나는 영유아 가정의 다양성을 이해하고 존중하며, 상호 신뢰하는 동반자적 관계를 유지한다.
1. 나는 동료를 존중하고 지지하며, 서로 협력하여 최상의 보육서비스를 제공하기 위해 노력한다.
1. 나는 보육의 사회적 책임과 역할을 인식하고, 영유아의 권익과 복지를 위한 활동에 앞장선다.
1. 나는 「어린이집 원장·교사 윤리강령」을 직무수행의 도덕적 규준으로 삼아 진심을 다하여 충실히 이행한다.

어린이집 원장 및 보육교사 윤리강령

보육은 영유아를 건강하게 양육하고, 안전하게 보호하며, 발달특성에 적합한 교육을 제공하는 복지서비스이며, 보육인은 사랑과 존중과 전문지식을 바탕으로 영유아의 전인적 성장에 영향을 미치는 전문직업인이다. 그러므로 보육인은 윤리적 의식과 태도를 가지고 사회적 본분에 임해야 한다.

이에 어린이집 원장과 보육교사는 스스로 책무성을 발현하여 윤리강령을 제정함을 밝힌다. 본 강령을 직무수행의 규준으로 삼아, 보육현장에서 발생하는 윤리적 갈등을 해결하고, 생존권, 보호권, 발달권, 참여권 등 영유아의 권리를 보장함으로써, 직무상의 윤리적 책임을 다하여 전문직업인으로서의 위상을 공고히 하고자 한다.

더불어 영유아와 그 가정, 동료와 사회의 존엄성을 존중하는 보육의 실천으로 다각적인 신뢰를 구축하고, 영유아의 잠재력을 최대한 발휘시킴으로써 영유아가 긍정적인 자아념을 형성하고 유능한 사회인으로 성장할 수 있도록 도와, 궁극적으로는 영유아와 그 가정, 동료와 사회의 통합적·이상적 복지 실현에 기여하고자 한다.

제Ⅰ장. 영유아에 대한 윤리

1. 영유아에게 고른 영양과 충분한 휴식을 제공하여, 몸과 마음이 건강한 사람으로 자라도록 돕는다.
2. 성별, 지역, 종교, 인종, 장애 등 어떤 이유에서도 영유아를 차별하지 않고, 공평한 기회를 제공한다.
3. 영유아는 다치기 쉬운 존재임을 인식하여 항상 안전하게 보호한다.
4. 영유아에 대한 정서적, 언어적, 신체적 학대를 행하지 않는다.
5. 어린이집 내외에서의 영유아 학대나 방임을 민감하게 관찰하며, 필요한 경우 관련 기관(아동보호전문기관 등)에 보고하고 조치를 취한다.
6. 영유아의 인격을 존중하고, 개인의 잠재력과 개성을 인정한다.
7. 개별적 상호작용 속에서 영유아의 요구를 수용하기 위해 노력한다.
8. 영유아의 사회·정서·인지·신체 발달을 통합적으로 지원하는 보육프로그램을 실시한다.
9. 특별한 도움을 필요로 하는 경우, 전문가와 협력하여 영유아의 입장에서 최선의 대안을 찾는다.
10. 보육활동을 계획, 실행, 평가하는 모든 과정에 영유아의 흥미와 의사를 반영한다.
11. 영유아의 개인적 기록과 정보에 대해 비밀을 보장한다.

제Ⅱ장. 가정에 대한 윤리

1. 상호신뢰를 바탕으로 영유아의 가정과 동반자적인 관계를 유지한다.
2. 각 가정의 양육가치와 의사결정을 존중한다.
3. 경제적 수준, 가족형태, 지역, 문화, 관습, 종교, 언어 등 어떤 것에 의해서도 영유아의 가정을 차별 대우하지 않는다.
4. 보육활동 및 발달 상황에 관한 정보를 정확하게 제공하여 영유아에 대한 가정의 이해를 돕는다. 다문화, 심신장애 등으로 의사 소통에 도움이 필요한 경우 문제를 해결할 최선의 방법을 도모한다.
5. 어린이집 운영 전반에 관한 정보를 공개하여 영유아 가정의 알 권리에 응한다.
6. 보육프로그램과 주요 의사결정에 영유아의 가정이 참여하도록 안내한다.
7. 필요한 사회적 지원, 전문서비스 등 관련 정보를 제공하여 영유아 가정의 복리 증진을 돕는다.
8. 영유아 가정의 사생활을 보호하고 익명성을 보장한다.

제 III 장. 동료에 대한 윤리

[어린이집 원장]
1. 최상의 보육서비스 제공에 필요한 인적, 물적 환경의 조성 및 유지를 위해 노력한다.
2. 보육교사를 신뢰하고 존중하며 전문성과 자율성을 인정한다.
3. 성별, 학연, 지연, 인종, 종교 등에 따라 보육교사를 차별하지 않는다.
4. 업무 관련 의사결정이 필요한 경우, 보육교사의 의견 개진 기회를 보장한다.
5. 보육교사에게 지속적 재교육 등 전문적 역량 제고의 기회를 부여한다.
6. 보육교사에게 적정 수준의 보상(보험, 급여 등)을 안정적으로 제공하며, 복지증진에 힘쓴다.
7. 보육교사 개인의 기록과 정보에 대한 비밀을 보장한다.

[보육교사]
1. 존중과 신뢰를 바탕으로 협력하며, 서로의 전문성과 자율성을 인정한다.
2. 상호 간 역량계발과 복지증진에 부합하는 근무환경이 되도록 힘쓴다.
3. 어린이집 원장 및 동료와 영유아 보육에 대한 신념을 공유한다.
4. 보육교사로서의 전문성 향상을 위해 스스로 노력한다.
5. 어린이집 내에서 영유아 및 보육교사의 인권과 복지를 위협하는 비윤리적 사태가 발생한 경우, 법률규정이나 윤리기준(한국보육시설연합회 윤리강령위원회 참조)에 따라 조치를 취한다.

제 IV 장. 사회에 대한 윤리

1. 공보육에 대한 책임을 인식하고, 항상 질 좋은 보육서비스를 제공한다.
2. 영유아의 안전을 위협하는 환경이나 정책이 발견될 시, 관계기관과 협의하여 개선한다.
3. 공적 책임이 있는 어린이집으로서 재정의 투명성을 유지하고, 부정한 방법으로 사적 이익을 취하지 않는다.
4. 영유아의 권익보호를 위해 관련 정책 결정 및 법률 제정에 적극 참여하며, 사회적으로 이를 널리 알리는 데 앞장선다.
5. 지역사회 실정에 맞는 어린이집의 책임과 역할을 인지하고, 실천하고자 노력한다.

PART Ⅱ

보육교사의 전문성 및 인성발달

CHATER 05

보육교사의 전문성

보육종사자와 보육교사라는 명명에서부터 시작해 어린아이들에 대한 돌봄의 서비스가 과연 전문성을 띠는가에 대한 논란이 남아있는 것이 보육의 현 상황이다. 하지만 보육교사는 영유아의 건강, 안전, 이들의 성장과 발달에 막중한 책임을 지닌 사람이다. 보육교사는 교사로서 갖추어야 할 최소한의 지식과 기능을 습득한 후 현장에 나가지만 매일 매일 교수-학습과정에서 겪게 되는 어려움과 함께 새롭게 변화되고 있는 보육정책 및 교수방법에 대한 지식과 정보의 부족을 느끼고 있다. 보육교사는 보육서비스의 효과를 극대화하고 적합한 전문적 지식과 실천능력을 가지는 전문가로서의 역할이 사회적으로 요구된다.

이 장에서는 '보육교사의 전문성'의 개념을 살펴보고, 보육교사의 전문성을 향상할 수 있는 방법을 살펴보고자 한다.

1 전문성의 개념

전문직(profession)이란 비교적 장기간의 준비 기간을 거쳐서 얻어지는 고도의 지식이나 기술이 요구되는 직종이며, 이에 종사하는 전문가는 오랜 기간의 훈련과정을 통해 얻어진 전문지식이나 기술을 가지고 있어 자기 분야의 일에 관한 책임 있는 결정들을 내리는 역할을 하는 사람으로 정의하고 있다(Spodeck, 1992). 전문직의 정의는 전문성의 개념으로 설명할 수 있다. 전문성이란 전문적인 서비스가 제공되어야 한다는 것으로, 자격이 객관적으로 인정된 사람으로 일정 기간 수 교육과 훈련을 통하여 자신의 전문적 업무에 대한 자율적 결정권을 발휘하는 것을 의미한다(이재만, 2012).

Katz(1987)는 어떤 직업이 전문성을 가지느냐 안 가지느냐는 다음의 8가지 기준에 따라 결정된다고 보았다.

① 사회적 필요성(social necessity): 전문적 과업의 수행이 사회적으로 필요성을 가지는가?

② 이타주의(altruism): 자신의 이윤 추구보다는 이타주의적 봉사정신이 요구되는 직업인가?

③ 자율성(autonomy): 자신을 고용한 사람이나 자신이 서비스를 제공하는 대상으로부터 어떤 요구도 받지 않는 자율성을 가지는가?

④ 윤리강령(code of ethics): 과업의 수행 중 발생할 수 있는 여러 유혹에 어떻게 대처하는지를 규정한 윤리강령이 존재하는가?

⑤ 심리적 거리(distance from client): 서비스를 의뢰한 사람과 심리적으로나 정서적으로 적절한 거리를 둠으로써 전문성을 제대로 발휘할 수 있는가?

⑥ 과업수행의 기준(standard of practice): 자신의 과업을 수행하는 기준을 설정하고 그에 따르는가?

⑦ 장기간 훈련(prolonged training): 오랜 기간의 훈련을 필요로 하는가?

⑧ 특수화된 지식(specialized knowledge): 특수화된 지식을 요구하는가?

Ritzer(1977)도 전문성의 기준은 보육교사로서 사회의 전문직 대우와 이론적인 지식과 기술을 실무에 적용할 수 있는 것과 실무에서 역할 수행에 있어서 자율성이 있어야 한다고 했다. 즉, 전문직은 자신의 분야에 고도의 지적 능력을 요구하며 이에 따라 장기간의 전문교육을 필요로 하며, 사회봉사의 기능을 갖는다. 또한 전문가는 고도의 자율성을 행사하고 전문가 단체를 결성하여 스스로의 행동이나 표준을 유치할 수 있는 윤리강령을 가지고 있다. 따라서 공통적으로 전문성 기준으로는 발전하려는 욕구와 훈련, 윤리, 책임성과 자율성이 필요하다. 또한 이와 다르게 교사의 내외적 요인들을 동시에 고려하여 전문성에 대한 다면적 이해와 접근을 하고 있다. 백은주, 조부경(2004)은 전문성의 발달을 교사 주체적으로 자신을 정확히 이해하고 발달을 이끌어 갈 수 있도록 도움을 주는 측면에서 지식과 기술, 자기이해, 생태적 발달 세 가지로 설명했다.

① 지식과 기술발달의 측면: 교사교육에서 이를 학습하도록 교사가 바람직한 교수기술과 지식을 갖추는 것이 중요하다고 보았다. 구체적으로 유아에 대한 이해, 교육과정에 대한 이해, 교수기술 및 학급운영 등에 대한 내용이 포함된다(조부경 외, 1998).

② 자기이해발달의 측면: 교사 스스로 개인적 자질을 개발할 수 있는 기회를 가질 수 있도록 자신에 대한 이해를 하는 것을 강조하여, 타인에 대한 태도와 교사 자신의 발달 특성에 대한 이해 등의 내용을 포함한다.

③ 생태적 발달의 측면: 외부 환경 조성의 중요성을 강조하면서 교사의 전문적인 학습을 지원하고 교사 주변의 조직과 인간관계가 얼마나 지원가능하며, 또한 교사 스스로 어느 정도의 지원을 끌어낼 수 있는가에 관한 내용이다.

표 5-1 • 교사전문성 발달에서 세 가지 측면의 하위범주별 내용

교사발달의 세 측면	세 측면의 하위범주	내 용
지식과 기술의 발 달	물리적 환경구성	• 유아의 관심 수준, 욕구에 적합한 실내외 환경 구성 • 실내외 환경 내의 다양한 영역 구성 • 각 영역 내 생활 주제에 적합한 교구 및 교재 배치 • 쾌적하고 안전한 환경 구성
	유아에 대한 이해	• 유아의 욕구, 흥미, 개인차에 대한 이해 • 연령별 영유아 발달 각 영역에 대한 이해 • 특수아발달 특성에 대한 이해
	교사-유아-유아의 상호작용	• 유아들의 의미 있는 경험을 위한 긍정적 반응과 허용적 분위기 조성 • 유아들의 성취감을 느끼게 하는 격려와 적극적인 활동 참여 유도 • 유아들 간의 생각·의견 교환 장려
자기이해의 발 달	교육과정 계획, 실시, 평가	• 교육목표와 내용, 방법의 적절한 계획 • 교육과정에 대한 다양한 평가 • 유아의 흥미, 개인차 등을 고려한 유연한 일과 운영
	교사로서의 자신에 대한 태도	• 전문성 발달을 위한 구체적이고 지속적인 노력, 시도 • 교사로서 보람과 유아들의 긍정적인 평가
	자신감	• 유아들의 학습에 대한 긍정적인 영향력 평가 • 유아와 타인들로부터의 긍정적 평가
	개인적 측면에서의 자신에 대한 태도	• 자신에 대한 긍정적 태도 • 자신의 삶에 대한 긍정적 태도와 생활에 대한 만족 • 심신의 건강에 대한 긍정적 태도
생태적 발 달	동료 교사와의 관계 형성	• 동료 교사들과의 교수활동, 유아 등에 대한 긴밀한 상호 정보 교환과 친밀한 관계 유지 • 동료 교사나 인근 지역의 교사들로부터의 충분한 지원과 격려 이끌어내기
	부모 및 지역사회와의 관계 형성	• 부모, 지역사회와의 우호적 관계 형성과 유아교육활동에의 적극적 참여 끌어내기 • 부모, 지역사회에 대한 충분한 이해를 바탕으로 그들에 대한 적절한 교육 지원
	물적지원 환경조성	• 교육 자료 사용 및 구입의 자유로움 • 근무 시간, 교육 경비 지출, 환경 등의 조절

출처: 이영희(2008).

2 보육교사의 전문성

보육교사의 전문성이란 전문적 기준에 근거하여 보육교사가 업무에 대해 갖게 되는 태도, 전문직으로서 역할을 수행해 내는 정도, 교사가 현재 하고 있는 업무가 전문적인 일이라고 생각하여 새로운 학습이론이나 기술을 꾸준히 익히려는 경향이라고 할 수 있다(이성혜, 2011). 많은 사람들이 영아를 먹이고, 씻기고, 돌보는 역할수행을 두고 특별한 전문적 소양 없이도 누구나 쉽게 할 수 있다는 오해를 가지고 있다. 그러나 인간의 발달에서 영유아가 가지는 중요성을 고려할 때, 영유아 보육의 가장 직접적인 역할을 담당하는 보육교사는 전문성을 필요로 하는 직업에 부합한다. 그리고 다양한 유형의 보육서비스와 보육대상의 연령범위가 넓다는 점, 보육교사가 수행하는 역할의 다양성 그리고 보육이 교사가 여러 명의 영유아를 집단보육하는 형태로 이루어진다는 점을 고려할 때, 보육교사는 그 어떤 직업보다도 전문성을 요하는 직업이라고 볼 수 있다. 보육을 필요로 하는 영유아에게 바람직한 성장 환경을 제공하기 위해서는 양적인 시설의 확충도 중요하지만 이를 실행하는 영유아 교사의 전문성은 강조된다.

Howsman(1976)은 보육교사의 전문성 기준을 다음과 같이 11가지로 제시했다.

① 전문성을 지닌 보육교사는 개인과 사회에 서비스를 제공한다는 측면에서 사회의 여러 기관과 연계성을 가져야 한다.

② 전문성을 지닌 보육교사는 사회의 욕구와 기능에 관계해야 한다. 예를 들어, 신체적·정신적 건강을 유지하고, 배움의 기회를 통해 향상되어야 한다는 것이다.

③ 전문성을 지닌 보육교사는 개인의 전문화와 함께 실무에 필요한 지식과 기술이 필요하다.

④ 전문성을 지닌 교사는 아동과 부모와 가정에 서비스를 제공해 줄 수 있어야 하고, 이를 위해 보육 관련 제 이론을 유용하게 활용할 수 있어야 할뿐만 아니라, 나아가 이러한 이론들에 대해 더 깊은 논의를 전개할 수 있어야 한다. 이를 통해 보강된 이론의 구성에 영향력을 제공할 수 있어야 한다.

⑤ 전문성을 지닌 보육교사는 자신의 지식과 기술을 응용하고, 자신의 통찰력을 강화할 수 있어야 한다.

⑥ 전문성을 지닌 보육교사는 사회적인 책임과 더불어 전문성과 관련된 여러 자료와 자원을 조직할 수 있어야 하고, 이를 통해 그 전문성을 인정받을 수 있어야 한다.

⑦ 전문성을 지닌 보육교사는 업무의 수행에 대해 승인을 받기 위해 미리 타당한 기준에 의해 업무를 보아야 한다.

⑧ 전문성을 지닌 보육교사의 양성은 대학이나 전문기관에서 장기간의 훈련 프로그램을 통해서 이루어져야 하며, 실제적인 보육활동 수행능력이 검증되어야 한다.

⑨ 전문성을 지닌 보육교사는 봉사적인 동기를 지녀야 하며, 이는 기본적인 신념의 차원에서 비롯되어야 한다.

⑩ 전문성을 지닌 보육교사는 개별적인 상황에서는 개개 아동을 중심으로 서비스를 제공할 수 있어야 한다.

⑪ 전문성을 지닌 보육교사는 교사로서의 신분에 대한 사회적 책임성을 인정할 수 있어야 한다.

교사의 역할은 아무나 수행할 수 있는 일반적인 것은 아니다. 한 인간의 일생에 기초를 형성하는 과정에 관여하는 중요성에 비추어 볼 때, 영유아들의 다양성 및 개인차를 가치 있게 여기고, 존중해야 하며, 효율적인 업무수행을 위해 전문적인 훈련을 거쳐 전문가로서의 교사 역할을 수행해야 함은 물론 끊임없는 자기 향상을 위한 노력이 요구된다고 할 수 있다(이향, 1996).

3 전문가로서 보육교사의 자세와 역할

보육시설에서 단순히 영유아의 보호역할만 담당했던 과거와 달리, 이제 보육시설에 대한 영유아 및 가족의 요구는 서비스의 질적인 측면에 더욱 비중을 둔다. 따라서 보육교사의 자세와 역할에 있어서도 전문성을 좀 더 강조한다. 보육시설의 질이 확보되기 위해서는 무엇보다도 영유아와 일차적인 접촉을 가장 많이 하고 가장 직접적으로 영향을 미칠 수 있는 보육교사의 문제가 주요 쟁점으로 부각될 수밖에 없다. 영유아에게 적절한 환경과 프로그램을 제공하는 일은 보육교사의 역량이 어느 정도 전문성을 바탕으로 깔고 있느냐에 기인한다. 따라서 보육교사의 역할은 전통적인 보호자 및 양육자의 역할에서 전문가적인 태도와 행동을 갖추고 보육에 대한 책임을 가지며, 영유아에게 안정성과 규칙성을 느끼게 해줄 수 있는 다양한 역할로 변화되었다. 나아가 보육교사는 영유아의 발달적 수준을 고려한 교육과정 속에서 창의성과 융통성을 발휘한 보육활동과 부모와의 원활한 의사소통을 해야 한다(조미나, 2005).

양질의 보육프로그램을 제공하는 전문적인 보육교사는 다음과 같은 자세와 역할을 필요로 한다(이기숙, 심성경, 1995).

① 아동발달에 대한 이해를 기초로 갖추어야 한다. 발달에 적절한 프로그램이란 아동이 어떻게 성장하며, 각 발달단계에서 사회, 정서, 인지, 신체적으로 무엇을 할 수 있는가에 대한 지식에 기초해서 계획, 수행되는 프로그램이다. 양질의 보육은 연령에 적절한 프로그램을 통해 가능하기 때문에, 보육교사는 우선 자신이 담당하고 있는 연령집단의 전형적인 발달에 대한 지식을 획득하고 이를 보육과정에 반영해야 한다.

② 모든 아동의 욕구를 충족시킬 수 있는 개별화된 프로그램을 제공해야 한다. 대부분의 아동은 일치된 순서에 따라서 기술과 이해가 발달하나 단계를 거치는 진보의 속도는 상당히 다를 수 있다. 따라서 전문성을 가진 보육교사라면 가능한 한 아동 각자의 발달, 관심, 가정환경을 고려해서, 개별화된 프로그램을 제공해야 한다. 모든 아동은 발달의 속도라든가 가족배경이 상이한 각기 독특한 개인으로, 어느 누구도 동일한 발달양상을 보이지 않는다는 점을 고려해서 보육교사가 적절한 개별 프로그램을 제공할 때 양질의 보육이 가능하다. 보육교사는 학급의 아동을 모두 고정된 성장스케줄에 맞추어 보거나 모두 동시에 똑같은 활동에 참여하도록 기대해서는 안 된다. 개별화된 프로그램의 예로, 매일 발달에 적합한 활동을 여러 가지 계획해서 제공하고, 그중에서 선택하는 것은 개별 아동이 알아서 선택하도록 허용하는 방법이 있다.

③ 안전하고 질서가 있으며 흥미롭게 환경을 구성한다. 전문성을 가진 보육교사는 아동에게 안전하고 질서가 있는 물리적 환경과 다양하고 흥미로운 놀잇감, 교재 등을 제공한다. 또한 아동이 어떠한 위험도 없

이 자유롭게 공간을 탐색하고 돌아다닐 수 있도록 실내·외의 활동공간을 지속적으로 점검, 감독해야 한다. 아동의 연령별 발달단계에 맞도록 적절한 놀잇감과 교재를 비치하고, 아동의 관심과 능력의 변화에 맞추어 정기적으로 변화를 준다.

④ 아동의 욕구와 생각을 존중하고 주의를 기울여 아동과 대화한다. 보육프로그램의 질은 성인이 아동을 대하는 방식에서 가장 명백하게 드러난다. 아동은 연령에 따라 필요로 하는 것이 다르다. 특히 성인과는 여러 면에서 다르다. 성인에 비해 자기통제감이 부족해서 참거나 양보하는 것에 서툴고 어떤 행동이 바람직한지, 어떤 행동이 허용되는지에 대해서도 잘 인식하지 못한다. 똑같은 규칙이라도 영아가 이를 습득하는 속도는 유아와 사뭇 다르다. 장난감과 같은 물건을 놓고 발생하는 각종 다툼에서도 아동은 성인처럼 논리적인 해결방식을 적용하지 못한다. 자기중심성이 강한 영유아는 타인의 관점을 고려하거나 타인의 입장을 배려하는 것이 부족할 수밖에 없다. 따라서 보육교사는 성인과는 다른 아동의 욕구와 사고방식에 주의를 기울여 아동의 입장에서 아동과 대화하는 노력이 필요하다.

⑤ 영유아의 발달과 교육에 대해 끊임없이 재교육을 받아야 한다. 질적 보육은 아동보육에 대한 전문화된 지식과 기술을 갖춘 보육교사에 의해 가능하다. 보육교사는 전문인으로서 능률적인 아동보호와 교육에 필수적이라고 규정된 지식과 기술을 갖추기 위해 끊임없이 워크숍, 강의, 현직교육 프로그램, 보수교육 등에 참여해야 한다.

4 보육교사의 전문적 지식

전문가로서 보육교사가 알고 있어야 하는 지식의 범위는 매우 넓다. 영유아의 전인적 인간으로 성장하도록 돕는데 목적인 보육의 목적을 달성하기 위해 보육교사는 많은 지식의 범위를 수용해야 한다. 교사는 보육현장에서의 독특하고 역동적인 특성을 반영할 수 있어야 하며(Ott, D., Zeichner, K. M., & Price, G. G., 1990), 현장에서 일어나는 다양한 문제를 해결할 수 있어야 한다. 따라서 박지영(2006)은 보육교사의 지식은 이론과 실제를 아우르는 지식이 필요하다고 하였다.

양옥승 외(1997)는 유아교사에게 필요한 전문적 지식 7가지를 다음과 같이 설명하였다.

① 영유아에 대한 이해: 영유아는 스스로 지식을 구성해 가는 능력이 있으며, 이러한 능력이란 적절한 환경이 주어졌을 때 최대화될 수 있다. 개별 영유아의 특성에 적합한 교육을 실천할 수 있는 교사 양성을 위하여, 영유아 교사 양성대학에서는 각 영유아의 능력별, 연령별, 발달특성에 대한 지식은 물론 이들에 대한 평가 및 관찰 능력을 함양시킬 수 있어야 한다.

② 교육과정에 대한 이해: 영유아 교사는 어떤 특정한 과목만을 가르치는 것이 아니라 모든 교과를 통합적으로 가르치며 교수방법에서도 미리 정해진 순서에 따라 내용을 전달하기보다는 영유아의 흥미에 따라 융통성 있게 운영할 수 있어야 한다. 영유아의 흥미는 단순한 과목의 내용을 넘어서는 경우도 있을 수 있으므로, 유아의 요구에 맞는 수업 진행을 위해서는 교사 자신의 지식이 풍부해야 한다.

③ 교육 및 사회 현상에 대한 이해: 영유아 교사는 단순히 지식만을 전달하는 사람이 아니라 영유아의 모든 생활을 이해하고 돌보며, 영유아의 전인적인 발달을 도와주는데 결정적인 역할을 하므로 참된 의미의 교양인이 되어야 한다. 이에 따라 전공뿐만 아니라 폭넓은 학문의 기초 지식을 쌓을 수 있어야 한다.

④ 영유아 교육 현장에 대한 이해와 적용: 교사 양성 프로그램에서 이수한 이론적 기초를 다양한 교육 현장에서 적용시키는 능력을 배양하도록 교육 실습이 계획되고 운영되어야 한다.

⑤ 영유아 교사 전문성에 대한 이해: 영유아 교직의 전문화를 위해서는 영유아 교사 스스로의 전문성에 대한 인식이 필요하다.

⑥ 의사 소통 기술: 영유아 교육은 학습자인 영유아만을 대상으로 하는 것이 아니라 가족과 지역사회의 요구에 기초한 통합적인 서비스를 제공하기 때문에, 영유아 교사는 영유아 교육과 관련된 모든 사람들과 긍정적인 관계를 형성하는 것이 중요하고 그에 따라 의사 소통 기술을 가지고 있어야 한다.

⑦ 연구 능력: 영유아 교사는 효율적인 교수-학습과정, 영유아에게 필요한 가치 있는 지식 등의 교육 실천에 관한 문제 의식을 가지고 스스로 탐구하는 능력을 가지고 있어야 한다. 영유아들을 가르치는데 필요한 지식의 기초는 교사교육의 내용을 결정하며, 영유아 교사들이 그러한 지식을 어떻게 습득해 가는가의 과정은 영유아 교사교육의 방법을 결정한다.

다음은 유아교사에게 필요한 지식을 태도 및 가치, 지식, 기술로 구분하였고, 변화된 사회에 유아교사에게 필요한 지식을 표 5-2와 같이 강조하였다(이미화 외, 2006).

표 5-2 • 유아교사에게 필요한 지식

태도 및 가치	지식	기술
교직인성 전문성 신장 법 제도의 이해	유아에 대한 이해 영유아 교육과정에 대한 이해 교과내용 지식	영유아 교수방법 의사 소통 기술 가족·동료·지역사회와의 협력관계 구축 테크놀로지의 활용 능력, 사무처리

출처: 이미화 외(2007).

CHATER 06

보육교사의 전문성 함양

보육교사의 발전은 시간이 흐르고 경력이 쌓이면서 자연스럽게 해결되는 것이 아니라, 스스로의 전문성 발전에 대하여 교사가 관심을 가지고 지속적으로 노력해야 한다. 이러한 발전은 법에서 규정한 의무적인 보수교육뿐만 아니라 자기 스스로의 노력을 통해 이뤄진다. 이렇게 보육교사의 전문성 신장을 위한 방안 모색은 보유교사 양성과 관련하여 중요한 부분을 차지하고 있다. 이 장에서는 보육현장에서 보육교사의 전문성 함양을 위한 다양한 방법을 살펴보고자 한다.

1 멘토링

멘토링이란 풍부한 전문지식과 경험을 갖춘 멘토(mentor)가 파트너십 관계에 기초한 상담과 지도를 통해 멘티의 성장과 경력 발전을 후원하는 과정이라 할 수 있다. 멘토가 영향을 미치는 대상이 되는 사람을 멘티(mentee) 또는 프로테제(protege)라 한다(신용주, 김민선, 2005). 멘토링은 조직 내에서 직면하는 다양한 문제에 대처하도록 도움을 주는 경험이 풍부한 상급자와 갖는 관계를 의미한다(김세웅, 2005). 따라서 보육교사에서 멘토링의 개념을 정의하자면 보육현장 내에서 초임교사들의 역할 및 대인관계 등을 원만하게 할 수 있고, 업무수행에 있어 능률을 제고할 수 있도록 상급·동료 교사 또는 임원들과의 관계를 유지하는 것을 말할 수 있다.

Cohen(1995a)은 멘토링을 관계형성기능, 정보제공기능, 격려와 촉진기능, 도전기능, 모델기능, 비전 제시기능으로 논의하고 있으며, 이는 경험 있는 보육교사들이 신임교사들을 멘토링할 때 적용되고 있다.

첫째, 관계형성의 기능은 신임교사가 신뢰감을 형성하기 위해 개인경험을 공유할 수 있는 심리적 분위기를 창출하는 것을 목적으로 하고 있다. 멘토교사는 신임교사의 의견을 경청하고 신임교사의 현재 상황에 대해 관심을 표현하는 개방적인 질문을 하며, 신임교사의 교육현장에 대한 관찰을 토대로 기술적 피드백을 제공하는 것이다. 또한 멘토교사는 감정을 확인할 수 있는 지각력을 종합적으로 사용하며, 감정적 반응을 명확히 표현하는 기능을 습득해야 한다.

둘째, 정보제공기능은 신임교사의 성장발전을 위한 조언을 할 수 있도록 구체적이고 정확한 정보를 제공하는 데 그 목적이 있다. 멘토교사는 신임교사들이 교육현장 상황과 교사직무를 사실적으로 이해할 수 있도록 질문을 제기한다. 그리고 신임교사가 교사로서 개인경력개발을 위한 기본적인 사항을 탐구할 수 있도록 구체적인 답변이 요구되는 질문을 제시하고, 개인문제의 해결책으로 사실을 정확히 이해할 수 있도록 기본적인 문제를 다시 한 번 확인한다. 의사결정이 필요한 경우에는 단편적인 요소만을 고찰하지 않고 사실에 의존하여 통합적인 요소를 바탕으로 결정한다.

셋째, 격려와 촉진기능은 신임교사에 대한 격려와 촉진의 기능이다. 멘토교사는 신임교사의 관심과 능력을 신중히 관찰, 지도하여 신임교사의 목적

달성을 위한 대안설정에 목적이 있다. 이를 위해 멘토교사는 신임교사가 개인의 관점을 확대시킬 수 있도록 가정하여 질문을 하고, 가정에서 강조되는 경험과 정보를 밝히고 의사결정이나 선택에 대한 분석을 일반화할 수 있는 다양한 관점을 제시한다. 또한 멘토교사는 신임교사의 목표에 대한 코멘트를 신중히 검토하여 현재 작업의 문제원인을 분석하고, 신임교사의 직업적 선호도를 검토하여야 한다.

넷째, 도전기능은 신임교사가 발전을 위한 대안을 회피할 때, 그 원인을 스스로 규명하고 설명할 수 있도록 도전하게 함으로써 신임교사의 비생산적인 전략에 대해 스스로 통찰력을 갖게 하는 데 그 목적이 있다. 멘토교사는 신임교사가 다른 의견을 수용할 수 있는 정도를 신중히 평가하고, 타인과의 관계에서 비판적 피드백을 받아 부정적인 평가를 받을 수 있음을 미리 공지한다. 그리하여 신임교사가 타인들의 평가를 통해 자아 평가를 증진시킬 수 있도록 행동전략 수립에 영향을 줄 수 있는 최소한의 피드백을 제공하고, 성장을 위한 긍정적 잠재력을 자극시키도록 한다.

다섯째, 모델기능은 멘토교사가 신임교사들로 하여금 어떤 목표에 대한 난관을 극복하고 성공을 확신할 수 있도록 동기를 제공하는 모델이 되어야 한다. 멘토교사는 자신의 실패나 어려운 경험, 감정이나 생각을 진솔하게 말함으로써 신임교사가 자신의 능력에 대한 긍정적 신념을 갖고 성장발전에 대한 확신을 표현하게 하며, 목적달성을 격려하여야 한다.

여섯째, 비전 제시기능은 멘토교사가 신임교사로 하여금 미래에 대한 비전을 갖게 하는 것이다. 신임교사가 자신의 미래 비전을 설정하고 그 변화를 주도할 수 있도록 개인능력과 변화관리에 대한 인식을 명료화하는 질문을 하며, 합리적인 선택인가를 검토하게 하고 문제해결력과 의사결정능력에 대해 직접적인 조언을 한다. 그리고 멘토교사는 신임교사의 신중한 결정에 대해 확신감을 표시함으로써 신임교사의 미래결정능력에 대한 존중을 표시하도록 한다.

이와 같은 목적을 지닌 멘토링은 최근 우리나라 교사교육에서도 활발하게 적용되고 있다. 특히 보육교사의 전문성 함양에 효과적인 방법으로 각기 다양한 형태의 협력관계 속에서 적극적으로 실천되고 있다.

2 저널쓰기

저널쓰기는 학습이나 교육과정에서 자신의 경험, 생각, 느낌 등을 비교적 형식에 구애받지 않고 편안하고 솔직하게 기록하는 것이다. 저널쓰기는 학습한 것을 기록으로 남기는 것인데, 개인의 경험 및 그에 대한 의미를 자유로운 형식으로 기록하는 것이다. 저널쓰기는 현장의 관찰이나 실습 등의 과목과 병행되어 다른 활동의 기초자료 제공되기도 하며, 대상자들의 사고를 기록하고 경험을 객관화시키는 수단이 되기도 한다(박은혜, 1999).

교사의 저널쓰기는 전문성을 가진 교사로서의 의견을 기록한다는 점에서 차이가 난다. 즉, 저널쓰기는 개인의 일상적인 수준을 넘어서서 교사의 전문적 성장을 개인적인 수준에서 점검하는 것이다. 그리고 저널쓰기에서 상황이나 사건에 대한 해석, 개인의 감정 등은 교육 및 전문성과 연결될 때 의미를 갖는다(박은혜, 2001).

일반적으로 교사의 저널쓰기는 교사가 무엇을 알고 있고 무엇을 하고 있는지, 무엇을 느끼는지에 대해 고려해 봄으로써 감추어진 신념을 드러내어 검토하고, 분석할 수 있는 기회를 제공하여 교사들의 반성적 사고를 기르는 데 도움이 된다(교육부, 2009). 교사교육에서 반성적 행위는 Dewey(1960)

가 교사의 행동을 변화시키는 의도적 사고의 방법으로 반성을 제시한데 그 뿌리를 두고 있다. 교사교육에서 반성적 사고는 "교사가 자신의 교육 실제와 교육이 행해지는 맥락을 분석할 수 있도록 하고 자신의 교수행위에서 한 발 물러서서 상황을 평가하고 미래 행동의 책임을 질 수 있는 교사로의 발전을 지지하는 것이다"(Calderhead, 1991). Shoffner(2009)는 반성적 사고를 통해 교사들은 개인적 신념, 가정, 교수학습에 대한 태도를 교육의 정치·문화적 맥락에 견주어 점검해볼 수 있는 기회를 갖게 된다고 했다.

저널쓰기의 목적은 다양하게 정의되고 있는데, 박은혜(1999)는 학습의 기록, 개인 경험의 재구성, 다른 활동의 기초자료 제공, 대화의 수단 등으로 저널쓰기가 활용될 수 있다고 보았다. 그리고 교사가 저널을 쓰는 것은 학생과의 교수-학습 과정에 대한 인식을 높여주고, 교수-학습 과정의 의미를 되돌아보는 데 도움이 된다(Bray, 1996). Yinger와 Clark(1981)는 교사교육 과정에서 저널쓰기의 도입은 '교사들 스스로 무엇을 알고 있는지, 무엇을 느끼는지, 무엇을 하는지, 왜 하는지 등'을 알 수 있게 해 주고, 교사들의 전문성 향상에 중요한 기능을 한다고 보았다.

보육현장은 특성상 교사 변인이 보육의 질을 좌우할 정도로 수업에 있어 교사 비중이 크다고 할 수 있다. 수업에 대한 반성적 사고는 교사가 자신의 신념이나 교수 실제를 변화시키고, 이후의 수업을 계획·실행·평가하는 교수 행동에 많은 영향을 준다. 이와 같은 목적을 지닌 저널쓰기는 교사에게 주변 환경에 안주하고 순응하기보다는 문제의 원인을 인식하고 그에 대한 적극적인 해결의 노력을 함으로써 전문인으로의 성장을 돕는다(정현숙, 2002).

교사의 저널쓰기는 분석을 통하여 교사의 반성적 사고 수준을 평가할 수 있다. 권정숙(2002)은 Galvez-Martin 외(1998)의 연구를 토대로 유아교사의 반성적 사고 수준을 표 6-1과 같이 분석하였다.

표 6-1 • 반성적 사고 수준

범위	반성적 사고의 수준
0	• 교육학적 개념이나 기술에 대해 전혀 언급하지 않음 • 단지 자신과 느낌에 근거해서 언급
1	• 교수행위/수행에 근거하여 결과를 예견하거나 분석하지 않고, 개인적인 경험으로 교수적/비교수적 사건을 일반적으로 설명
2	• 교수수행이나 그 뒤에 숨겨진 이론을 분석하지 않고, 기술적인 방식으로 교수적/비교수적 사건을 평범하게 묘사
3	• 교사행동의 일면에만 초점을 두고 관련에 도달
4	• 학생들과 학습 결과에 미친 영향과 학생의 행위를 어떻게 설명하는지를 학생들의 관점 – 한 가지로 교수행위를 평가
5	• 교수적/비교수적 시간에 교사의 관점으로 교수행위를 상세히 분석하기 • 효율적인 교수와 비효율적인 교수를 구별 • 교사가 아주 특별한 방식으로 바람직하지 않은 행동을 어떻게 다루고 유사한 상황에 어떻게 적용하는지를 분석
6	• 교수활동이 목표와 학생들의 특성에 근거한 것이고 다양한 교수전략은 학생들의 학습 스타일에 맞추어 사용된다는 것을 인식 • 학생들의 발달과 교수행위와 교수, 학생들의 특성과 가르치는 스타일과 관련된 관계를 분석
7	• 복합적 관점으로 교수적/비교수적 사건을 평가 • 학습의 특수한 상황과 맥락의 영향을 인식 • 만일 – 그때 – 왜냐하면을 활용하여 향상과 더 나아가는 수행을 위해 제안/제시

출처: 권정숙(2002).

반성적 사고 수준의 예

수준	예
수준 0	오늘은 날씨만큼이나 유아들의 모습도 밝아 보인 하루였다.
수준 1	한 주가 시작되는 월요일이어서 인지 이야기 나누기 시간이나 대그룹 활동 시간에 주의집중도 잘되고 대체적으로 차분했던 하루였던 것 같다.
수준 2	한 주가 시작되는 월요일이어서 이야기 나누기 시간에 주말에 지낸 일을 발표하였다. 주말에 어디 놀러 갔었던 유아나 집안에 일이 있었던 유아들은 주말 발표를 할 거리가 있다고 손을 들었지만, 그냥 집에서 지낸 아이들은 "난 한 거 없어요"라며 발표할 거리가 없다고 했다. 그래서 나는 아이들에게 내가 주말에 책을 읽고 보낸 이야기를 하고 평상시처럼 질문을 하라고 했다. 그러자 아이들은 그게 어떻게 주말에 지낸 이야기냐고 하면서 의아해 했다. 나는 밥 먹은 거, 친구하고 논 거, 그런 것도 다 친구들에게 들려줄 수 있는 이야기라고 했다. 그러자 아이들은 "아~ 그런 것도 할 수 있구나" 하면서 자기가 지낸 일을 발표하려고 서로 손을 들었다. 그래서 오늘은 이야기 나누기가 활발하게 이루어졌다.

(계속)

수준 3	한 주가 시작되는 월요일이어서 이야기 나누기 시간에 주말에 지낸 일을 발표하였다. 주말에 어디 놀러 갔었던 유아나 집안에 일이 있었던 유아들은 주말 발표를 할 거리가 있다고 손을 들었지만, 그냥 집에서 지낸 아이들은 "난 한 거 없어요"라며 발표할 거리가 없다고 했다. 아직 어린 아이들이고 대그룹에서 발표하는 경험이 없어서 유아들에게 발표하는 방법과 내용에 대해 알려주어야겠다고 생각했다. 그래서 나는 아이들에게 내가 주말에 책을 읽고 보낸 이야기를 하고 평상시처럼 질문을 하라고 했다. 그러자 아이들은 그게 어떻게 주말을 지낸 이야기냐고 하면서 의아해 했다. 나는 밥 먹은 거, 친구하고 논 거, 그런 것도 다 친구들에게 들려줄 수 있는 이야기라고 했다. 그러자 아이들은 "아~ 그런 것도 할 수 있구나" 하면서 자기가 지낸 일을 발표하려고 서로 손을 들었다. 그래서 오늘은 이야기 나누기가 활발하게 이루어졌다. 그래서 교사는 유아들에게 종종 modeling을 해주어야 한다. 아이들은 그것을 보고 방법과 내용을 알게 되기 때문이다.
수준 4	한 주가 시작되는 월요일이어서 이야기 나누기 시간에 주말에 지낸 일을 발표하였다. 주말에 어디 놀러 갔었던 유아나 집안에 일이 있었던 유아들은 주말 발표를 할 거리가 있다고 손을 들었지만, 부모가 매일 가게 일을 하시기 때문에 놀러 갈 기회가 없는 ○○는 "난 한 거 없어요"라며 발표할 거리가 없다고 했다. 그래서 나는 아이들에게 내가 주말에 책을 읽고 보낸 이야기를 하고 평상시처럼 질문을 하라고 했다. 그러자 아이들은 그게 어떻게 주말을 지낸 이야기냐고 하면서 의아해 했다. 나는 밥 먹은 거, 친구하고 논 거, 그런 것도 다 친구들에게 들려줄 수 있는 이야기라고 했다. 그러자 ○○는 "아~ 그런 것도 할 수 있구나" 하면서 자기가 지낸 일을 발표하려고 손을 들었다. ○○의 환해진 얼굴에서 ○○의 자신감을 느낄 수 있었다. 그날 ○○는 다른 아이들보다 더 적극적으로 활동을 하며 즐거워했다. 그래서 교사는 유아들에게 종종 modeling을 해주어야 한다. 그것을 보고 방법과 내용을 알게 되기 때문에 필요하다. 또, 그것을 익힌 아이들은 자신감을 가지고 다른 활동에서도 그 방법을 적용해서 해볼려고 하기 때문에 시범으로 보여 주어 익힐 수 있게 해주어야 한다.
수준 5	한 주가 시작되는 월요일이어서 이야기 나누기 시간에 주말에 지낸 일을 발표하였다. 주말에 어디 놀러 갔었던 유아나 집안에 일이 있었던 유아들은 주말 발표를 할 거리가 있다고 손을 들었지만, 그냥 집에서 지낸 아이들은 "난 한 거 없어요"라며 발표할 거리가 없다며, 지루해 하는 얼굴이 나타났다. 그래서 나는 아이들에게 이야기 나누기의 소재가 특별한 것만이 아니라 일상의 일도 소재가 될 수 있다는 것을 보여 주어 아이들이 적극적으로 참여할 수 있게 하기로 했다. 그래서 나는 내가 주말에 책을 읽고 보낸 이야기를 하고 평상시처럼 질문을 하라고 했다. 그러자 아이들은 그게 어떻게 주말을 지낸 이야기냐고 하면서 의아해 했다. 나는 밥 먹은 거, 친구하고 논 거, 그런 것도 다 친구들에게 들려줄 수 있는 이야기라고 했다. 그러자 아이들은 "아~ 그런 것도 할 수 있구나" 하면서 자기가 지낸 일을 발표하려고 서로 손을 들었다. 교사의 modeling이 종종 아이들에게 필요하다. 아이들은 거의 가정에서 부모와만 지내기 때문에 사회생활에 대한 정보가 없고 생각이 매우 제한적이다. 교사는 사람들과의 관계를 처음으로 배워 가는 아이들에게 바람직한 모습을 시범으로 보여 주어, 아이들이 유치원의 다양한 생활과 내용 그리고 생각을 키울 수 있게 해 주어야 한다.
수준 6	한 주가 시작되는 월요일이어서 이야기 나누기 시간에 주말에 지낸 일을 발표하였다. 주말에 어디 놀러 갔었던 유아나 집안에 일이 있었던 유아들은 주말 발표를 할 거리가 있다고 손을 들었지만, 부모가 매일 가게 일을 하시기 때문에 놀러 갈 기회가 없는 아이들은 "난 한 거 없어요"라며 몸을 비트는 아이들이 많았다. 나는 아이들에게 이야기 나누기의 소재가 특별한 것만이 아니라 일상의 일도 소재가 될 수 있다는 것을 보여 주어야 한다고 생각했다. 아울러 아이들이 주말에 지낸 이야기를 재미있게 이끌어 가기 위해서는 발표한 아이가 지적하면 그 아이가

(계속)

	묻도록 하는 방법으로 바꾸어 보기로 했다. 그래서 나는 아이들에게 내가 주말에 책을 읽고 보낸 이야기를 하고 질문을 하라고 했다. 그러자 아이들은 그게 어떻게 주말을 지낸 이야기냐고 하면서 의아해 했다. 나는 밥 먹은 거, 친구하고 논 거, 그런 것도 다 친구들에게 들려줄 수 있는 이야기라고 했다. 그러자 아이들은 "아~ 그런 것도 할 수 있구나" 하면서 자기가 지낸 일을 발표하려고 손을 들었고 유아들이 갑자기 집중하는 모습이 나타났다. 그래서 교사는 유아들에게 종종 modeling을 해주어야 한다. 아이들에게 바람직한 모습을 시범으로 보여 주어야 한다. 그리고 같은 활동이라도 유아들이 적극적으로 참여할 수 있도록 방법을 개선해 나가야 한다.
수준 7	한 주가 시작되는 월요일이어서 이야기 나누기 시간에 주말에 지낸 일을 발표하였다. 주말에 어디 놀러 갔었던 유아나 집안에 일이 있었던 유아들은 주말 발표를 할 거리가 있다고 손을 들었지만, 부모가 매일 가게 일을 하시기 때문에 놀러 갈 기회가 없는 아이들은 "난 한 거 없어요"라며 몸을 비트는 아이들이 많았다. 주말 지낸 이야기는 매주 하는 활동이어서 거의 같은 방식으로 진행을 한다. 나는 아이들에게 주말에 지낸 이야기의 소재와 방식에 변화를 줄 필요를 느꼈다. 주말에 지낸 이야기의 소재를 일상적인 내용보다는 유아들에게 세상에 대해 인식하게 하고 부모와 대화를 나누어 유아와 부모와의 관계를 개선시킬 수 있는 방안을 고려해야 한다고 생각했다. 그래서 주말 발표보다는 주말에 부모가 읽어 준 신문의 내용을 이야기하기로 바꾸어야겠다. 그러는 가운데 유아가 이해하지 못한 부분을 부모가 설명해주면 부모-자녀관계 형성도 좋아지고, 유아는 사회에 대해 더 이해하게 될 것이다. 그리고 잘 이해한 내용을 친구들에게 발표할 때 유아는 자신감을 가지고 이야기하게 될 것이다. 아마 주말 발표를 하는 날은 유아들이 기대하는 시간이 될 것이다. 아울러 아이들이 주말에 지낸 이야기를 재미있게 이끌어 가기 위해서는 발표한 아이가 질문하면 다른 아이가 묻도록 하는 방법으로 바꾸어 보기로 했다. 그리고 다른 활동에서도 같은 활동이라도 유아들이 적극적으로 참여할 수 있도록 방법을 개선해 나가야겠다.

3 교사 포트폴리오

1) 티칭 포트폴리오의 의의

포트폴리오는 오랜 시간에 걸쳐 형성된 개인의 지식과 기술, 전문성의 성장을 보여 주는 기록들의 모음집을 의미한다. 주로 예술분야에서 사용되던 것이 최근에는 수행평가의 한 방법으로 교육현장에서 그 활용이 점점 확대되고 있다. 포트폴리오 평가는 학생들의 학습경험과 성취에 관한 다양하고 직접적인 근거자료를 체계적으로 수집하여 보다 다면적이고 종합적인 평가를 가능하게 할뿐만 아니라 학생들이 자신의 평가과정에 일익을 담당함으로써 자신의 학습활동에 대한 반성과 책임의식을 갖도록 한다는 점에서 유치원에서부터 대학에 이르기까지 폭넓게 활용되고 있다.

티칭 포트폴리오는 교사의 전문성 향상과 평가를 위한 목적으로 활용되는 포트폴리오로써, 일반적 포트폴리오와 다른 점은 단순한 자료들의 모음집 이상이라는 점이다. 즉, 교사 자신의 교육활동에 대한 성찰을 통해 향상과 발달이 이루어질 수 있도록 학생의 학습과 발달에 영향을 미치는 교사의 교수활동의 실제, 수업과 관련된 각종 활동과 결과물, 이에 대한 반성적 진술과 설명 등이 포함된 조직적인 기록이다.

2) 포트폴리오의 내용

티칭 포트폴리오는 교사 자신의 과거 경험과 사고, 행동방식, 현재 갖고 있는 교수 기술과 교수-학습에 대한 이해, 교과내용과 방법 등 교사 각자가 판단하는 자기 이해와 신념에 따라 만들어진 것이기 때문에 각기 다른 형태나 내용을 가질 수 있다. 그러나 모든 포트폴리오에 공통적으로 포함되어야 하는 항목이나 내용은 다음과 같다(Doolittle, 1994; Zubizarreta, 1994).

① 교사의 정해진 역할: 교사의 배경과 맡고 있는 학급의 설명과 함께 교사가 지각한 자신의 역할에 대한 생각을 진술

② 교사의 교육철학에 대한 반성적인 사고 활동을 나타낸 글

③ 교수방법 및 교수전략: 실제 수업의 녹화 또는 녹음, 단원계획이나 동료교사의 관찰 기록 등

④ 교과목에서 활용되는 교수자료에 대한 설명: 수업계획서, 과제물, 인쇄물 등

⑤ 교수활동의 결과: 학생의 학습활동에 관한 증거로 각종 시험, 퀴즈나 작품
⑥ 학생과 동료교사의 평가 및 분석
⑦ 전문성 발달을 위한 노력: 학회, 워크숍, 교과과정 개정 등의 참여
⑧ 장, 단기 교수활동의 목표

물론 포트폴리오에 포함되는 내용이나 강조되는 항목은 포트폴리오의 사용 목적에 따라 달라질 수 있다. 예를 들면, 교수활동의 개선에 관심이 있는 보육교사라면 교수철학과 실제적인 방법과의 연관성과 교수기술에 대한 반성적인 글 또는 영유아들의 학습결과 등을 보다 강조할 것이다. 포트폴리오에 수록되는 내용들이 반드시 형식을 갖춘 보고서에 국한하는 것은 아니다. 가장 중요한 것은 이러한 증거들이 포트폴리오가 의도한 목적을 달성했는지 보여 주기에 충분하고 반드시 필요한 것이어야 한다는 점이다.

3) 티칭 포트폴리오의 효과

티칭 포트폴리오의 가장 큰 이점은 보육교사의 반성적 사고능력을 증대시킨다는 데 있다.

티칭 포트폴리오의 활용에 대한 국내외 사례연구들(김혜영, 2004; 유승연, 2000; 임승렬, 2000; 조한무, 조성탁, 2001; Anderson & DeMeulle, 1998; Attinello, Lare & Waters, 2006; Freidus, 1998)은 공통적으로 교사나 예비교사들이 티칭 포트폴리오 제작 경험을 통해 반성적 사고능력이 증진되었음을 보고하고 있는데, 이들의 연구에서 드러난 티칭 포트폴리오 활동의 효과를 종합하여 정리해 보면 다음과 같다.

첫째, 보육교사로서의 자부심과 긍지를 재확립시킨다는 것이다. 자신의

교육에 대한 신념을 진술하고 학습지도안이나 자료들을 공들여 준비하면서, 전문직으로서 교직의 의미를 다시금 깨닫게 되고 완성된 티칭 포트폴리오를 보면서 자신의 전문적 능력을 재발견하고, 보육교사로서의 보람과 자부심이 향상된다.

둘째, 자신의 교수활동에 대해 문제점을 인식하고 재검토하게 되는 성찰의 기회를 제공한다. 그동안 보육교사로서 수업방향이나 생각은 있었으나 정리되지 않았던 것이 티칭 포트폴리오 훈련을 통해 체계적으로 정리되고 분석됨으로써 자신의 약점과 강점을 돌아볼 수 있게 되고 자신이 인식한 문제를 해결하기 위한 대책을 모색하고 실천해 보도록 한다.

셋째, 수업행동에서의 긍정적이고 적극적인 변화를 가져오는데도 기여한다. 단편적인 수업 진행 방식에서 벗어나 체계적인 수업설계를 통해 수업준비를 철저히 하는 등 수업의 질을 향상시키려고 노력하는 것으로 나타났다.

넷째, 전문성 향상을 위한 노력과 책임감의 강화이다. 스스로 수업을 위해 연구하고 계획하는 자세를 보이며 이론과 실제의 차이를 고민하는 차원에서 벗어나 그 차이를 의미있게 연결시키며 새롭게 도전하는 모습을 보였다. 효과적인 수업을 위한 준비와 수업에 대한 모니터링, 개선방법 연구 등을 통해 수업의 효율성을 높이고자 하는 책임감이 증대되었다.

다섯째, 협력적인 보육교사 문화의 형성에 기여한다는 것이다. 보육교사들 간의 토론을 통하여 교수목적과 전략, 결과, 기준설정 등에 대한 의견을 교환하고, 서로의 생각에 자극을 주어 더욱 다양한 문제해결 방안을 제시하며 반성적 사고를 증진시켜 나갈 수 있다.

이와 같이 티칭 포트폴리오의 활용을 통해 얻는 효과들은 대부분 반성적 사고를 근간으로 하고 있음을 알 수 있다. 교직은 숙련된 기술로서만 수행할 수 있는 직이 아니라 반복적인 반성과 숙고를 거듭해야 하는 전문직이며, 반성과 숙고는 저절로 이루어지는 것이 아니라 반성적 사고를 거듭하는 훈련을 통해서 가능한 것이다. 티칭 포트폴리오는 그런 점에서 보육교사의 효율성을 평가하는 방법일 뿐만 아니라 효과적인 전문능력 개발의 방법이기도 하다.

CHATER 07

보육교사의 발달과 전문적 성장

보육교사의 업무를 살펴보면 보육교사직은 전문성을 필요로 하는 직업이다. 보육서비스에 대한 수요 증가에 따라 단순한 영유아에 대한 보호와 양육에서 벗어나 교육적 기능을 요구하게 되었다. 이러한 변화는 보육교사에게 전문적 자질을 요구하고 있다.

보육교사로서 발달을 이해하는 것은 보육교사로서 성장과 전문성 함양을 위해 도움이 된다. 또한 보육교사 스스로의 성장과 발달은 영유아의 발달에 중요한 역할을 하는 가치를 지닌 전문직임을 인식하고, 전문가로서의 노력해야 할 필요성을 가진다. 이 장에서는 보육교사의 발달단계를 살펴보고 교사의 전문적 성장은 무엇인지 알아보고자 한다.

1 보육교사의 발달개념

발달(development)이란 인간의 생존에 필요한 기능을 습득하고 주위 환경에 적응해 나가는 과정의 연속이라고 할 수 있다. 인간의 발달과 유사하게 보육교사의 변화와 성장과정에서 '교사발달'이라는 용어가 사용된다. 교사발달이란 교사양성 교육기관에 들어갈 때부터 시작하여 계속되는 교직과정 동안 이루어지는 성장과 변화의 과정이다. 즉, 교사는 교직 경험을 쌓아가면서 교수 지식과 기술, 신념 및 가치관, 행동 등의 변화를 겪게 될 것이다. 이러한 연속적이며 점진적인 발달과정을 통하여 보육교사들은 천천히 진보해 가는 과정을 경험한다.

교사발달에 대한 여러 학자의 정의를 살펴보면 다음과 같다.

- 이윤식(1991): 교직의 전 기간을 통하여 교직과 관련된 지식, 기능, 태도 및 전망에 있어서의 변화를 의미하는 것
- 노길영(2000): 교직 이전 시기를 포함하여 교직을 수행하는 동안 교사의 지식, 기술, 행동 및 태도, 성향, 기대 그리고 직업 변화, 발전, 퇴보하는 것
- 김영만(2004): 교사가 교직에 입문하여 교직 생활을 떠날 때까지의 전 기간을 통하여 교사로서의 가치관과 신념, 지식과 기능, 행동 등이 변화되어 가는 일련의 과정
- Burden(1990): 교직 경험이 쌓이면서 교직에 필요한 여러 영역에서 신념, 욕구, 지식, 기술, 행동, 태도 등에 있어서 양적·질적인 면에서 지속적인 변화를 의미하는 것
- Floden(1980): 현직교육과 전문적 프로그램 운영을 통하여 교사의 성장·발달을 촉진하고 지원하는 것을 의미

여러 학자들이 다양한 관점에서 교사발달을 정의하고 있지만 결국 보육교사발달이란 보육교사 양성교육을 받는 시기부터 어린이집에서 영유아를 교육하고 생활하는 전 기간 동안 교사문화에 익숙해져 가면서 교직에 대한 태도, 지식, 가치, 신념 등이 변화하는 과정이라 하겠다.

2 보육교사의 발달단계

교사발달에 대해 연구해 온 학자들은 교사들이 교직 경력을 쌓아가면서 어떻게 발달해 가는지 단계에 따른 성장과 변화의 특징을 제시하고 있다. Kantz(1972)는 Fuller의 이론을 토대로 영유아 교사의 발달단계를 구분하였다. 영유아 교사의 관심사에 따라 생존기, 강화기, 갱신기, 성숙기의 4단계로 나누고 있다. 영유아 교사는 적어도 4단계를 거쳐 발달하며 개개인에 따라 각 단계에서 보내는 시간의 길이에는 큰 차이가 있다고 보았다. 각 단계의 특징을 살펴보면 다음과 같다.

1) 생존단계: 교사생활 초기 1년

"교사로 살아남을 수 있을까?"
"오늘도 하루를 무사히 보낼 수 있을까?"
"동료들이 날 받아들여 줄까?"
"이번 주말까지 이것을 해낼 수 있을까?"

보육현장에서 발생하는 수많은 문제(영유아지도 및 상호작용, 활동 내용, 부모와 동료교사와의 관계 등)를 원활하게 처리하고 자신이 교사직을 지속할 수 있을지 고민하는 단계이다. 교사로서의 의무감과 책임감으로 불안해하며, 보육현장은 이론과 매우 다르다는 것을 알게 되면서 초임교사들은 여러 가지 갈등과 문제에 직면하면서 능력의 한계를 느끼고 좌절을 경험한다(조윤주, 최일선, 2004). 이 시기에는 원장이나 경력이 많은 교사들의 지원, 격려, 이해가 초임교사들의 심리적 안정에 도움이 된다. 또한 교실에서 발생하는 문제에 즉각적으로 대처할 수 있는 구체적인 기술과 통찰력 등이 초임교사들에게 필요하다.

2) 강화단계: 교사생활 2~3년 시기

> "부끄러움을 많이 타는 아이들을 어떻게 도와줄 수 있을까?"
> "수업에 잘 참여하지 않는 아이들을 어떻게 도와줄 수 있을까?"
> "부모와 떨어지지 못하는 아이들은 어떻게 도와줄 수 있을까?"

교사로서 안정감과 자신감을 얻게 되는 시기로 생존단계에서 얻은 교훈을 바탕으로 보완 및 통합할 수 있게 된다. 주된 관심사는 문제상황에 대한 해결책을 찾는 것과 개별 영유아에 대해 인식을 시작하는 것이다. 또한 생존기에 습득한 교수기술과 능력을 더욱 정교화시키기 위해 노력한다. 이에 따라 새로운 교수자료, 방법, 전력 등에 대한 관심과 새로운 교수법이나 이론 등을 제시하는 교사 워크숍이나 연수회 등에 참여하고자 하는 욕구가 많아진다.

따라서 이 시기에는 수업현장과 관련된 도움뿐만 아니라 전문가들이나 노련한 동료교사들로부터의 충고 또는 상담 등의 도움이 필요하다.

3) 갱신단계: 교사생활 3~4년 시기

> "누가 어디에서 무엇을 하고 있는가?"
> "새로운 교수매체, 교수기법, 접근방법 그리고 아이디어는 무엇인가?"

반복되는 교직생활에 싫증과 회의를 느끼고 무엇인가 새로운 것을 시도해 보려는 데 관심을 가진다. 이 시기는 새로운 발전에 대해 스스로에게 많은 질문을 제기한다. 갱신기 보육교사들은 자신이 접하지 않은 새로운 프로그램에 대한 정보에 대하여 다른 교사들과 논의하는 것을 좋아하고, 자신이 수업하는 모습을 동영상을 촬영하여 자기평가를 하거나 다른 어린이집을 방문하여 다른 보육교사들의 수업을 참관하거나 다른 교사들에게 자신의 수업모습을 공개하기도 한다. 따라서 이 단계의 보육교사들의 욕구는 전문 학술단체, 학술지 또는 유아교육 서적, 시범 프로그램의 기관 방문, 견학 등을 통해 새롭고 다양한 프로그램과 정보를 경험으로써 보육교사로서의 성장과 발달을 원한다.

4) 성숙 단계: 교사생활 5년 이상의 시기

> "나의 철학적 뿌리는 어디에 있는가?"
> "학교(유아교육)가 사회를 변화시킬 수 있는가?"
> "성장과 학습의 본질은 무엇인가?"

성숙단계에 이르면 교사는 완전한 자신감과 경험을 갖추고 성숙한 수준에 이르게 된다. 약 5년 이상이 되면 자신을 교사로 인정하고, 보다 깊고 추상적인 질문을 할 수 있는 충분한 시각을 가지게 된다. 이전에 보육교사로서 매일 직면하는 실제적인 보육상황에 관심이 집중되었다면 성숙단계에서는 근본적이고 철학적인 진문들에 의미를 두게 된다. 이 시기에는 교직 전반에 대한 관심을 가지게 되며 전문가 협의회나, 세미나 참석, 학위취득의 기회, 폭넓은 독서, 다양한 분야의 전문가들과 상호 접촉을 통해 교사로서의 진보된 성장과 교직에 대한 전문적인 안목을 갖기를 원한다.

하지만 모든 교사들이 성숙단계에 도달하는 것은 아니다. 경력상 성숙기임에도 불구하고 30.9%가 생존기 해당 교사였다. 이는 현직교사의 관심사에 따라 적절한 현지교육과 지원이 부족함을 드러내는 것이다. 이는 보육의 질에도 부정적인 영향을 미치므로 보육교사의 자질과 전문성을 높이기 위하여 교사의 발달단계 및 자신의 관심사에 관심을 가질 필요가 있다.

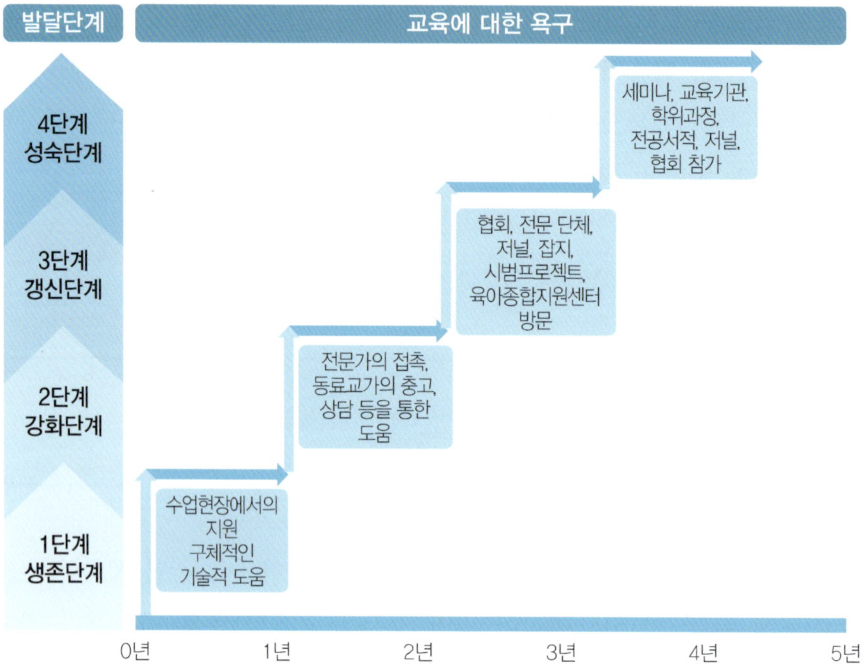

출처: Katz, L. G.(1972).

그림 7-1 • 보육교사 발달단계별 교육에 대한 욕구

3 보육교사 관심사 평정척도

Arroyo와 Sugawara(1983)는 Katz의 유아교육교사의 발단단계를 적용하여 유아교육 실습생의 관심사를 측정하기 위한 척도(SSTC, A Scale of Student Teaching Concerns)를 개발하였다. 하지만 Arroyo와 Sugwara의 연구에 대해 Tsai는 유아교육 실습생의 관심사 평정척도를 현직교사에게 적용하는 것이 더 바람직하다고 하면서 이들의 연구를 기초로 유아교육교사의 관심사 평정척도(KTCRS, Kindergarten Teacher Concerns Rating Scale)를 개발하였고, 유치원 교사들의 전문적인 관심사를 조사하였다.

이승연(1994)은 Tasi(1990)의 유아교육교사의 관심사 평정척도(KTCRS, Kindergarten Teacher Concerns Rating Scale)를 수정·보완하여 5점 척도의 52문항으로 구성한 질문지를 사용하여 국내 유치원 교사들의 관심사를 분석하였다. 우리나라 유치원 교사들이 표출한 관심사의 발달과정은 Katz가 제시한 발달단계를 따르고 있었다. 특히 생존 관심사에 높은 관심을 보이고 성숙 관심사에 낮은 관심을 보이는 것으로 나타났다. 교사 관심사 평정척도를 통해 얻어진 자료는 교사들이 자신의 관심사를 보다 명확히 이해할 수 있도록 해주고, 운영자가 교사들에게 어떠한 지원이 필요한지를 이해할 수 있도록 도와준다. 또한 교사교육프로그램 개발 및 정책, 제도의 구축에 기초자료를 제공해준다.

- 생존 관심사: 교사가 되는 경험을 견디어 낼 수 있을까에 대해 걱정하는 정도로서, 기본적으로 교사로서의 적합성, 적응, 수용, 훈육, 정보·교수기술·시간의 부족, 충분히 준비되어 있지 못하다는 느낌 등에 대한 관심과 염려

- 강화 관심사: 효율적인 교사가 되기 위해 지식과 기술에 대해 관심을 갖는 정도를 의미함
- 갱신 관심사: 교사로서의 효율성을 강화하기 위해 새로운 지식과 기술에 대해 관심을 갖는 정도를 의미함
- 성숙 관심사: 개인적인 교수철학을 확고히 하는 건과 관련된 관심을 갖는 정도이며, 일반적인 지식의 토대를 넓히는 것, 추상적인 이론적·철학적 문제를 탐구하는 것, 진보된 학습에 착수하는 것 등을 포함

다음 표 7-1은 교사 관심사 평정척도의 질문이다. 자신의 관심 정도를 5점 척도에 맞추어 확인해보자.

표 7-1 • 교사 관심사의 범주와 문항번호

교사 관심사의 범주	문항번호	문항수
생존 관심사	1, 5, 9, 13, 17, 21, 25, 29, 33, 37, 41, 45, 49	13
강화 관심사	2, 6, 10, 14, 18, 22, 26, 30, 34, 38, 42, 46, 50	13
갱신 관심사	3, 7, 11, 15, 19, 23, 27, 31, 35, 39, 43, 47, 51	13
성숙 관심사	4, 8, 12, 16, 20, 24, 28, 32, 36, 40, 44, 48, 52	13

문 항	관심이 없다				관심이 많다
1. 학급의 영유아수(교사와의 비율)에 관한 것	1	2	3	4	5
2. 자유놀이 시간에 영유아가 스스로 계획한 활동을 끝까지 할 수 있도록 격려하는 것	1	2	3	4	5
3. 새로이 개정된 보육과정을 적용하는 것	1	2	3	4	5
4. 세미나에 참가하는 것	1	2	3	4	5
5. 영유아들에게 약속된 규칙을 지키도록 하여 질서를 유지하는 것	1	2	3	4	5
6. 부모와 떨어지기 싫어하는 영유아를 다루는 것	1	2	3	4	5
7. 현재 운영하고 있는 프로그램의 목적을 성취하기 위해 새로운 방법을 모색하는 것	1	2	3	4	5
8. 일반교양에 대한 광범위한 기초 지식을 얻을 수 있도록 폭넓게 독서하는 것	1	2	3	4	5

(계속)

문 항	관심이 없다				관심이 많다
9. 현재 맡고 있는 영유아들의 연령에 맞는 발달단계를 아는 것	1	2	3	4	5
10. 학습에 지체를 보이는 영유아에게 환경적인 자극을 주는 것	1	2	3	4	5
11. 보육에 관련된 교직 전문단체에 가입하는 것	1	2	3	4	5
12. 보육 이외의 다른 분야의 전문가들과 접촉하는 것(예: 의사, 심리학자, 사회학자, 영양사 등)	1	2	3	4	5
13. 교재·교구를 만드는 것	1	2	3	4	5
14. 특별한 요구를 가지고 있는 영유아들을 돕는 것(예: 부모의 이혼이나 별거로 인한 가정문제를 가지고 있는 영유아 발달에 장애가 있는 영유아 등)	1	2	3	4	5
15. 새로운 연구 결과나 정보를 수업에 적용하는 것	1	2	3	4	5
16. 어린이집에서 종일반을 실시하는 것	1	2	3	4	5
17. 가르칠 내용을 충분히 이해하고, 효과적으로 전달할 수 있도록 노력하는 것	1	2	3	4	5
18. 교사에게 지나치게 의존하여 떨어져 있지 않으려고 하는 영유아를 다루는 것	1	2	3	4	5
19. 시범으로 운영되고 있는 어린이집이나 새로운 프로그램을 운영하고 있는 어린이집을 방문하여 정보를 얻는 것	1	2	3	4	5
20. 원아 모집 및 선발 기준에 관하여 나름대로의 철학을 갖는 것	1	2	3	4	5
21. 영유아들 개개인의 특성 및 기본적 능력을 파악하는 것	1	2	3	4	5
22. 어린이집에 오기 싫어하는 영유아나 집에 가고 싶다고 떼를 쓰는 영유아를 다루는 것	1	2	3	4	5
23. 영유아에게 적합한 새로운 과학 실험이나 활동에 대한 정보를 입수하는 것	1	2	3	4	5
24. 영유아가 성장하는 것과 학습하는 것의 본질(특성)에 대해 깊이 탐구하는 것	1	2	3	4	5
25. 일과를 계획하고, 보육계획안을 작성하는 것	1	2	3	4	5
26. 그치지 않고 계속해서 우는 영유아를 지도하는 것	1	2	3	4	5
27. 영유아 발달 이론을 보육과정에 통합시키는 것	1	2	3	4	5
28. 보육에 영향을 미치는 관련 법규나 정책에 관한 것	1	2	3	4	5
29. 자신이 보육교사로서 적합한가에 관한 것	1	2	3	4	5
30. 영유아의 공격적인 행동에 대처하는 것	1	2	3	4	5
31. 교사들을 위한 연수나 워크숍에 참여하는 것	1	2	3	4	5
32. 급격하게 변화하고 있는 현대사회에서 어린이집이 담당해야 할 역할과 기능을 생각하는 것	1	2	3	4	5

(계속)

문 항	관심이 없다				관심이 많다
33. 수업에 대한 영유아들의 반응에 관한 것	1	2	3	4	5
34. 영유아들 간에 싸움이 벌어졌을 때 문제를 해결해 나가는 것	1	2	3	4	5
35. 현장에서 연구를 할 수 있도록 연구 방법을 습득하는 것	1	2	3	4	5
36. 어린이집 전체의 운영관리에 참여하는 것	1	2	3	4	5
37. 교사로서, 직장동료로서 동료교사들에게 인정받는 것	1	2	3	4	5
38. 건강에 문제를 가지고 있는 영유아를 돕는 것(예: 팔에 깁스를 한 영유아, 감기에 걸린 영유아 등)	1	2	3	4	5
39. 새로운 보육프로그램을 도입하고 적응하는 것	1	2	3	4	5
40. 학위를 얻기 위해 학위 과정에 등록하는 것(예: 방송통신대학, 대학원 등)	1	2	3	4	5
41. '보육교사'라는 직업을 계속할 수 있을 것이라는 확신을 갖는 것	1	2	3	4	5
42. 영유아들이 가지고 있는 언어적 문제를 도와주는 것(예: 말을 더듬는 것, 표현력 부족, 어휘력 부족 등)	1	2	3	4	5
43. 보육에 관련된 전문잡지나 학회지 등을 보는 것	1	2	3	4	5
44. 교사의 권익과 처우에 관한 것(예: 행정적인 지원·후생복지·근무조건)	1	2	3	4	5
45. 교사로서 부모들에게 인정받는 것	1	2	3	4	5
46. 영유아들의 자아 개념을 증진시키는 것	1	2	3	4	5
47. 새로운 교수방법을 배울 수 있는 비디오나 교육용 영화를 보는 것	1	2	3	4	5
48. 보육의 역사와 철학을 탐구하는 것	1	2	3	4	5
49. 수업 준비를 위해 충분한 시간을 할애하는 것	1	2	3	4	5
50. 문제가 있는 영유아의 부모와 상담하는 것	1	2	3	4	5
51. 현직교육(각종 연수, 강습회, 워크숍)으로부터 학습한 새로운 지식과 교수법을 실제에 적용하는 것	1	2	3	4	5
52. 보육의 공교육화에 관한 것	1	2	3	4	5

※어린이집 상황에 맞게 일부 용어 수정

4 보육교사의 전문적 성장을 위한 방법

1) 어린이집 자체 교사교육

보육교사는 교육을 통해 새로운 이론이나 지식, 기술, 태도를 받아들이고 실제 현장에 적용해 보며 그 결과에 대한 반성적인 사고를 통해 교사 자신의 신념이나 실천적 지식을 형성한다. 능력있는 교사로 발전하기 위해서는 스스로의 전문성 발전에 대하여 관심을 가지고 지속적으로 노력해야 한다. 자율장학이란 행정기관의 지시를 받지 않고 자체 어린이집에서 교육활동의 개선을 위해 자율적으로 수행하는 장학활동을 의미한다. 이를 통하여 스스로 교육과정의 운영과 수업활동의 효율화를 높여 수업과 운영의 질을 향상시키는 활동이다.

어린이집은 보육활동이 일어나는 현장이며, 교사의 발달을 위한 교육의 실천적 내용이 발현되는 현장이다. 이 현장에는 유능한 경력교사가 근무하고 있으며, 이는 내부의 좋은 장학사가 될 수 있다. 교사의 전문성 발달, 교사의 개인적 발달, 어린이집 조직의 발달 등 다양한 영역의 연수 및 교육이 포함되도록 장학을 계획한다.

어린이집 자체 교사교육은 수업장학, 동료장학, 자기장학, 약식장학, 자체연수로 나눌 수 있다(김혜경, 2011).

(1) 수업장학

교사들의 수업능력 향상을 위하여 수업계획에 관하여 교사와 협의를 갖고 수업을 관찰하며 분석하고, 교사의 관찰 결과에 대한 피드백을 함으로써 수업개선을 도모하는 것이다.

어린이집에서는 평가인증이 본격화되는 시점에 많이 이루어졌다. 교사들의 수업기술 및 유아간의 상호작용 향상을 위하여 원장 및 경력교사가 주도하여 실시하며 임상장학과 마이크로티칭 등이 있다.

- 임상장학: 임상장학은 장학담당자가 실제 교수 상황을 직접 관찰하고, 거기서 얻은 자료를 토대로 교사와의 대면적 상호작용을 통해, 교사와 교수활동을 분석하여 교사의 전문적 자질과 수업의 질을 향상하고 체계적인 지도·조언과정의 장학이다.
- 마이크로티칭: 수업 내용, 학생, 수업 시간 등을 소규모로 축소하여 관찰자(수업분석자)가 교사(교수자)의 수업 내용을 관찰하고 분석하여 교사의 수업 개선에 도움을 주는 것을 말한다. 이 과정에서 수업의 일부 혹은 전부를 캠코더로 촬영하여 수업 분석에 이용하기도 한다. 가급적 마이크로티칭에서는 한 가지 수업 기술의 연습 및 향상을 목적으로 하는 것이 좋다. 또한 수업 전 관찰자(수업분석자)와 교사(교수자)는 서로 협의하여 어떤 점을 주로 관찰하고 분석할 것인지 협의를 해야 한다. 협의한 내용을 바탕으로 수업을 하고, 관찰 및 분석하여 수업 개선에 도움이 되도록 한다.

(2) 동료장학

동료교사들이 교육활동의 개선을 위해 모임이나 짝을 이루어 상호 간에 수업을 관찰하고 분석하여 피드백 하는 수업연구와 공동 과제 및 관심사의 토의 등 공동으로 노력하는 과정이다. 동료장학의 방법에는 도움청하기, 드러내기, 반성을 통해 문제 인식하기, 해결방법 찾기, 적용하기, 적용결과 반성하기, 보완하기, 확증하거나 확증받기가 있다.

(3) 자기장학

자기수업 반성, 1인 1과제 연구, 대학원 수강, 문헌연구, 전문가 상담, 방문·견학 등을 포함한 각종 자기연찬 활동 등 교사 자신의 전문적 발달을 위하여 스스로 체계적인 계획을 수립하여 실천해 나가는 장학이다. 어린이집 평가인증에 대비하여 자신의 아동과의 상호작용 방식을 개선하고자 많이 사용된다.

(4) 약식장학

어린이집 원장이 교사들의 일상적인 수업·학급경영 활동을 관찰하고 지도·조언·격려하는 장학이다.

(5) 자체연수

교육활동의 개선을 위하여 보육교사와 직원들의 필요와 욕구에 대해 어린이집의 모든 인적·물적자원을 활용하여 어린이집 자체에서 실시하는 연수활동을 말한다. 전문가를 초빙하여 강의를 듣기도 하고 지역사회 어린이집이나 유치원 참관 및 전문기관 견학, 전문서적이나 책, 연구자료를 이용하여 연수를 한다. 2015년 전국보육실태 조사에서 자체적으로 교육을 실시한 기관은 75.1%이며, 재교육 유형은 자체 별도교육이 가장 많이 나타났다.

표 7-2 • 전국 어린이집 자체 실시교육 현황 및 유형

(단위: %)

구분	자체 실시교육		지원 또는 교육				
전체	있음	실시한 어린이집수	자체별도 보수교육	컨설팅	동료간 멘토링	자율공부 모임	기타
	75.1	4,046	67.8	27.3	33.8	20.7	10.4

출처: 전국보육실태조사(2016).

어린이집에서는 연수 등의 일정에 참여한 후 다음과 같은 보고서를 작성한다. 연수일정과 보고서의 사례는 각 시도 육아종합지원센터 홈페이지에 게시된 내용이다.

보육교직원 연수계획안(예시)

-작성 Tip-

- 매년 어린이집의 보육교직원 현황, 행사 등을 고려하여 연수 계획을 세운다.
- 실시하는 보육교직원 연수는 모든 보육교직원이 고르게 참여하는 것을 원칙으로 한다.
- 계획에 따라 보육교직원 연수를 실시한 후 연수 대장과 연수보고서를 작성한다.

월	내 용	방 법	비 고
3월	• 신입교사교육 • 평가인증자체점검 교육	교재내용 숙독 후 토의 외부연수	신입교사 원장
4월	• 우수 원 방문 • 자체교통안전교육	외부연수 교재내용 발표 후 토의	전체교사
5월	• 자체 위생교육 • 영유아 관찰 및 평가	시청각 또는 실습교육 교재내용 발표 후 토론	전체교사
6월	• 일본 기관 방문 연수 • 식중독 예방 위생	외부연수 외부연수	주임교사 원장, 조리사
7월	• 물놀이 안전교육 • 보육교사 직무교육	시청각 또는 실습교육 인터넷 강의	전체교사 영유아반교사
8월	• 응급상황 대처 및 응급 처치법 • 자체 위생교육	시청각 또는 실습교육 시청각교육	전체교사
9월	• 영아교사를 위한 오감 교육 • 교통안전교육	외부연수	영유아반교사
10월	• 율동강습회	시청각 또는 실습교육	전체교사
11월	• 우수보육시설 견학 • 전기 안전교육	외부연수 시청각 또는 실습교육	전체교사
12월	• 겨울철 생활 안전교육	시청각 또는 실습교육	전체교사
1월	• 연간 보육계획안 작성 요령	참고 자료 수집 및 토의	전체교사
2월	• 신학기 신입생 오리엔테이션 및 기본생활 습관지도내용	교재내용 발표 후 토의	전 보육교직원

OO 어린이집

보육교직원 연수보고서(예시)

-작성 Tip-

- 보육교직원 연수보고서의 내용에는 연수자료, 팜플렛, 사진 등을 첨부할 수 있다.
- 평가란에는 반성적 저널쓰기를 활용하여 보육교직원 자기평가를 유도할 수 있다.

결재	담당	원장

<table>
<tr><td>구분</td><td colspan="5">직무연수(　　　) 승급연수(　　　) 내부연수(　　　) 기타연수(　　　)</td></tr>
<tr><td>주제</td><td colspan="2">보육교사 일반직무교육</td><td>주 최</td><td colspan="2">중앙보육정보센터</td></tr>
<tr><td>일시</td><td colspan="2">2017년 08월 06일 ~ 10일(5일간)</td><td>장 소</td><td colspan="2">000 대학교 5호관 소극장</td></tr>
<tr><td>참여교사</td><td colspan="5">조OO</td></tr>
<tr><td>목표</td><td colspan="5">보수교육을 통하여 이론적 내용의 체계를 다시 잡아보고 새로워진 내용을 보완할 수 있다.</td></tr>
<tr><td rowspan="2">내용</td><td>6일</td><td>7일</td><td>8일</td><td>9일</td><td>10일</td></tr>
<tr><td>• 아동복지와 보육사업
• 장애아보육의 실제
• 표준보육과정</td><td>• 인간관계 및 리더십 교육
• 영유아 교수방법
• 유아 보육프로그램</td><td>• 부모교육 및 상담
• 보육교사의 역할과 자세
• 보육세미나 (평가인증)
• 지역연계와 포괄적 보육</td><td>• 영유아보육법의 이행
• 영유아안전관리 (아동학대)
• 영유아 식생활지도</td><td>• 영유아안전관리
• 정보화교육
• 영아보육의 실제
• 교재교구개발</td></tr>
<tr><td>평가</td><td colspan="5">새롭게 바뀐 지식을 습득할 수 있고, 잘 모르고 있던 보육계의 다양한 정보를 익힐 수 있어서 유익한 교육이 되었다. 또한 이론적 지식을 다시 정리할 수 있는 보충의 시간이 되었다.</td></tr>
</table>

OO 어린이집

2) 외부기관에 의한 교사교육

(1) 3~5세 누리과정 연수

2013년부터 어린이집 표준보육과정과 유치원교육과정을 통합한 만 3세~5세 유아 대상의 공통 보육·교육과정을 말한다. 누리과정 담당교사가 되기 위해서는 반드시 누리과정 연수를 이수해야만 하며 집합연수 8시간, 원격연수 15차시(평가포함)로 구성되어 있다.

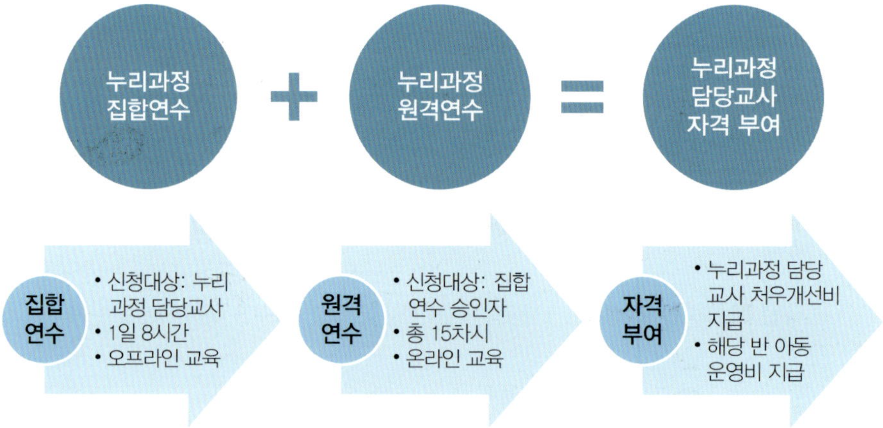

그림 7-2 • 만 3~5세 연령별 누리과정 담당교사 자격 안내

표 7-3 • 누리과정 교육내용

구분	교육내용	연수신청
집합연수	• 총론 • 5개 영역 이해와 실제(의사 소통/사회관계/신체운동, 건강/예술경험/자연탐구 영역) • 혼합연령 학급운영 • 3~5세 연령별누리과정 지도서	어린이집 지원시스템
원격연수	• 5개 영역의 지도지침 및 유의점 • 실내·외 환경구성 • 3~5세 연령별 학급 누리과정 운영의 실제 • 혼합연령 학급 누리과정 운영의 실제 • 평가하기	원격연수 기관 홈페이지

(2) 보육정보센터를 통한 교육

중앙보육정보센터를 중심으로 시·도 및 시·군·구에 지방보육정보센터가 설치되어 운영되고 있다. 보육정보센터는 보육 및 양육에 관한 정보의 수집·제공 및 보육교직원·부모상담 등을 제공하기 위하여 보건복지부장관과 지방자치단체의 장이 설치·운영하는 육아지원기관이다. 보육정보센터에서는 표준보육과정교육, 안전, 급식위생 및 아동학대 예방교육, 취약보육교육 등 국가 차원에서 전국적으로 실시되는 교육이 공통적으로 실시되고 있다.

표 7-4 • 2015년 보육교직원 대상별 교육내용

대 상	교육내용
원장	• 어린이집 원장 리더십 교육(조직관리 및 커뮤니케이션, 역할과 윤리 등) • 보육통합정보시스템 및 어린이집 운영 관련 교육(재무, 회계, 노무 등) • 원장 역량강화교육(인성, 스피치, 이미지메이킹, 언론보도대응 등) • 보육사업안내 및 어린이집 CCTV 운영매뉴얼교육
신입교사	• 신입교사 역량강화교육(역할과 윤리 등) • 효과적인 부모상담기법 및 영유아 상호작용 방법 • 표준보육과정에 기초한 보육계획과 보육일지 작성법
경력교사	• 중간관리자 역량강화교육(워크숍, 효과적인 의사 소통, 직장 내 소통법) • 원내장학방법교육, 아동인권선임교사교육 • 부모참여행사 준비하기, 보육일지 및 관찰일지 작성교육
보육교사 (경력 무관)	• 어린이집 교사를 위한 힐링특강(인성교육, 보육교직원 스트레스 관리) • 영유아 문제행동 지도방법 교육, 영유아관찰일지 기록법 • 성폭력·성희롱 예방교육, 구조 및 응급처치교육
원장 및 보육교사	• 안전 및 아동학대예방교육, 찾아가는 인권교육 • 어린이집 재무관리의 이해 및 실제, 인터넷정보화교육, 학부모상담교육 • 영유아 관찰 및 평가, 영유아 긍정적 행동지원, 개인정보보호교육
기타 보육교직원	• 어린이집 통학버스 운전자를 위한 안전교육, 통학차량 인솔자교육 • 어린이집 조리종사자 위생·영양교육 • 조리사 저당급식, 저염급식 조리교육, 누리보조교사교육, 비담임교사교육
보육교직원 (제한 없음)	• 어린이집MT, 해외보육기관 연수, 인문학 캠프, 1박2일 힐링 워크숍 • 개인정보보호법 및 아동학대 신고의무자 교육 • 아동인권을 존중하는 상호작용, 영유아 권리 존중교육, 다문화교육 • 보육교직원 컴퓨터교육, 생태교육, 성격유형검사교육

출처: 중앙보육정보센터(2016). 2015년 전국보육정보센터 사업결과보고서.

(3) 어린이집 질 관리를 위한 품질 관리 컨설팅

어린이집에서는 교사의 전문성 향상을 위한 목적보다는 평가인증을 준비하는 과정에서 교사의 상호작용과 교수법에 대한 개선의 필요성을 느꼈고 외부의 지원이 필요하였다. 이에 2010년 교육컨설팅이라는 명칭의 시범사업으로 2011년 보육컨설팅, 2012년 품직관리 컨설팅으로 명칭을 변경하여 어린이집의 상시 질 관리 시스템 체제를 구축하고 있다.

품질 관리 컨설팅은 어린이집의 질적 수준 향상을 위하여 보육정보센터와 전문성을 갖춘 보육전문가가 어린이집을 개별적으로 지원하고 전문적인 도움을 제공하는 과정이다. 품질 관리 컨설팅은 자발적인 참여나 신청에 의해 진행되며 어린이집 운영과 관련된 전반적인 부분에 대한 개별 어린이집 맞춤 상담과 교육이 상호적으로 이루어지는 체계적인 지원활동이다.

품질 관리 컨설팅의 범위는 보육과정 운영(계획, 실행, 평가, 보육일지 작성 등), 평가인증지표교육, 연차별 자체점검 보고서 작성, 물리적 환경 개선방법, 어린이집 운영 문서관리, 영양·건강 및 안전지도, 영유아 상호작용 방법, 보육교직원에 대한 정서적 지지 방법, 부모 및 가족 참여 방안, 어린이집의 개별적인 문제해결 방안, 영유아 권리보호의 중요성 및 어린이집 아동학대 예방교육 등이 있다.

품질 관리 컨설팅은 보육정보센터에 배치된 컨설턴트가 담당하며, 컨설턴트는 어린이집 평가인증 관련 경험자이며 영유아 보육관련학과 석사학위 이상 소지자로서, 보육경력 5년 이상이거나 영유아 보육관련학과 학사학위 이상 소지자로서 보육경력 7년 이상인 자이다. 진행과정은 신청/접수, 교육/협약, 자료제출/자료점검, 현장지원, 결과보고, 상담관리의 과정을 통해 진행된다.

3) 자기발전을 위한 전략

자기발전을 위한 노력으로는 영유아 관련 이론 혹은 새로운 교수법 및 교육 아이디어 등에 관한 서적이나 인터넷 상에서 정보를 탐색하는 것과 보다 적극적으로 대학원 진학, 세미나, 워크숍 및 교사교육프로그램, 학술대회 등에 참여하는 것 등이 있다. 보육교사가 된 후 보육관련 정보를 어떻게 찾을 수 있는지에 대한 지식은 보육교사가 자발적으로 자기발전을 모색하기 위해 필요한 부분일 것이다.

(1) 문헌 및 웹기반 자료

최근에는 보육과 관련되어 새로운 문헌들이 많이 발행되고 있고, 인터넷에서도 보육교사가 공유할 수 있는 정보를 제공하는 사이트들이 늘어나고 있다. 그러한 웹기반을 두고 교사들은 많은 정보획득과 더불어 바쁜 일과의 교사들간에 경험 공유를 하고 있으며, 이는 교사 스스로에게 반성적 사고의 기회를 제공하는 새로운 교사교육의 대안이 되고 있다(오한나, 이영애, 2014). 보육교사들에게 보육이론, 교수-학습방법 등 유용한 새로운 문헌의 원문 제공 서비스를 시행하고 있는 사이트를 살펴보면 다음과 같다.

국립중앙도서관
(www.nl.go.kr)
699만여 권에 달하는 자료를 소장하고 있는 도서관

국회도서관
(www.nanet.go.kr):
학위논문이나 학술지 등의 자료가 다양하다.

육아정책연구소
(www.kicce.re.kr):
우리나라 보육과 관련된 연구를 위해 설립된 연구소이며, 보육서비스의 전 분야에 대한 연구를 포괄적으로 수행하고 있다.

한국교육개발원(www.kedi.re.kr): 교육과 관련된 연구를 수행하는 기관이다. 보육관련 연구는 수행하고 있지 않으나 유아교육 분야에 대한 연구를 통해 영유아를 위한 교육 관련 정보를 얻을 수 있다.

한국학술정보원(www.keris.or.kr): 학위논문이나 학술지 원문을 검색하고 원문 제공이 이루어지고 있는 사이트

(2) 강연회, 워크숍 참여

보육교사를 대상으로 하는 많은 강연회와 워크숍이 개최되고 있으며, 사이버 강의 또한 다양하게 진행되고 있어 바쁜 보육교사들이 보다 쉽게 교육에 참여할 수 있는 기회가 제공되고 있다. 보수교육 이외의 강연회나 워크숍에 관한 정보를 얻을 수 있는 인터넷 사이트를 살펴보면 다음과 같다.

- 육아종합지원센터: 각 지역에서 시행되는 교사교육이나 강연회, 보육관련 정보 등을 제공하고 있다(중앙육아종합지원센터: central.childcare.go.kr).

- 서울특별시육아종합지원센터
- 광주광역시육아종합지원센터
- 대전광역시육아종합지원센터
- 인천광역시육아종합지원센터
- 직장보육시설지원센터
- 중앙육아종합지원센터
- 대구광역시육아종합지원센터
- 부산광역시육아종합지원센터
- 울산광역시육아종합지원센터

- 강원도육아종합지원센터
- 경상남도육아종합지원센터
- 전남육아종합지원센터
- 제주도육아종합지원센터
- 충청북도육아종합지원센터
- 경기도육아종합지원센터
- 경상북도육아종합지원센터
- 전북육아종합지원센터
- 충청남도육아종합지원센터

- 강남구육아종합지원센터
- 강동구육아종합지원센터
- 강서구육아종합지원센터
- 구로구육아종합지원센터
- 관악구육아종합지원센터
- 광진구육아종합지원센터
- 금천구육아종합지원센터
- 노원구육아종합지원센터
- 도봉구육아종합지원센터
- 동작구육아종합지원센터
- 마포구육아종합지원센터
- 중구육아종합지원센터
- 강북구육아종합지원센터
- 의왕시육아종합지원센터
- 강릉시육아종합지원센터
- 고양시육아종합지원센터
- 진주시육아종합지원센터
- 시흥시육아종합지원센터
- 평택시육아종합지원센터
- 양천구육아종합지원센터
- 영등포구육아종합지원센터
- 용산구육아종합지원센터
- 은평구육아종합지원센터
- 중랑구육아종합지원센터
- 송파구육아종합지원센터
- 종로구육아종합지원센터
- 서초구육아종합지원센터
- 서대문구육아종합지원센터
- 성동구육아종합지원센터
- 성북구육아종합지원센터
- 동대문구육아종합지원센터
- 부평구육아종합지원센터
- 안산시육아종합지원센터
- 부천시육아종합지원센터
- 안양시육아종합지원센터
- 성남시육아종합지원센터
- 이천시육아종합지원센터
- 의정부시육아종합지원센터

- 연합회: 각 지역 연합회에서 주관하는 교사교육이 있다. 연합회에서 주관하는 교사교육은 상황에 따라 특성있는 교육을 실시하고 있다. 각 지역사회 연합회에서 이에 대한 정보를 알 수 있다. 대부분 연합회의 연락망, 정보센터 게시판, 일부 지역연합회 홈페이지를 통해 교육관련 정보를 얻을 수 있다.

(사) 한국어린이집총연합회: www.koreaeducare.or.kr

- 학회: 영유아 보육과 관련된 학회는 10여 개에 달한다. 학회에서는 다양한 교사교육 강연회와 학술대회를 개최하고 있으며 봄, 가을 2회 이상의 학술대회나 강연회를 개최하여 다양하고 새로운 주제의 교육방법이나 교육내용을 소개하고 있다.

(등재지) 한국열린유아교육학회: www.open33.or.kr
(등재지) 한국생태유아교육학회: www.ecoece.or.kr
(등재지) 미래유아교육학회: www.futureece.or.kr
(등재지) 한국어린이문학교육학회: www.childrenbook.or.kr
(등재지) 한국어린이미디어학회: www.childrensmedia.org
한국어린이집총연합회: www.koreaeducare.or.kr
(등재지) 한국아동학회: childkorea.or.kr
(등재지) 한국영유아 보육학회: www.kce.or.kr
(등재지) 한국유아교육학회: www.ksece.or.kr
(등재후보지) 대한아동복지학회: www.daehancw.or.kr
(등재지) 한국가족복지학회: www.familywelfare.net
한국부모교육학회: www.parentedu.net
어린이도서연구회: www.childbook.org
한국방과후아동지도학회: www.afterschool.or.kr

(3) 대학원 진학

대학원 진학은 보육교사의 전문성 발달을 위해 현직 교사의 재교육을 위한 중요한 수단 중 하나이다. 보육교사 스스로 학문적 발전과 폭넓은 지식을 쌓기 위해 대학원 진학은 필요하며 이를 위한 지원체계가 보다 확대될 필요가 있다. 공립유치원에서는 휴직이나 연구년 등의 지원이 이루어지고 있으며, 이러한 사례를 공립 어린이집부터 확대 적용하는 것을 검토해볼 수 있다.

CHATER 08

보육교사 인성교육

최근 보건복지부 등에 따르면 전국 아동학대 신고 건수가 2015년 19,214건에서 2016년 29,669건으로 54.4% 증가했다. 가정에서 발생하는 아동학대보다 비율은 낮지만, 최근 보육기관에서 발생하는 교사의 아동학대 및 불미스러운 사건은 지속적으로 증가하는 추세이다. 특히 최근 보육시설에서 발생하는 아동학대 사례를 보면, 신체적 학대뿐 아니라 아이를 가두거나 식사를 주지 않고 소리를 지르는 등 정서적 학대가 점차 늘고 있다. 실제로 최근 보육교사가 식사하려는 아동의 식판을 빼앗아 창밖으로 던지거나 아동을 훈계한다며 교실이나 조리실에 아이를 홀로 방치해 두는 등 정서적 학대를 한 사례에서도 형사처벌을 받았다. 이렇게 보육시설에서 일어나는 다양한 사건이 지속적으로 보도되면서 사회적 문제로 부상하며, 그 원인의 하나로 유아교사의 자질과 인성문제가 언급되고 있는 실정이다.

이에 보건복지부는 2016년 1월 12일, 보육교사의 인성 및 자질 향상을 위한 보육교사 자격기준 강화 방안을 발표하였다. 강화 방안에는 보육교사 인성론, 아동권리와 복지 등 9개 교과목에서 대면교육을 실시해야 하고, 현장실습은 6주로 확대·실시하도록 되어있다(보건복지부령 제 392호, 2016a).

다음은 인성교육과 관련하여 주요 개정된 내용이다.

- 대학에서 이수해야 할 교과목으로 '교사인성 영역'이 추가되었는데, 보육교사(인성)론과 아동권리와 복지로 각각 3학점씩 총 6학점을 이수해야 한다.
- 대면 교과목으로 '인성영역'에서 보육교사(인성)론을 강조하고 있는데, 대면교과목은 8시간 이상 출석과 1회 이상 출석 시험을 실시해야 한다고 규정하고 있다.

영유아보육법시행규칙 개정은 무엇보다 보육교사 자격 취득자의 인성이나 자질 향상을 목적으로 하고 있다.

1 보육교사 인성교육의 필요성

가족구조, 맞벌이 부부의 증가, 가치관의 변화 등 다양한 시대적 배경에 따라 가정에서 '방임'되고 있는 아동들이 점점 늘어나고 있다. 아동학대 발생 장소로는 가정이 80% 이상으로 가장 높았다. 다음으로 어린이집, 복지시설 등의 순으로 나타났다. 특히 아동 관련 기관이라는 점에 주목할 필요성이 있다. 이를 통해 교사들의 아동에 대한 새로운 인식이 요구됨을 알 수 있다. 특히 영유아 교육기관 종사자들의 아동학대예방교육인 영유아권리존중 보육의 실행을 위하여 보육교사의 근본적인 인성 함양이 시급함을 시사해 주고 있어 인성교육이 매우 필요하다.

교사에게 요구되는 이러한 도덕적 의무나 바람직한 인성은 초·중등교사보다 영유아 교사에게 점점 더 엄격해질 것이라 생각하는데, 그 이유는 교육의 대상인 영유아의 특성 때문이다. 유아는 스스로 판단하거나 자신을 보호할 힘이 없는 아직은 미성숙하고 약한 존재이다. 따라서 윤리의식이 없고 인성이 부족한 교사가 그들을 잘못 다룬다 하더라도 스스로 방어할 능력이 없기 때문에 혹여 잘못 다루어진다면 유아들이 받는 피해는 매우 심각해진다(이은화 외, 2009).

Leavitt(1994)은 교사와 영유아 간의 불평등한 힘의 구조가 있고, 영유아는 교사의 권위에 굴복하게 되고 영유아 스스로 자신의 행동을 주도할 수 없다고 설명한다. 즉, 급·간식 시간에 모든 영유아들이 손을 다 씻을 때까지 또는 양치질을 다할 때까지 아무것도 하지 않고 기다리게 하거나 또는 잠이 오지 않는 데도 낮잠을 자야 한다든지, 영유아가 규칙위반의 행동을 했을 경우 기다리게 하고 제일 마지막에 이름을 불러 준다든지 하는 등의 사례를 들고 있다. 아울러 이러한 상황들은 보육교사가 영유아의 권리를 존중하지 못하는 데에서 비롯된다. 그러므로 영유아에게 자신의 생각을 자유롭게 표현할 수 있도록 격려하고, 영유아의 의견을 존중해 주고 수용해 주는 열린 마음과 태도를 가져야 할 필요가 있다(Lansdown, 2005).

그리고 유아기는 교사의 언어나 행동을 모델링하는 특성이 강한 시기이기 때문에 유아를 지도하는 교사의 인성은 유아의 인성 형성에 막대한 영향을 미치게 되므로 교사의 인성교육은 대단히 중요하다고 할 수 있다. 이에 2014년 5월 26일 '인성교육진흥법안'이 발의된 이후 교육계를 넘어 인성교육은 국가 및 사회적 차원의 추진 과제가 되었다.

교사가 하나의 인격체로 갖추어야 할 인성적 자질과 교사로서 갖추어야 할 전문가적 자질은 예비교사 양성과정을 통해 길러지는데, 교사로 입문하기 이전부터 꾸준히 긍정적인 인성을 내면화하는 과정이 절실히 필요하다(박경옥, 2010; 박은혜, 2016).

2 인성의 개념

1) 인성의 정의

일반적으로 인성(人性)이란 매우 폭넓고 추상적인 의미로 사용되어 왔다. 사전적 의미는 '사람의 성품', '각 개인이 가지는 사고와 태도 및 행동 특성' 등을 의미하며, 영어로는 대개 character 혹은 personality라고 한다(이완정, 2016).

Adler는 인성을 '인간의 사회적 자극치'로서 인간이 주변 환경에 적응하고 주변 환경에 자신의 행동을 적응해 나가는 심리적이고 신체적인 역동적 조직이라고 보았으며, Guilford는 '인간의 모든 개인적 특성'으로 신체적 특성, 지능, 지식, 정서, 동기, 흥미 등을 포함한다고 하였다(중앙육아종합지원센터, 2015). 또한 인성은 인간 개인의 독특한 특성을 바탕으로 길러지는 사람의 사람됨이며, 성격과 품격으로 구성된다. 여기서 성격은 마음의 바탕이며 개인의 독특한 특성이다. 그리고 품격은 사람된 모습과 인간됨의 좋고 나쁨의 정도이다(교육부, 2011).

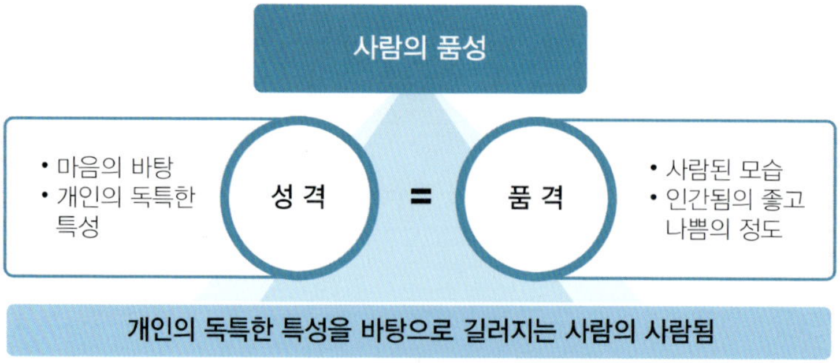

그림 8-1 • 인성의 정의

전재선(2011)은 인성의 개념을 개인의 특성, 사회적 관점, 교육적 관점에서 다음과 같이 정의하고 있다.

표 8-1 • 인성의 정의

	인성의 정의
개인적 특성	인성은 개인이 지니고 있는 심리적 특성으로 한 개인이 환경에 적응하고 조화되고 통제하는 기능의 측면으로 정의
사회적 관점	인성은 인간됨의 가치척도를 의미하며 인성은 사회구성원으로서 인간이 추구해야 할 품성이나 덕목, 마음씨 등 윤리적 가치를 강조하는 것으로 정의
교육적 관점	인성은 교육이나 학습에 의해 습득하거나 변화가 가능한 인긴의 성품으로 정의

인성이라는 용어는 매우 다양한 의미로 사용되고 있다. 여러 학자들은 제각기 다른 주장을 하고 있으며, 여러 학자들의 인성에 대한 정의를 살펴보면 다음과 같다(천세영, 2012).

- 황응연(1992): 환경에 대응함으로써 나타나게 되는 행동 및 태도, 동기, 경향성, 인생 과정들의 총합, 사람들에게 있어 시간과 상황에 걸쳐 지속되는 독특한 구조이며, 인성은 어떠한 경험을 하느냐에 따라 크게 변화될 수 있다는 의미를 포함
- 이근철(1996): 좁게는 도덕성, 사회성 및 정서(감정) 등을 의미하고, 넓게는 지·덕·체 또는 지·정·의를 모두 골고루 갖춘 전인성
- 이윤옥(1998): 다른 사람에게 주는 그 사람의 전체적인 인상으로 성품, 기질, 개성, 인격 등 가치개념의 의미를 내포
- 한국교육학회(1998): 사람의 마음의 바탕이 어떠하며, 사람된 모습이 어떠하다는 것을 말하는 개념으로 사람의 마음과 사람됨이라는 두 가지 요소로 구성
- 남궁달화(1999): 사람의 성품이며, 성품은 성질과 품격, 성질은 마음의

바탕이고 사람됨의 바탕을 가리키는 말

- 조난심(2004): 인성은 태어나면서 지니고 있는 성격이나 특징의 개념이 아니라, 의도적 교육이나 학습에 의해 습득하거나 변화가 가능한 인간의 성품
- 조연순(2008): 자신의 내면적 요구와 사회환경적 필요를 지혜롭게 잘 조화시킴으로써 세상에 유익함을 미치는 인간의 특성
- 미교육부(2007, 2008): 존중, 공정성, 보살핌 등의 도덕적, 윤리적 가치와 책임감, 신뢰, 시민성 등을 망라하는 개념으로, 개인 또는 집단의 정서적, 지적, 도덕적 자질은 물론 이러한 자질들이 친사회적 행동으로 발현되는 것을 포함하는 것
- 현주 외(2009): 보다 긍정적이고 건전한 개인의 삶과 사회적 삶을 위한 심리적, 행동적 특성

이상에서와 같이 여러 학자들의 이론을 종합해 보면, '인성이란 사람이 여러 가지 환경에 대하여 제각기 나름으로 반응하는 일관적인 행동의 구조와 역동의 특성을 가리킨다(부산광역시교육청, 1996). 즉, 인성은 가치 판단의 대상이 아닌 개인의 독특한 특성, 행동양식, 성격을 기술하는 개념이다(황정규 외, 1996).

이처럼 여러 관점에서 논의되는 인성에 대한 다양한 의미 규정은 어느 것이 옳고 그름의 문제라기보다는, 어느 것이 현대사회에서 요구되는 바람직한 성향으로서 인성의 본질에 더 적합한 것인가의 문제로 보아야 한다(조난심, 2004).

2) 보육교사의 인성 개념 및 특성

보육교사의 인성이란 보육현장에서 영유아를 보호하고 교육하는 과정에서 나타나는 보육교사의 개인적 특성, 사회적 특성, 교육적 특성을 포괄하는 성품이라 할 수 있다. 즉, 보육교사의 인성은 보육교사가 갖추어야 할 인간적인 성품과 성격이면서, 직무를 수행하면서 경험하는 교직사회의 문화적 테두리 안에서 요구되고 변화될 수 있는 특성이라 할 수 있다(김용조, 1999; 강정원·계영애, 2001).

영유아를 보육하는 교사는 자신의 감정을 조절하고, 하루일과를 원활하게 진행하겠다는 목표를 향해 자신감을 가지고 인내심 있게 업무를 수행하는 것이 가장 중요하다. 또한 교사는 하루 일과를 보내면서 크고 작은 여러 가지 윤리적 상황에 부딪힌다. 이때 교사가 딜레마 상황에 대한 문제해결 방법을 도출할 결정을 도와주는 근거는 스스로의 도덕성 및 양심, 즉 인성에서 나온다(이완정, 2016).

보육교사의 인성 특성은 영유아 교육의 질과 성패를 예측하는 중요한 요소로서, 여러 학자들에 의해 다양하게 제시되어 왔다. 학자별로 보육교사들에게 요구되는 인성의 특성에 대해 살펴보면 다음과 같다(유주연, 김순환, 2015).

표 8-2 • 인성의 특성

	인성의 특성
이은화(1995)	영유아에 대한 사랑, 인간에 대한 사랑, 성실성과 봉사성, 사려성과 원만한 인간관계, 자발성, 도덕성, 신체적 건강, 정서적 안정, 타인에 대한 긍적적 사고, 긍정적 자아관 , 건전한 인생관
이병례 외(2005)	영유아에 대한 사랑, 원만한 인간관계, 적극성, 자제력, 융통성, 정직성, 공정성, 성실성, 사려성, 봉사성, 협동심, 신체적 건강, 건전한 자아존중감, 긍정적인 인간관, 정서적 안정
강문희(2006)	유아에 대한 사랑, 인간에 대한 사랑, 원만한 인간관계, 사려 깊음, 성실성, 봉사성, 친절, 신뢰, 공정, 융통성, 유머

(계속)

	인성의 특성
전재선(2011)	인간애(이타심, 용서), 긍정적 자아개념(자기개발, 주도적 자기성취), 사회관계(자기조절, 의사소통, 공감적 이해), 직무수행능력(성실함, 책무성, 신뢰성), 창의·인성(유머, 사회문제 인식, 창의적 성향)
Seefeldt(1980)	영유아를 좋아하고 영유아에 대한 감정이입과 현재 수준을 수용할 수 있는 능력, 융통성 있고 선입견을 갖지 않는 것, 지적 호기심, 영유아와 부모에 대한 이해와 사랑, 교사로서의 자기성장 능력
Almy(1995)	사랑과 온정, 참을성, 활동력

이와 같이 교사의 인성에 대한 학자들의 공통된 의견은 인성이란 한 가지 요인으로는 설명될 수 없으며, 진실성, 영유아에 대한 사랑과 존중, 공감적 이해, 애정, 개방성, 수용, 융통성 있고 선입견을 갖지 않는 것, 지적 호기심, 교사로서의 자기성장 능력, 성실성과 봉사성, 원만한 인간관계, 도덕성, 타인에 대한 긍정적 사고, 자제력, 융통성, 정직성, 공정성, 사려성, 협동심 등 공통된 무엇으로 정의하기 어려운 성질을 갖는다(최미곤·황인옥, 2016).

3 인성교육의 원리

인성교육이라는 것은 도덕적으로 알고, 도덕적으로 느끼고, 도덕적으로 행하도록 하는 교육(Ryan & Lickona, 1992)이라고 할 수 있다. 즉, 인성교육은 인간을 인간답게 기르는 교육으로 인간이 타고난 본성을 바람직한 방향으로 변화시키려는 노력이기에 도덕교육이라 정의한다(남궁달화, 1999; 손봉호, 1995; 손승남, 1999).

영유아를 위한 인성교육이 긍정적인 결과를 가져오기 위해서는 보육교사의 인성이 중요하며, 보육교사로서 바람직한 태도형성을 위한 교사인성교육이 반드시 필요하다고 할 수 있다. 보육교사로서 필요한 인성과 자질은 학습되고 내면화되어야 한다. 인성교육이 바람직하게 이루어지고 효과적인 성과를 거두기 위해서는 다양한 원리에 의해 이루어져야 한다. 관계성의 원리, 반복성의 원리, 동시성의 원리, 누적성의 원리, 지속성의 원리, 자율성의 원리, 협동성의 원리, 통합성의 원리를 제시하고 있다(김영옥, 2014). 이를 구체적으로 살펴보면 표 8-3과 같다.

표 8-3 • 인성의 원리

인성원리	내용
관계성의 원리	• 인성교육은 다른 어떤 교수·학습 방법보다도 동료교사들과의 관계 또는 상호작용을 하는 다른 사람들과의 관계 속에서 이루어진다. 따라서 좋은 사람들과의 만남과 훌륭한 자질을 갖춘 사람들과의 상호작용이 중요하다.
반복성의 원리	• 인성교육은 계속 반복하여 이루어져야 한다. 바람직한 행동특성을 학습했다 하더라도 없어져 버리거나 습관화되지 못할 수 있다. 그러므로 영유아 교사는 반복적인 연습을 통하여 자신의 인성으로 내재화하도록 해야 한다.
동시성의 원리	• 인성교육은 따로 일어나기보다는 동시에 연계되어 이루어진다는 것이다. 예를 들어, 동료교사의 의견을 경청하는 것도 '소통'과 '존중'이 동시에 연관되어 있다.
누적성의 원리	• 인성교육은 일회성이 아니라 쌓아가는 것이다. 반성과 탐구를 통하여 내공을 쌓아가듯 시간과 노력의 과정을 통하여 다듬어지고 용량이 늘어나며 정교해지는 것이다.
지속성의 원리	• 인성교육은 일정 기간에만 일어나는 것이 아니라 꾸준한 노력과 실천을 통해 지속적으로 내면화·습관화되어야 한다.
자율성의 원리	• 인성교육은 궁극적으로 바른 가치관을 향해 실천해 나가도록 돕는 과정이다. 그러므로 영유아 교사는 다양한 도덕적 딜레마에서 자신의 의견을 표현해 보고 일상생활의 문제를 스스로 해결해 보는 경험이 중요하다.
협동성의 원리	• 사람은 혼자서 살아갈 수 없는 존재이다. 인성교육 역시 혼자서 습득할 수 있는 지식이 아니므로 동료교사나 다른 성인들과 협력해보는 교류의 경험이 중요하다.
통합성의 원리	• 영유아 교육이 본래 통합적인 특징을 가지고 있지만 그 구심점에는 인성교육이라는 목표가 있어야 함을 의미한다. 인성교육은 어떤 특정한 영역만이 아니라 모든 영역들이 교사가 생활하는 모든 시간과 공간 속에서 통합되어 이루어져야 한다.

4 인성교육의 방향

1) 인성교육진흥법

인성교육진흥법(법률 제13004호)에서는 인성교육의 방향을 다음과 같이 제시하였다.

인성교육법

제2조(정의)

1. "인성교육"이란 자신의 내면을 바르고 건전하게 가꾸고 타인·공동체·자연과 더불어 살아가는 데 필요한 인간다운 성품과 역량을 기르는 것을 목적으로 하는 교육을 말한다.

제5조(인성교육의 기본방향)

① 인성교육은 가정 및 학교와 사회에서 모두 장려되어야 한다.
② 인성교육은 인간의 전인적 발달을 고려하면서 장기적 차원에서 계획되고 실시되어야 한다.
③ 인성교육은 학교와 가정, 지역사회의 참여와 연대 하에 다양한 사회적 기반을 활용하여 전국적으로 실시되어야 한다.

2) 인성교육 5개년 종합계획

인성교육 5개년 종합계획(2016~2020)(교육부, 2016: 4)에 나타난 인성교육의 방향은 성품 및 인성역량 중심의 교육이다. 즉, 인성 가치·덕목에 대한 주입식 지도를 지양하고, 미래사회에서의 삶에 바람직한 성품과 역량에 중점을 둔 참여형 인성교육과 "앎을 삶 속에서 실천"하는 교육활동을 체계적으로 조직 및 운영하는 것을 지향한다. 또한 개인-대인관계-공동체 차원에서 조화롭게 자기관리역량, 심미적·감성역량, 의사 소통역량, 갈등관리역량, 공동체역량을 습득하게 하여, 이를 학교·가정·사회에서 실천할 수 있도록 접근하는 것을 추구한다. 학교 인성교육은 교과 교육과정뿐만 아니라 교과 외 교육활동 전반을 통해 통합적이고 체계적으로 실행하고자 한다.

3) 보육교사의 인성교육 방향

인성교육의 목표와 방향이 효과적으로 잘 이루어지기 위해서는 교사들의 역할과 방향 제시가 중요하다. 다음은 교사들을 위한 인성교육 방향이다(유주연·김순환, 2015).

① 유아교사들은 스스로의 인성을 인식하고, 인성의 함양이 행복의 증진과 연결됨을 이해한다.

- 스스로가 어떤 인성을 가지고 있는지 인식한다.
- 개인마다 다른 인성을 가지고 있을 수 있음을 인식한다.
- 인성이 계발될 수 있는 것임을 안다.
- 인성의 함양을 통해 행복해질 수 있는 토대가 마련될 수 있음을 안다.
- 일상의 삶 속에서 인성과 행복에 대해 지속적으로 생각하고 느낀다.

② 유아교사들은 통합적 인성에 대한 이해와 실천적 태도를 형성한다.

- 좋은 인성이 발현되기 위해서는 상황에 대한 판단, 정서, 행동이 모두 영향을 줌을 이해한다.
- 인성과 관련한 상황에 있어서 자신의 판단, 정서, 행동을 들여다보는 기회를 갖는다.
- 인성이 발현되도록 하는 실천적 태도를 형성한다.

③ 유아교사들은 유아교육 현장에서 인성이 긍정적으로 적용될 수 있도록 자기 성찰적 태도를 형성한다.

- 자신들의 인성이 유아교육 현장에서 어떻게 적용되고 있는지를 탐색하는 과정을 경험한다.
- 자신들의 인성이 유아교육 현장에서 긍정적으로 적용될 수 있음을 안다.
- 인성과 관련한 문제상황을 해결할 수 있는 다양한 인지, 정서, 행동적 방법이 있음을 안다.

이와 같이 21세기 인성교육의 기본방향을 실천해 나가기 위해서 요구되는 인성교육의 구성요소는 다음과 같다(전남련 외, 2015).

① 관계성(Relationship): 나와 타자만의 관계를 일컫는 것이 아니고 나와 자기 자신, 타자, 자연, 지구, 우주에 이르기까지 생물과 무생물 모두를 포함하며, 모든 것과 관련이 있고 서로 연결되어 있다는 통찰을 포함한다. 인간 각자는 서로의 인성함양에 책임이 있으며 사회공동체 속에서 타인과의 관계를 통해 형성된 공동 존재의 품성이라는 것을 이해해야 한다.

② 도덕성(Morality): 21세기형 인성을 갖춘 사람은 상황과 맥락을 벗어난 어떤 고정된 덕목을 소유한 사람이라기보다는, 상황에 따라 행해야 하는 바른 덕목을 실천할 수 있는 자, 앎과 행위, 이론과 실천이 조화된 사람이어야 한다.

③ 전체성(Wholeness): 인간의 모든 측면들, 즉 지성, 감성, 신체, 상상력, 영성, 창의성, 사회성, 도덕성, 심미성 등 모든 측면들을 골고루 조화롭게 발달시켜 전체적이고 통합적이며 유기체적인 인간으로 이해해야 한다.

④ 생명성(Life Theory): 생명은 모든 가치의 근원임에도 불구하고 오늘날 그 어느 때보다 생명의 존엄성이 손상되고 있다. 인간·자연·우주 이 모든 것을 하나의 생명으로 보고 이들 간의 관계를 인식하도록 해야 한다.

⑤ 창의성(Creativity): 미래사회에서는 지식을 많이 알고 있는 인간보다는 다양한 지식을 통합해서 응용하고 재창조하는 창의적 사고를 가진 사람들이 주도하는 사회가 도래한다. 따라서 지식의 부가가치를 높이고 지식의 생산성을 높이기 위하여 새로운 지식을 창출해낼 수 있는 창의력을 길러주는 교육이 필요하다.

⑥ 민주시민성(The Democratic Citizens): 더불어 살아가는데 필요한 공동체 의식을 함양하고 공동체에 적극적으로 참여하는 민주시민으로서의 능력을 길러주기 위해서는, 인간을 존중하는 태도, 자율적인 삶의 태도, 주인의식, 관용의 정신, 합리적 정신과 태도, 의무수행과 준법정신, 공동체 의식의 함양 등이 추구되어야 한다.

CHATER

09

보육교사 인성교육을 위한 8대 인성덕목

2016년부터 시행되고 있는 인성교육진흥법은 인성교육을 진흥하자는 법안으로, 이는 '인간으로서의 존엄과 가치를 보장'하며, '올바른 국민 육성'을 통한 '국가사회의 발전'을 목적으로 인성을 함양한 학습자들을 길러내겠다는 취지이다. 이 법에서 인성교육은 자신의 내면을 올바르고 건전하게 가꾸어 타인, 공동체, 자연과 더불어 살아가는데 필요한 인간다운 성품과 역량을 기르는 것을 목적으로 하는 교육이라고 정의함으로써, 인성은 인간다운 성품과 역량을 갖춤으로써 형성, 발달되어 가는 것으로 보았다. 인성교육의 핵심 가치·덕목은 예, 효, 정직, 책임, 존중, 배려, 소통, 협동 등의

인성교육진흥법

제2조(정의)

2. "핵심 가치·덕목"이란 인성교육의 목표가 되는 것으로 예(禮), 효(孝), 정직, 책임, 존중, 배려, 소통, 협동 등의 마음가짐이나 사람됨과 관련되는 핵심적인 가치 또는 덕목을 말한다.
3. "핵심 역량"이란 핵심 가치·덕목을 적극적이고 능동적으로 실천 또는 실행하는 데 필요한 지식과 공감·소통하는 의사소통능력이나 갈등해결능력 등이 통합된 능력을 말한다.

마음가짐이나 사람됨과 관련된 핵심적인 가치 또는 덕목이며, 핵심 역량은 핵심 덕목을 실천하는데 필요한 지식, 공감, 의사 소통능력, 갈등해결능력을 통합한 능력으로 정의하고 있다.

인성교육진흥법에서 제시된 8대 인성덕목에 맞추어 이은정(2016)은 인성덕목에 대한 여러 학자들의 이론을 다음과 같이 정리하였다.

1 예

예(禮)는 일정한 문화권에서 오랜 시간동안 하나의 공통된 생활방법이 정립되어 관습적으로 행해지는 생활규범이다. 이러한 예절은 나 아닌 다른 사람에게 마음으로부터 우러나오는 이해와 존중, 사랑과 공경을 바탕으로 행동으로 나타난다. 예절은 다른 사람과 사회적 관계를 맺으며 서로 어울려 살아가게 될 때 마찰이나 불편을 피할 수 있도록 도와준다(김영옥, 2014).

표 9-1 • '예' 덕목 하위 구성요소 및 개념

하위 구성요소	개념
가정생활에서의 예절	가정에서 부모 및 조부모, 가족들과 함께 지켜야 할 예절
집단생활에서의 예절	사회생활에서 공동체의 일원으로서 지켜야 할 예절
국가에 대한 예절	애국심과 국가에 대한 충성심의 표현으로서의 예절

예교육의 목적은 인간됨을 만드는 것이라 할 수 있다. 순자는 예를 절대적 규범으로서 인위적인 노력을 통해 체득하고 일상생활에서 실천하는 것이 사람의 도리이며, 사람이 해야 할 일로 보고 있다. 또한 사람들이 사회적인 생활의 혼란과 질서유지의 필요성에 의해 예가 도출된다고 하였다.

즉, 사람됨을 만드는 것을 예라고 보았다.

우리는 예교육에 대해 예절을 행동적 습관으로 간주하여 외연적 행동이 나타나기까지 작용한 내재적 측면을 간과하는 고정관념을 가지고 있다. 예는 단순히 행동이 아니라 상황에 맞게 무엇을 하여야 하는가를 스스로 터득하도록 도와주는 일종의 마음의 형성과 관련된 심심단련 학습과정·방법이다. 즉, 단순히 특정 행동을 주입하는 것이 아니고 그것을 몸에 익혀서 그 방법으로 어떠한 상황이든지 응대할 수 있도록 체득하는 것을 의미하는 것이다(유권종 외, 2005). 우리는 교실에서의 도덕 추론, 판단의 능력을 양성하는데만 주력한 채 실천적 맥락을 벗어나거나 그것을 경시하고 있다. 그러므로 자연스럽게 습관화될 수 있도록 체계적인 예절교육과 예절이 나아가야 할 방향과 바람직한 예절교육이 필요하다.

2 효

효(孝)의 사전적 의미는 '부모를 잘 섬김'이고, '효도'의 의미는 '부모를 잘 섬기는 자식의 도리'이다(김왕규, 2003). 효도는 '효심'의 마음적인 것과 '효행'의 행동적인 것으로 나누어 볼 수 있다. '효심'은 '효도하는 마음'을 이르는 것이며, '효행'이란 부모를 잘 섬기는 자식의 행위, 즉 '효도하는 행위'를 말한다(충청남도교육청, 2001).

표 9-2 • 효 덕목 하위 구성요소 및 개념

하위 구성요소	개념
부모에 대한 효	부모를 잘 섬기고 효를 행하는 것
조부모에 대한 효	조부모를 잘 섬기고 효를 행하는 것
지역사회 어른에 대한 효	지역사회 어른을 잘 섬기고 효를 행하는 것

출처: 교육부(2011).

효가 무너져가는 원인 중의 하나는 21세기 핵가족화 시대를 살아가면서도 효에 대한 교육은 과거 전통사회, 대가족제도의 것에서 벗어나지 못함을 부인할 수 없다. 인륜질서의 근본·원초적 사랑·천륜·생명존중사상 등으로 일컬어지는 효는 시대의 흐름에 따라 부모와 자식의 상호적 관점에서 접근해야 하는데, 부모에 대한 자식의 사랑과 정성으로만 인식하여 자식이 부모에게 향하는 일방향성의 덕목으로 간주되어 온 것이다(김종두, 2011).

세계적인 인류학자 Arnold Joseph Toynbee는 생전에 "장차 한국이 인류에 기여할 것이 있다면 그것은 바로 효 사상이다. 만약 지구가 멸망하고 인류가 새로운 별로 이주해야 한다면 지구에서 꼭 가지고 가야 할 제 1의 문화는 한국의 효 문화"라고 했을 정도로 한국의 효는 모든 덕행의 근본이며 가르침의 시작으로 삼았던 인류의 덕목이자 세계의 자랑이었다. 그럼에도 불구하고 현대사회에 있어서 효는 인성교육에서 밀려나고 있다. 우리나라의 효교육은 초·중·고등학교 시기에 부모로부터 받기만 했던 사랑을 되돌아보고, 대학생에 걸맞는 효도의식을 가지게 하여 부모와 사회에 대한 보은과 감사함을 상시로 표현하는 가운데 사람으로서의 도리를 먼저 회복시킨 후, 교사가 되기 위한 교직 인성 또한 겸비하도록 하는 데 목적이 있다. 이제는 점차 소홀해져가고 있던 우리의 전통적인 효의 가치를 재조명해 볼 필요가 있다. 공자(孔子)의 부자자효(父慈子孝: 부모는 자식을 사랑하고 자식은 부모에게 효도해야 한다)와 맹자의 부자유친(父子有親: 부모와 자식 간에는 어떤 경우

라도 친함이 유지되어야 한다), 부위자강(父爲子綱: 부모는 자식의 본이 되어야 한다)과 같이 "부모와 자식의 상호존중으로 효의 패러다임"이 바뀌어가야 한다(김종두, 2011; 최수태, 2014).

3 정직

정직(正直)의 사전적 의미는 '마음에 거짓이나 꾸밈이 없이 바르고 곧음'(표준국어대사전, 2000) 또는 '타인의 권리에 대해 배려하고 존중할 줄 아는 행동 특성'으로 정의한다(Warren, 1934; 교육부, 2014 재인용). 정직을 구성하는 하위 요소는 자신이 정직해야 하는 이유에 대한 신념 및 사회적 책임에 대해 인식할 수 있는 '책임 판단'과 정직한 행동을 이끌어내기 위해 자신의 내면을 다스릴 수 있는 '자아통제'의 개념으로 나뉘어진다(Kohlberg & Candee, 1984; 송명자, 1995 재인용).

우리 사회의 여러 분야에서 도덕적 병폐와 그 심각성을 지적하는 목소리가 높다. 학력위조, 병역비리, 특혜입학, 연구결과의 조작 등 정직이 무너지면서 파생되는 사회문제들이 한국사회가 당면한 심각한 사회문제 중 하나로 지적되고 있다(한덕웅 외, 2006). 특히 2010년 국제투명성기구에서 발표한 부패인식지수에서 한국은 10점 만점에서 5.4점으로 세계 178개국 중 39위를 차지하였다(한국투명성기구, 2010). 이는 OECD 평균인 6.97점에 크게 못 미칠 뿐 아니라 2009년 같은 조사에서 5.5점으로 평정되었던 것과 비교할 때 하락한 것으로, 우리나라 부정부패에 대한 인식이 개선되지 않은 상태인 것을 확인할 수가 있었다. 어떠한 사회도 완전히 부정부패와 거짓으로부터 자유로울 수는 없지만, 거짓과 부정이 난무한 세상의 혼돈 속에서도,

인간은 교육을 통해 바람직한 도덕성을 표출할 수 있는 의지적 존재라는 믿음이 있기에 도덕교육의 역할과 사명은 시대를 막론하고 중요하다. 특히 첨단과학과 정보기술이 급진적으로 발달하면 할수록 무엇보다도 강조되어야 할 분야가 '정직성'에 역점을 두어야 한다.

표 9-3 • 정직 덕목 하위 구성요소 및 개념

하위 구성요소	개념
책임판단	• 정직해야 하는가에 대한 신념의 확인 • 사회적 책임에 대한 인식
자아통제	• 부정직한 행동을 유인하는 상황으로부터 얻는 이익에 저항할 수 있는 힘 • 부정직한 행동에 대한 죄의식 • 자신의 행위에 대한 사회적 책임을 다하려는 의지

출처: Kohlberg & Candee(1984); 송명자(1995) 재인용.

4 책임

책임(責任)은 각자가 '맡아서 해야 할 임무나 의무 또는 어떤 일에 관련되어 그 결과에 대하여 지는 의무나 부담 또는 그 결과로 받는 제재'를 의미한다(표준국어대사전, 2013). 어떠한 사회적 약속에 따라 행동해야 한다는 책임의 부분은 사회적 측면을 강조한 것이며, 이런 사회적 규약을 이행하지 않음으로써 발생하는 불이익도 기꺼이 받아들여야 한다는 생각을 포함한 것이라고 할 수 있다(Warren, 1934; 교육부, 2014 재인용).

책임이란 자신이 해야 할 역할 및 의무를 마땅히 행해야 한다는 인식을 일컫는 '역할 책임'과 책임을 다해야 하는 실제 상황에서도 그 책임을 행동으로 옮길 수 있는 '행위 책임'으로 나뉜다(정창우 외, 2013).

표 9-4 • 책임 덕목 하위 구성요소 및 개념

하위 구성요소	개 념
역할 책임	• 맡아서 해야 할 역할과 의무에 대한 인식과 헌신
행위 책임	• 자기 자신, 가족, 지역공동체, 국가, 지구공동체에 대한 역할과 의무를 인식하면서 사랑과 헌신으로 이러한 역할과 의무를 수행하려는 경향성 • 자신의 행위 혹은 행위결과에 대한 책임을 다함

출처: 정창우 외(2013). 교육부(2014) 재인용.

아주 사소한 것이라도 내가 하기로 한 약속한 것은 꼭 지켜야 한다. 세상을 살아가는 사람들이 자기가 해야 할 일을 하지 않는다면 어떻게 될까? '미화원 아저씨들이 쓰레기를 치워주시지 않으면......', '경찰관이 범인들을 잡지 않는다면......', '기업들이 이윤만 취하려고 불량식품을 만들어 낸다면.......' 이 사회는 건강한 사회가 될 수 없다. 미국에서의 인성교육은 어떤 성격의 모임이건 그 구성원들이 각자의 역할분담을 확실히 하고, 모두가 맡은 바 책임을 다한다. 책임은 자신에게 주어진 임무나 의무를 중요하게 여기는 마음이다. 그리고 책임감은 자신을 사랑하는 마음은 물론, 다른 사람을 생각하는 마음에서 비롯된다. 책임감 있는 사람은 스스로에 대해서 자존감을 느끼며 동시에 자기가 타인에게도 가치 있는 인간이라고 느낄 수 있게끔 행동한다. 책임감 있는 사람이 우리를 위해 무엇을 해내겠다고 말한다면 그것은 그가 우리를 위하여 요청된 일을 한다는 뜻도 되지만, 자기 스스로의 자존심을 지키기 위해서도 주어진 일을 훌륭히 수행하려고 노력하겠다는 뜻도 된다(Corey, 2003).

5 존중

존중(尊重)은 사전적 의미로 '높이어 귀중하게 대함'(표준국어대사전, 2000)으로 정의되며, '타인의 가치 또는 지적인 차이를 가져올 만한 사회적 체제, 철학, 프로그램, 생활양식 등에 대한 인정'을 의미한다(Warren, 1934; 교육부, 2014 재인용). 자기정체감의 확립을 인성교육의 시작으로 볼 때 자기존중은 매우 중요한 요소라고 할 수 있다. 자기 존중은 개인의 자아 개념에 대한 통합적이고 안정되며 명확한 감정(Erikson, 1968; 교육부, 2014 재인용)이라고 정의할 수 있으며, 자신의 존재에 대해 인식하는 자신만의 감각과 독특성에 대한 인식, 선천적으로 가지고 태어난 그대로의 자신에 대한 수용, 타인이 자신에 대해 기대하는 것과 역할에 대한 확신, 스스로에 대한 안정적 인식, 자신의 삶의 목표와 지향하는 바에 대한 설정으로 개념화할 수 있다(Dignam, 1965; 교육부, 2014 재인용).

학교나 사회에서 발생하는 수많은 문제들 중 다른 사람에 대한 이해나 배려보다는 '나' 위주의 사고 습관과 행동이 먼저이기 때문에 다른 사람에게 피해를 주는 경우가 많다. 인간은 사회적 동물로서 다른 사람들과의 관계 속에서 끊임없이 상호작용을 하여 공동체를 형성한다. 이 공동체를 유지하기 위해서는 서로의 모습이 다르듯이 서로의 생각과 의견이 다를 수 있음을 이해하고, 다른 사람의 입장을 존중하며 자신만을 생각하지 않는 존중의 태도가 필요하다(김소연, 2016).

표 9-5 • 존중 덕목 하위 구성요소 및 개념

하위 구성요소	개념
생명존중	• 모든 사물과 생명체, 사물의 기본적 존재 가치의 인식과 그 가치에 대해 소중히 여김
자기존중	• 자신의 연속성과 자기가 누구인지에 대한 인식 • 자기의 개성을 인식하고 자신의 본질에 대한 수용 • 자신의 삶의 목표와 지향하는 방향 설정 • 자신에 대한 인식 방법의 안정성 • 타인의 자신에 대한 기대와 역할에 대한 통합과 확신
타인존중	• 나뿐만 아니라 다른 사람의 존재 가치에 대하 인식과 존중

출처: 정창우 외(2013).

6 배려

배려(配慮)란 '도와주거나 보살펴 주라고 마음을 씀. 관심을 가지고 생각해줌' 등을 의미한다. 배려는 타인이 가지고 있는 성향이나 성격에 대해 민감하게 파악하는 능력, 타인이 처한 어려운 상황을 공감해주는 마음, 타인의 이익을 위해서 자기의 감정을 조절하며 타인이나 사물을 존경하는 마음, 도움이 필요한 상대에게 온정과 나눔을 베풀고 마음을 쓰는 것을 포함하는 것이다(지은림, 2013).

배려는 타인과 맺는 매우 기본적인 관계로서 타인을 보살피고, 관심과 이해를 가짐으로써 이를 바탕으로 타인과의 인간관계를 회복시키며 더 나아가 자기를 되돌아보고 성장시킬 수 있는 것이라고 할 수 있다(교육부, 2013).

표 9-6 • 배려 덕목 하위 구성요소 및 개념

하위 구성요소	개념
민감성	• 타인의 성향이나 성격에 대한 파악 • 타인의 감정에 대한 이해
온정성	• 타인의 어려운 상황에 대한 공감 • 타인의 어려운 상황을 변화시키는데 시간을 할애 • 타인의 입장에 서서 감정을 이해
타인에 대한 배려	• 타인이 격려가 필요할 때 적절한 도움이나 충고 등을 제공 • 타인의 감정을 위로 • 타인에게 공감적 위로를 보여줌

출처: 지은림(2013).

7 소통

1) 소통의 개념

소통(疏通)은 사전적으로 '막히지 않고 서로 통하여 오해가 없다는 것'(표준국어대사전, 2000)을 의미하며, 인간이 환경에 속하는 대상과 느낌을 주고받는 과정으로 정의할 수 있다(Warren, 1934; 교육부, 2014 재인용). 서로가 원활한 소통을 하기 위해서는 타인에게 호감을 줄 수 있어야 하며 친밀도를 높일 수 있어야 한다. 새로운 자극이나 변화에 대해서도 개방적인 태도를 가지고 있어야 하며, 자신이 속한 집단의 구성원들 간에 목표, 과정, 결과를 공유하며, 다른 사람의 말이나 행동에 대한 적절한 감사, 격려, 칭찬, 위로의 행동을 취할 수 있어야 한다.

표 9-7 • 소통 덕목 하위 구성요소 및 개념

하위 구성요소	개념
사교성	• 여러 사람들과 친밀하고 참여적인 정도 • 타인에게 호감을 주는 정도
개방성	• 지적 자극, 변화, 다양성에 대한 선호도
공유성	• 구성원들 간의 목표와 비전의 공유 • 구성원들 간의 유용한 정보나 성과의 공유 • 구성원들 간의 과정과 결과의 공유
피드백	• 타인의 발화와 행위에 대한 감사, 격려, 위로, 칭찬의 표현 • 타인의 발화와 행위에 따른 문제에 대한 지적 및 정보 제공

출처: 지은림(2013)에서 수정. 교육부(2014) 재인용.

8 협동

1) 협동의 개념

협동(協同)이란 동일한 효과를 발휘하기 위해 둘 또는 그 이상의 객체 간 함께 일하는 것을 의미한다(Warren, 1934; 교육부, 2014 재인용). 송응식(2005)은 협동이란 집단 구성원들이 공동의 과제를 만들어내고 그것을 달성하기 위하여 서로의 마음과 힘을 합하여 하나가 되도록 돕는 상태를 말한다고 하였다. 원활한 협력을 위해서는 구성원 서로가 상호 간에 목표에 대한 명확한 이해가 필요하며, 자원, 정보 등을 공유하여 각자에게 분배된 부분을 적절하게 해결해 나갈 수 있어야 한다. 더불어 협동을 위해서는 구성원들의 역할과 일정에 대한 계획과 동의, 협업이 포함되며, 각자에게 분배된 미션에 대해 구성원들 간의 견고하고 원활한 의사 소통과 협력적인 관계를 형성해 나가는 것을 의미한다(Winer & Ray, 1994; 교육부, 2014 재인용).

표 9-8 • 협동 덕목 하위 구성요소 및 개념

하위 구성요소	개념
협업	• 목표에 대한 명확한 이해 • 정보의 공유 • 자원의 분배 • 분배된 문제의 해결
조정	• 역할 분담 • 일정 계획 • 목표에 대한 공유 • 역할과 일정의 조절
협력	• 목표와 미션에 대한 합의 • 구성원 간 견고한 관계 형성 • 구성원 간 견고한 커뮤니케이션 채널의 형성 • 결과와 보상의 공유

출처: Winer & Ray(1994). 교육부(2014) 재인용.

PART III

보육교사의 자격관리

CHATER
10

보육교사의 자격기준

1 보육교사 자격기준 개관

무한한 잠재력을 지닌 영유아를 가르친다는 것은 교사로서의 소명과 책임을 다해야 하는 막중한 직업이다. 교사의 작은 노력이 한 사람의 인격을 성숙시키고 그를 통하여 사회에 기여할 수 있다는 점에서 보육교사는 매우 가치로운 일을 수행하고 있는 직업이다. 최근 국가에서도 그 가치를 인정하여 보육교사 자격을 검정하여 자격증을 수여하고 있다. 이 장에서는 국가자격으로 주어지는 보육교사의 자격기준, 임용 그리고 법적으로 어떤 신분에서 활동하게 되는지 살펴보도록 한다.

1) 보육교사 자격기준

현행 우리나라의 보육교사 자격은 국가자격제도를 채택하고 있다. 국가자격제도란 그 전문성을 인정하고 공인된 자격증을 부여하는 것으로, 법령에 의하여 규제를 받는 질 높은 수준의 자격이다. 이는 주로 국민의 생명,

안전, 건강에 직결되거나 고도의 윤리성이 요구되는 분야 또는 사회질서에 반하거나 선량한 풍속을 해할 우려가 있는 분야에 적용된다(서문희, 2005). 이 장에서는 현행 자격기준을 중심으로 보육교사의 자격기준을 고찰하고자 한다.

영유아보육법의 전면개정으로 보육교사 자격기준은 종전 영유아보육법 1, 2급 등급에서 1, 2, 3등급으로 변경되었다. 영유아보육법 제21조, 시행령 제21조<개정 2014. 12. 30.>에 제시된 보육교사 등급별 자격기준을 살펴보면 다음과 같다.

첫째, 보육교사 1급은 보육교사 2급 자격을 취득한 이후 3년 이상의 보육업무 경력이 있는 사람으로서 보건복지부장관이 정하는 승급교육을 받은 사람 혹은 보육교사 2급 자격을 취득한 후 보육관련 대학원에서 석사학위를 취득하고, 1년 이상의 보육업무 경력이 있는 사람으로서 보건복지부장관이 정하는 승급교육을 받은 사람으로 정하고 있다. 따라서 고등학교 졸업 후 보육교사교육원에서 보육교사 3급을 취득한 경우, 현장경력 4년(1년 후 2급 승급, 2급 승급 후 3년) 후 1급 보육교사로 승급할 수 있게 된다. 또한 전문대학 이상의 학력을 지닌 보육교사의 경우, 3년 후 1급 보육교사자격을 취득하게 된다. 또한 대학원에 진학하게 되면, 대학원의 교육경력을 현장경력으로 인정받아 대학원과 1년의 현장경력만 있으면 1급 보육교사로 승급된다.

둘째, 보육교사 2급은 전문대학 또는 이와 같은 수준 이상의 학교에서 보건복지부령이 정하는 보육관련 교과목 및 학점을 이수하고 졸업한 사람 혹은 보육교사 3급 자격을 취득한 후 1년 이상의 보육업무 경력이 있는 사람으로서, 보건복지부장관이 정하는 승급교육을 받은 사람으로 정하고 있다. 이 중 보육교사 3급에서 2급으로 승급을 할 경우에는 80시간의 보수교육(영유아보육법 시행규칙 제20조 제2항)을 받아야 하는데, 이때 보수교육 시간

중 결석이 없어야 하며, 평가시험에서 80점 이상 취득하지 못하는 경우 승급될 수 없다(영유아보육법 시행규칙 [별표 7]).

또한 보육교사 2급 자격을 취득하기 위하여 전문대학 또는 이와 동등 이상의 학교에서 이수하여야 할 교과목은 보육실습을 포함하여 전체 17과목, 51학점 이상으로 규정되어 있으며(영유아보육법 시행규칙[별표 4]), 교과목은 대학 등에서 이수하여야 할 교과목 및 학점일반으로는 '교사인성', '보육지식과 기술', '보육실무'의 3개 영역으로 구성된다<개정 2016. 1. 12>. 또한 3개 영역별에서 대면교과목은 8시간 이상 출석수업과 1회 이상 출석수업을 실시해야 한다<개정 2016. 1. 12>. 각 교과목명이 상이하더라도 교과목의 내용이 유사하면 동일교과목으로 인정한다.

셋째, 보육교사 3급은 고등학교 또는 이와 같은 수준 이상의 학교를 졸업한 사람으로서 보건복지부령이 정하는 교육훈련시설에서 정해진 교육과정을 수료한 사람으로 정하고 있다. 특별히 3급 보육교사에 대한 규정에서는 22과목 이상, 65학점 이상을 취득해야 하며, 각 과목당 평균점수가 70점 이상의 경우에만 과목이 이수된 것으로 인정하고 있다.

보육교사 자격증은 앞에서도 언급하였듯이 국가자격증이다. 따라서 보육교사자격의 취득을 위해서는 국가의 자격검증에 통과되어야 한다. 다만, 현재는 자격검증이 무시험 자격검증으로 유지되고 있다. 즉, 법에서 규정하고 있는 자격기준에 적합하게 교육을 이수한 경우, 이를 증명할 서류와 사진을 제출하고, 자격검증 사무국에서는 그 서류의 진위, 법적 요건의 충족여부를 심사한 후 자격을 부여한다.

2) 보육교사 관련 경력의 인정 범위

보육교사 승급에 필요한 '보육업무경력'으로 인정되는 관련 경력의 범위는 다음과 같다.

① 영유아보육법에 의한 어린이집 및 육아종합지원센터에서 근무한 경력
② 유아교육법에 따른 교육과정과 방과 후 과정을 운영하는 유치원에서 원장, 원감, 교사로 근무한 능력
  * 유아교육법 제20조 규정에 따라 교원으로 근무한 경력만 해당되며 같은 법 제23조에 의한 강사, 명예교사 등으로 근무한 경력은 해당되지 않는다.
  * 자격취득 및 승급을 위한 경력개념으로, 호봉인정 근무경력과는 다른 개념이다.

2 보육교사 자격검증 및 자격증 발급

1) 어린이집 원장 및 보육교사 국가자격증제도 개요

(1) 법률적 근거

2004년 1월 29일 영유아보육법 개정으로 보육교사 국가자격증제도의 법률적 근거가 마련되었고, 법 부칙 ①에서 개정 규정은 공포 후 1년이 경과한 날부터 시행한다고 규정되어 있다. 그러므로 보육교사 국가자격증제도는 2005년 1월 30일 이후부터 시행되었다. 또한 2005년 12월 29일 영유아보육법이 개정되어 어린이집 원장 국가자격증제도의 법률적 근거도 마련되었

으며, 부칙에 따라 2006년 12월 30일부터 어린이집 원장 국가자격증 교부가 시행되었다. 이러한 법률근거에 따라 어린이집에서 보육교사나 어린이집 원장으로 근무하기 위해서는 원칙적으로 보건복지부장관이 수여하는 국가자격증을 교부받아야 한다(민성혜 외, 2013).

(2) 국가자격증제도 도입배경 및 발급 주체

어린이집 원장 및 보육교사의 자격은 영유아보육법에 의하여 자격인정기준만 갖추면 별도의 자격증 없이 자격을 증명하는 서류제출로 자격을 인정하였기 때문에 자격제도로서의 요건을 갖추지 못하였다. 이에 단일한 기관에 의한 전문적이고 세부적인 자격검증 및 자격증 발급 체계를 구축하고, 어린이집 원장과 보육교사 자격관리의 효율성 및 투명성을 높이기 위해 국가자격증제도를 도입하게 되었다.

어린이집 원장 및 보육교사 자격증은 자격기준에 해당하는 자가 제출한 서류를 근거로 보건복지부장관이 자격을 검증하여 국가자격증을 교부할 수 있으나, 영유아보육법 제51조(권한의 위임 및 위탁)에 의해 보건복지부장관으로부터 해당업무를 수탁받은 기관에서 자격검증 및 자격증 교부에 관한 업무를 수행하고 있다. 또한 자격검정과 관련하여 중요한 사항을 심의하기 위해 '보육시설종사자 자격검정위원회'를 설치·운영하고 있다.

2) 보육교사 자격검증

(1) 일반원칙

현행 보육교사 자격검증은 무시험검증을 원칙으로 하며, 보육교사의 자격기준(영유아보육법 시행령)에 따른 서류검사에 의해 자격인정 여부를 결정한다. 자격검증 및 자격증 교부에 관해서는 영유아보육법 제21조 어린이집의 원장 또는 보육교사의 자격 그리고 영유아보육법 제22조 어린이집의 원장 또는 보육교사 자격증의 교부 등에 따른다.

(2) 세부 검정기준

영유아보육법 시행규칙 제12조 제1항과 관련 [별표 4]에 의해 대학 등을 졸업한 자에 대한 자격검증은 교과목 17과목(51학점 이상)을 취득한 자를 합격자로 하고, 교육훈련시설(보육교사교육원)에서 교육과정을 수료한 자에 대한 자격검정은 22과목(65학점 이상)을 취득하고, 각 과목당 평균점수가 70점 이상인 경우 합격으로 한다(영유아보육법 제12조 제1항 관련. 개정 2016. 1. 12).

(3) 보육교사 국가자격증 발급신청 및 절차

보육교사 자격증 발급을 위해서는 자격증의 종류에 따른 구비서류를 갖추어(영유아보육법. 2014. 3. 1 시행) 그림 10-1과 같이 보육교사 국가자격증 발급신청 및 교부절차에 따라 발급을 받게 된다.

보육인력 국가자격증 홈페이지 접속(http://chrd.childcare.go.kr)

↓

홈페이지 회원가입

↓

자격증 신청(인터넷 신청) | 수수료 결제(전자결제/가상계좌입금)

↓

구비서류 제출(등기우편)
*구비서류–홈페이지 자격기준 참고
*보내실 곳–서울특별시 용산구 청파로 345 주연빌딩 5층
한국보육진흥원 보육인력개발국(☎1666–5666)

↓

어린이집 원장 · 보육교사 자격검정
보육시설종사자 자격검증위원회

↓

자격증 발급(등기 발송 또는 방문 수령)

그림 10–1 • 보육교사 국가자격증 발급신청 및 교부 절차

3 어린이집 원장 자격기준 및 자격증 발급

1) 영유아보육법의 어린이집 원장 자격 종류

영유아보육법의 개정으로 어린이집의 양적 확충보다는 질적 수준 제고가 주요 관심사로 부각되면서 어린이집 원장 국가자격제도가 실시되었고, 어린이집 원장에 대한 자격기준도 변경·강화되었다. 주요 변경사항으로는 보육교사 1급 자격 취득 후 5년 이상의 사회복지업무 경력이 3년 이상의 보육 등 아동복지 업무 경력으로 변경되었다. 초·중등 정교사 자격 취득 이후 5년 이상의 사회복지 업무 또는 교육법에 의한 교육업무경력 10년 이

상이었던 기준은 초등학교 정교사 자격취득 이후 5년 이상의 보육 등 아동복지업무 경력으로 변경되면서 중등학교 교원자격은 기준에서 삭제되었다. 또한 사회복지사 2급 이상 자격으로 3년 이상의 사회복지업무 경력의 기준이 사회복지사 1급 자격 취득 후 5년 이상의 보육 등 아동복지업무 경력으로 기준이 강화되었고, 의사 및 간호조무사 면허 소지자에 대한 자격기준은 삭제되었다. 국가 또는 지방자치단체 7급 이상의 공무원으로 3년 이상의 사회복지에 관한 행정업무 경력도 5년 이상의 보육 등 아동복지업무 경력으로 변경되었다.

종전 영유아보육법에서는 일반, 40인 미만의 자격 종류로만 분류되었으나 현행법에서는 일반, 가정, 영아전담, 장애아전담 어린이집 원장으로 자격 종류가 다양화되었다. 그리고 종전 법(2005. 1. 30. 개정 전)에서는 종교시설 등에서 부설 어린이집을 설치할 경우 종교시설의 장이 어린이집의 원장을 겸직할 수 있었으나, 현행법에서는 겸직 규정의 삭제 및 어린이집 원장의 전임근무 규정 강화로, 2005. 1. 30. 이후 종교시설의 장은 어린이집 원장을 겸직할 수 없다.

2) 어린이집 원장의 자격기준(영유아보육법 제21조 및 시행령 제21조 <개정 2014. 12. 30>)

(1) 어린이집 원장 자격요건 및 종류별 자격기준

어린이집의 원장으로 근무하기 위해서는 보건복지부장관이 검정·수여하는 자격증을 교부받아야 하며(영유아보육법 제21조), 어린이집 원장 자격별 세부기준은 다음과 같다.

가. 일반어린이집 원장 자격기준

① 보육교사 1급 자격을 취득한 후 3년 이상의 보육 등 아동복지업무 경력이 있는 사람
② 「유아교육법」에 따른 유치원 정교사 1급 자격을 취득한 후 3년 이상의 보육 등 아동복지업무 경력이 있는 사람
③ 유치원 원장의 자격을 가진 사람
④ 「초·중등교육법」에 따른 초등학교 정교사 자격을 취득한 후 5년 이상의 보육 등 아동복지업무 경력이 있는 사람
⑤ 「사회복지사업법」에 따른 사회복지사 1급 자격을 취득한 후 5년 이상의 보육 등 아동복지업무 경력이 있는 사람
⑥ 「의료법」에 따른 간호사 면허를 취득한 후 7년 이상의 보육 등 아동복지업무 경력이 있는 사람
⑦ 국가 또는 지방자치단체에서 7급 이상의 공무원으로 보육 등 아동복지업무에 5년 이상 근무한 경력이 있는 사람

나. 가정 어린이집 원장 자격기준

① 일반기준에서 정한 자격을 갖춘 사람
② 보육교사 1급 이상의 자격을 취득한 후 1년 이상의 보육업무 경력이 있는 사람

다. 영아 전담 어린이집 원장 자격기준: 만 3세 미만의 영아만을 20명 이상 보육하는 시설

① 일반기준에서 정한 자격을 갖춘 사람
② 간호사 면허를 취득한 후 5년 이상의 아동간호업무 경력이 있는 사람

라. 장애아 전문 어린이집 원장 자격기준: 「장애인복지법」 제32조에 따른 장애영유아 어린이집 중 12명 이상의 장애영유아를 보육할 수 있는 어린이집

① 일반기준에서 정한 자격을 갖춘 사람으로서 대학(전문대학을 포함한다)에서 장애인복지 및 재활 관련 학과를 전공한 사람
② 일반기준에서 정한 자격을 갖춘 사람으로서 장애아 보육시설에서 2년 이상의 보육업무 경력이 있는 사람

마. 「고등교육법」에 따른 대학(전문대학을 포함한다) 또는 법 제21조 제2항 제2호에 따른 교육훈련시설을 운영(위탁 또는 부설 운영을 말한다)하는 어린이집

① 가목에 따른 일반기준에서 정한 자격을 갖춘 사람
② 어린이집을 운영하는 대학의 조교수 또는 교육훈련시설의 전임교수 이상으로서 보육관련 교과목에 대하여 3년 이상의 교육 경력이 있는 사람

바. 가목부터 라목까지의 어느 하나에 해당하는 사람은 보건복지부령으로 정하는 사전직무교육을 받아야 한다.

(2) 관련 용어에 대한 보충설명

① "보육 등 아동복지업무 경력"이란 다음의 어느 하나에 해당하는 경력을 말한다.

- 「영유아보육법」에 따른 보육시설 또는 육아종합지원센터에서 근무한 경력
- 「유아교육법」에 따른 유치원에서 근무한 경력
- 「아동복지법」에 따른 아동복지시설에서 근무한 경력
- 「장애인복지법」에 따른 장애영유아 생활시설에서 장애아동과 관련된 업무에 종사한 경력
- 「유아교육법」 및 「초·중등교육법」에 따른 특수학교(유치원 및 초등학교 과정)에서 특수학교 교원으로 근무한 경력
- 법률 제7120호 유아교육법 제정으로 폐지되기 전 「유아교육진흥법」에 따른 새마을 유아원에서 근무한 경력
- 가목부터 바목까지의 아동복지업무를 수행하는 시설 등에서 간호사로 근무한 경력
- 국가 또는 지방자치단체에서 7급 이상의 공무원으로 보육 등 아동복지에 관한 행정업무에 종사한 경력

② "보육업무 경력"이란 다음의 어느 하나에 해당하는 경력을 말한다.

- 「영유아보육법」에 따른 보육시설 또는 육아종합지원센터에서 근무한 경력
- 「유아교육법」에 따른 교육과정과 방과 후 과정을 운영하는 유치원에서 원장, 원감, 교사로 근무한 경력

③ "아동간호업무 경력"이란 병원의 소아청소년과나 신생아실, 보건소 모자보건센터, 초등학교 보건실 등에서 근무한 경력을 말한다.

3) 어린이집 원장 자격검증 및 자격증 발급

(1) 어린이집 원장의 자격검정

어린이집 원장의 자격검증은 무시험을 원칙으로 하며 현행법 시행규칙 제17조에 따라 서류심사에 의해 자격인정 여부를 결정한다. 2005년 1월 29일 이전까지 종전 규정(종전 법 시행규칙 제8조 제1항)에 의한 원장 자격기준을 갖춘 자는 종전규정에 따라 검정하고, 2005년 1월 29일 이전까지 종전 규정에 의한 원장 자격을 갖추지 못한 자에 대해서는 현행규정에 따라 원장 자격을 검정한다.

(2) 어린이집 원장 국가자격증 발급

어린이집 원장 국가자격증 발급신청 및 절차는 보육교사 발급신청 및 절차와 동일하다.

4 보육관련 교과목 및 학점

보육교사는 영유아보육법에 준하여 양성되고 있다. 보육교사양성기관으로는 보육교사교육원(1년제), 2, 3, 4년제 대학교의 유아교육과, 아동학과, 아동복지학과, 사회복지학과, 사회사업학과, 특수교육학과, 간호학과, 가정관리학과 그리고 방송통신대학교의 유아교육과, 교육대학원의 유아교육전공 등이 있다.

보육교사는 소속학과에 상관없이 자격증 취득에 필요한 최소학점을 이

보육 관련 교과목 및 학점(제12조 제1항 관련. 개정 2016. 1. 12)

1. 대학 등에서 이수하여야 할 교과목 및 학점 일반

영역		교과목	이수과목(학점)
가. 교사인성		보육교사(인성)론, 아동권리와 복지	2과목(6학점)
나. 보육 지식과 기술	필수	보육학개론, 보육과정, 영유아 발달, 영유아 교수방법론, 놀이지도, 언어지도, 아동음악(또는 아동동작, 아동미술), 아동수학지도(또는 아동과학지도), 아동안전관리(또는 아동생활지도)	9과목(27학점)
	선택	아동건강교육, 영유아 사회정서지도, 아동문학교육, 아동상담론, 장애아 지도, 특수아동 이해, 어린이집 운영관리, 영유아 보육프로그램 개발과 평가, 보육정책론, 정신건강론, 인간행동과 사회환경, 아동간호학, 아동영양학, 부모교육론, 가족복지론, 가족관계론, 지역사회복지론	4과목(12학점) 이상
다. 보육 실무		아동관찰 및 행동연구, 보육실습	2과목(6학점)

※ 비고

1. 교과목의 명칭이 서로 다르더라도 교과목의 내용이 비슷하면 같은 교과목으로 인정하고, 다목의 교과목 중 보육실습은 교과목 명칭과 관계없이 보육실습기관과 보육실습기간의 조건을 충족하면 보육실습으로 인정한다.
2. 각 교과목은 3학점을 기준으로 하되, 최소 2학점이여야 한다.
3. 17과목 이상, 51학점 이상 이수하여야 한다.

2. 대면 교과목

영역	교과목
가. 교사인성	보육교사(인성)론, 아동권리와 복지
나. 보육 지식과 기술	놀이지도, 언어지도, 아동음악(또는 아동동작, 아동미술), 아동수학지도(또는 아동과학지도), 아동안전관리(또는 아동생활지도)
다. 보육 실무	아동관찰 및 행동연구, 보육실습

※ 비고

1. 대면 교과목은 8시간 이상 출석 수업과 1회 이상 출석 시험을 실시한다.
2. 다목의 교과목 중 보육실습에 관한 기준은 다음 각 목에 따른다.
   가. 보육실습은 이론수업과 보육현장실습으로 운영한다.
   나. 보육현장실습은 6주 이상 240시간 이상을 원칙으로 하되, 2회에 나누어 실시할 수 있다.
   다. 보육교사의 자격을 취득하려는 사람이 보육실습을 신청하는 때에 법적으로 인가받은 정원 15명 이상으로 평가인증을 유지하는 어린이집 또는 교육과정과 방과후 과정을 운영하는 유치원에서 보육교사 1급 또는 유치원 정교사 1급 자격을 가진 사람이 보육실습을 지도하여야 한다. 이 경우 실습지도교사 1명당 보육실습생은 3명 이하로 한다.
   라. 보육실습은 평일 오전 9시부터 오후 7시 사이에 한 경우에만 인정하며, 보육실습시간은 하루 8시간을 초과할 수 없다.
   마. 보육실습의 평가는 보건복지부장관이 정하는 보육실습일지와 보육실습 평가서에 근거하여 하되, 평가점수가 80점 이상인 경우에만 보육실습을 이수한 것으로 인정한다.

수하면 취득할 수 있다. 보육교사 자격증을 취득하는 방법은 첫째, 대학 등에서 소정의 교과를 이수하는 방법과 둘째, 보육교사교육원에서 소정의 교과를 이수하는 방법이 있다.

1) 대학(교)에서의 보육관련 교과목

보육교사 양성과정은 크게 대학(교)과 교육훈련시설(보육교사교육원)에서 이루어지고 있다. 보육교사 자격검정 기준은 대학(교)과 교육훈련시설이 다르게 적용되는데, 대학(교) 등을 졸업한 자에 대한 자격검정은 보육관련 교과목 및 학점 중 보육기초 및 보육실습 영역을 포함하여 영역별로 규정한 이수교과목을 이수하면 된다. 대학(교)에서의 보육관련 교과목은 3개 영역으로 구분되어 있으며, 각 영역별로 필수와 선택과목을 합하여 전체 17과목 51학점 이상을 이수하면 보육교사 2급 자격을 인정한다.

2) 교육훈련시설(보육교사교육원)에서의 보육관련 교과목

보육교사 양성교육과정인 교육훈련시설(보육교사교육원)은 고졸 이상의 학력자를 대상으로 보육관련 교과목 22과목 65학점 이상(975시간 이상, 실습 160시간 별도 이수)을 이수하고 수료하면 보육교사 3급 자격을 인정하고 있다. 보육교사교육원의 교육과정도 대학(교)와 동일한 영역으로 구성되어 있으며 대학(교)보다 많은 교과목과 학점을 이수하도록 되어 있다.

표 10-1 • 교육훈련시설의 교육과정(제12조 제2항 관련, 개정 2016. 1. 12)

영역	교과목(학점)	이수 과목 (학점)
가. 교사인성	보육교사(인성)론(3학점), 아동권리와 복지(3학점)	2과목 (6학점)
나. 보육 지식과 기술	보육학개론(3학점), 보육과정(3학점), 영유아 발달 및 지도(3학점), 아동생활지도(3학점), 영유아 문제행동지도 및 상담(3학점), 특수아동 이해와 지도(3학점), 놀이지도(3학점), 언어지도(3학점), 아동음악과 동작(3학점), 아동미술지도(3학점), 아동수학지도·아동과학지도(3학점), 영유아 교수방법론(3학점), 교재교구개발(3학점), 부모교육(3학점), 영유아 건강지도(3학점), 영유아 영양지도(2학점), 아동안전관리(3학점), 어린이집 운영관리(3학점)	18과목 (52학점)
다. 보육 실무	아동관찰 및 실습(3학점), 보육실습(4학점)	2과목 (7학점)

※ 비고
1. 각 교과목당 평가점수가 70점 이상인 경우에만 이수한 것으로 인정한다.
2. 학점당 시간은 15시간을 기준으로 한다.
3. 보육실습은 별표 4 비고 제2호에 따른 보육실습에 관한 기준을 준용한다.
4. 22과목 이상, 65학점 이상 이수하여야 한다.

5 보육교사 자격취득을 위한 보육실습 이수기준

1) 보육실습 기준의 강화

1996년 1월 6일 영유아보육법이 개정되면서 실습을 강화하기 위해 4주간의 보육실습을 필수로 채택해야 한다는 규정을 신설하여, 2년간의 유예기간을 갖고 1998년 3월 1일부터 시행되어 왔다. 이후 2005년 1월 30일 영유아보육법 시행규칙 개정으로 대학(교)의 보육 관련 교과목 및 학점 등이 전면 개정되면서 보육기초 영역과 보육실습 영역을 필수 이수로 하는 등 보육실습에 대한 기준도 「보육실습 세부기준」으로 구체화되었다. 「보육실습 세부기준」은 교과목, 학점, 실습기간, 지도교사, 평가, 보육실습확인서와 같이 부분으로 나누어 각 기준의 세부적인 내용을 포함하고 있다.

2) 보육실습 세부기준(영유아보육법 시행규칙 제12조 제1항 관련. 개정 2016. 1. 12)

개정된 보육실습의 세부기준은 다음과 같다.

① 보육실습은 교과목 명칭과 관계없이 보육실습기관과 보육실습기간의 조건을 충족하면 보육실습으로 인정한다.
② 보육실습은 이론수업과 보육현장실습으로 운영한다.
③ 보육현장실습은 6주 이상 240시간 이상을 원칙으로 하되, 2회에 나누어 실시할 수 있다.
④ 보육교사의 자격을 취득하려는 사람이 보육실습을 신청하는 때에 법적으로 인가받은 정원 15명 이상으로 평가인증을 유지하는 어린이집 또는 교육과정과 방과후 과정을 운영하는 유치원에서 보육교사 1급 또는 유치원 정교사 1급 자격을 가진 사람이 보육실습을 지도하여야 한다. 이 경우 실습 지도교사 1명당 보육실습생은 3명 이하로 한다.
⑤ 보육실습은 평일 오전 9시부터 오후 7시 사이에 한 경우에만 인정하며, 보육실습시간은 하루 8시간을 초과할 수 없다.
⑥ 보육실습의 평가는 보건복지부장관이 정하는 보육실습일지와 보육실습 평가서에 근거하여 하되, 평가점수가 80점 이상인 경우에만 보육실습을 이수한 것으로 인정한다.
⑦ 보육실습은 보육실습확인서 원본 제출을 통해 보육실습 내용의 적절성을 증명하도록 하고 있다.

3) 보육교사 양성 교육과정 구성 체제

전공과목은 각 학문의 영역을 다루는 교과내용과 이를 학습자의 특성에 맞게 교육할 수 있는 방법을 배우는 교과교육으로 구성된다. 영유아 보육은 학령기 아동의 교육을 담당하는 초·중·고 교사를 양성하는 사범대학의 교과과정에 비해 상대적으로 거의 모든 교과에서 교수-학습 방법을 다루는 교과교육이 발달되어 있는 편이다. 그러나 영유아 보육실제에서 적용되는 교수-학습 방법 기초에 관한 내용은 각 영역별 통합에 초점을 두고 있기 때문에, 수·과학 지도와 관련된 활동이 언어 지도 실제 활동과 연계될 수 있으며, 기본생활지도에서도 다룰 수 있기 때문에 이러한 교과내용의 중복성 문제가 거론되고 있다.

보육교사는 영유아의 연령에 적합한 교과내용에 관해서도 알아야 할뿐 아니라 동일 연령대에 속해 있더라도 개인의 발달수준을 고려한 내용도 정확하게 알고 있어야 한다. 즉, 보육교사는 각 학문영역에 관한 전공지식이 충분할 때 보육현장에서 영유아에게 보다 의미있는 통합활동으로 풀어낼 수 있게 되어 영유아의 지식확장 및 개념발달을 지원할 수 있다. 이에 보육교사의 전공지식에 대한 보다 전문적인 습득이 필요하며, 나아가 보육현장에서 이를 보다 효과적으로 적용 및 활용할 수 있는 실제 방안들이 강구되어야 한다(문혁준 외, 2011).

(1) 영유아 발달 및 학습에 관한 영역

보육교사 양성과정에서 영유아 발달과 학습에 대한 내용이 포함되어야 하는 이유를 Peters와 Klinzing(1990)은 다음과 같이 기술하였다.

첫째, 다양한 연령의 영유아 발달을 이해할 수 있다.

둘째, 영유아 발달은 여러 가지 원인에 의해 다양한 방식으로 개인차를 가지고 일어날 수 있기에 이에 대한 이해가 필요하다.

셋째, 영유아 발달과정의 변화를 이해해야 한다.

넷째, 발달에 영향을 끼치는 환경의 영향을 이해해야 하기 때문이다.

마지막으로 발달의 여러 측면들이 서로 상호작용하며 발달한다는 사실을 이해해야 한다.

보육교사들은 영유아의 행동을 보다 심층적으로 이해하기 위해서는 한 가지 이론만으로는 충분하지 않다. 즉, 영유아 발달을 학습하는 것은 궁극적으로 교육대상인 영유아의 발달적 특성을 이해하고, 이들의 발달적 특성에 적합한 교육활동을 계획하기 위해서이다. Peters와 Klinzing(1990)은 이와 같은 목적을 달성하기 위해서 인간 성장 발달을 다루고 있는 과목, 각 발달·시기별 영유아의 특성을 구체적으로 다루는 과목, 발달적으로 지체를 가진 영유아에 대한 과목이 교원 양성 교육과정에 포함되어야 하며, 각 과목은 강의와 현장이 연계되어 실제 사례를 많이 접하고 경험할 수 있도록 구성되어야 한다고 주장한다.

현재 영유아 발달과 학습에 관한 지식을 습득할 수 있는 교과목인 '아동발달'은 대부분의 대학에서 개설되어 있다. 그러나 태아기의 발달을 포함하여 '태아기 및 영아발달'이라는 과목과 '아동 및 청소년발달'과 같이 특정 시기별로 인간발달의 특징을 구분한 과목이 보다 더 많이 개설되어야 할 필요성이 있다.

(2) 보육과정운영 및 교수-학습과정에 관한 영역

보육교사들은 보육과정의 운영, 영유아를 위한 각 교과영역의 지도와 같은 과목을 수강함으로써 영유아를 위한 보육활동을 계획하고 효과적으로 지도하는 방법이나 교수법을 선택하는데 필요한 지식, 기술 및 태도를 학습하게 된다. 따라서 이 영역에 대한 교과목들은 보육기관에서 교사로서의 역할을 수행하는데 필요한 기본 이론과 원리를 토대로 현장에서 필요로 하는 실천적 지식을 형성해낼 수 있는 능력을 함양하는 방향으로 운영되어야 한다.

보육은 영유아들의 특성상 결과보다는 과정을 중시하기에 이러한 특성으로 인해 교사교육에서도 교과 내용 자체보다는 이를 어떻게 가르칠 것인가의 문제를 더 강조하는 경향이 있다. 대부분의 관련대학에서 보육과정의 기본적인 이론을 다루는 '보육과정'과 교수-학습의 핵심이 되는 '놀이지도'를 개설하고 있으며, 언어, 문학, 수·과학, 음률, 미술 등의 교과에 관련되는 과목을 개설하고 있다.

(3) 보육의 역사, 철학 및 사회기초에 관한 영역

영유아의 발달과 학습은 그들이 속한 사회 및 문화적 맥락과 관련성이 있다. 이에 최근에는 사회 구성주의 이론에 입각하여 보육교사들이 처해 있는 사회현상과 교육에 대한 이해를 강조해야 한다는 설득력 있는 주장이 대두하고 있다. 교사 양성 교육과정은 사회, 국가 및 세계의 변화에 유기적으로 대처해 나가야 하기 때문에 교사들은 현재 그들이 처한 사회적 현상이 나타나게 된 역사적 배경에 대한 선행지식 및 현재 또는 미래에 발생 가능한 다양한 사회적인 변화까지도 가늠할 수 있는 능력이 필요하다. 이에 관련대학에서는 보육교사가 이러한 보육의 역사, 철학 및 사회 기초에 관한 지식을 습득하게 하기 위해 '보육학개론', '아동권리와 복지'를 개설하고, 이러한 과목의 중요성을 인정하여 필수교과목으로 지정하고 있다.

CHATER

11

보육교사의 자격관리

1 보육교사 채용 및 임면보고

어린이집에서 근무할 수 있는 보육교사의 조건은 보육교사 국가자격증을 교부받은 자(영유아보육법 시행령 제21조)라야 하며, 보육교사의 출산휴가, 육아휴직, 장기 병가 등의 사유 발생 시 채용하는 대체교사(임시교사)도 보육교사 국가자격증을 갖추어야 한다.

어린이집에 채용이 결정되면 채용 후 14일 이내에 구비서류를 준비하여 해당 근무 지역 시·군·구청장에게 임면보고를 해야 한다. 임면보고의 절차는 채용(1단계), 임면보고(2단계), 자격적격성 확인 및 신원조회(3단계), 경력관리시스템 입력 후 경력관리(4단계) 순으로 이루어진다.

1) 보육교직원의 임면
(영유아보육법 시행규칙 제11조 제3항 관련. [별표 3]개정 2015. 1. 28.)

① 국가 또는 지방자치단체로부터 보육교직원의 인건비를 보조받는 어린이집의 경우 보육교직원의 채용은 공개경쟁을 원칙으로 한다.

② 임면권자는 보육교직원 채용 시 임금, 근로시간 및 그 밖의 근로조건을 명시한 근로계약을 체결하여야 한다. 이 경우 근로계약과 관련하여 부당한 내용이 포함되어서는 아니 되며, 관할 행정기관은 이를 적극 지도·감독하여야 한다.

③ 보육교직원 채용 시 제출하여야 하는 서류는 다음과 같다.

가. 공통 제출서류: 별지 제7호 서식에 따른 인사기록카드, 주민등록등본, 채용신체검사서, 성범죄 경력 조회 결과서, 아동학대 관련 범죄 전력 조회 회신서

나. 어린이집의 원장: 어린이집의 원장 자격증 사본

다. 보육교사: 보육교사 자격증 사본

라. 간호사·영양사 등 자격이 필요한 종사자: 자격증(면허증) 사본

④ 임면권자는 보육교직원 결원 시 1개월 이내에 보육교직원을 채용하여야 한다.

⑤ 임면권자는 보육 등 아동복지에 관련된 학과의 학생 또는 육아경험이 있는 여성들을 자원봉사자로 활용할 수 있다. 이 경우 어린이집의 사정에 따라 수당을 지급할 수 있다.

2) 성범죄 경력 조회

어린이집에서는 보육교사로 채용하고자 하는 자(아동·청소년의 성보호에 관한 법률 제44조)의 성범죄 경력 조회를 관할 경찰서에 요청하여, 성범죄 경력 조회 결과 어린이집에 취업이 제한되는 자는 채용에서 배제하도록 한다.

3) 보육교직원 자격의 적격성 확인 및 신원조회

보육통합정보시스템을 통하여 시·군·구청장은 대상자 자격의 적격성을 확인하도록 하고, 영유아보육법 제20조에 의한 어린이집에 종사할 수 없는 결격사유에 해당하는지 여부를 신원조회를 통해 확인한다. 신원조회 대상자의 범위는 다음과 같다.

(1) 교직원 결격사유(영유아보육법 제20조)

신원조회를 통해 다음의 결격사유로 확인되는 경우 채용을 제한할 수 있다.

a. 법 제16조 각 호의 1에 해당하는 자(어린이집을 설치·운영할 수 없는 자)

* 영유아보육법 제16조(결격사유) 다음 각 호의 어느 하나에 해당하는 자는 어린이집을 설치·운영할 수 없다. 〈개정 2015.5.18〉

1. 미성년자 피성년후견인 또는 피한정후견인
2. 정신질환자
3. 마약류에 중독된 자
4. 파산선고를 받고 복권되지 아니한 자
5. 금고 이상의 실형을 선고받고 그 집행이 종료(집행이 종료된 것으로 보는 경우를 포함한다)되거나 집행이 면제된 날부터 5년(아동학대관련범죄를 저지른 경우에는 20년)이 경과되지 아니한 자

규칙 제11조의2[시행일 : 2014.3.1.], 제20조, 제39조의4).

보수교육의 법적 근거는 영유아보육법(개정 2012. 7. 1) 제23조 어린이집 원장의 보수교육과 제23조의2 보육교사의 보수교육에 근거한다. 이에 따르면 보건복지부장관은 어린이집 원장의 자질향상을 위해 사전직무교육과 직무교육을 실시하여야 하고, 보육교사의 자질향상을 위해 직무교육과 승급교육을 실시하여야 한다고 규정하고 있으며, 보수교육의 기간, 방법, 내용 등의 필요한 사항은 보건복지부령으로 정한다고 규정하고 있다. 이에 영유아보육법 시행규칙(시행 2012. 5. 31 보건복지부령 제125호) 제11조의2 어린이집 원장의 사전직무교육, 제20조 보수교육의 실시, 제39조의3 보수교육 실시의 위탁절차 등에 관한 규정과 영유아보육법 시행령(시행 2012. 4. 18) 제24조 비용의 보조, 제26조의2 업무의 위탁 등에 관한 규정에 근거하여 보수교육이 실시되고 있다.

영유아보육법 제46조 어린이집 원장의 자격정지와 제47조 보육교사의 자격정지에 의하면 어린이집 원장과 보육교사가 제23조에 따른 보수교육을 연속하여 3회 이상 받지 아니한 경우 1년 이내의 범위에서 보건복지부령으로 정하는 바에 따라 그 자격을 정지시킬 수 있다고 명시하고 있다.

이러한 법적 기준에 따라 보수교육에 참여한 보육교직원은 2005년에 24,740명에서 2006년에 32,769명, 2007년에 39,143으로 꾸준히 늘어났다.

2005년 영유아보육법의 개정에 따라 보육교사의 자격이 1급과 2급에서 1급, 2급, 3급으로 변경되면서 2006년부터 2급 승급교육이 실시되었으며, 보육교사와 어린이집 원장으로 구분되어 실시되던 특별직무교육이 담당업무의 특성에 따라 영아보육, 장애아보육, 방과후보육으로 세분화되어 업무의 전문성을 높이는 데 기여한 것으로 보인다. 또한 2007년에 특별직무 연수에 시간과 공간의 제약이 없는 온라인교육을 실시하고 있다. 특히 지역에 따라 특별직무교육 대상자가 소수인 경우에 특별직무교육을 위한 보수교육과정을 설치하기 어려웠는데, 온라인교육을 통해 이러한 문제를 해결하게 되었다. 이러한 변화는 교육대상자를 고려하여 보육교직원들에게 실질적인 도움을 주는 보수교육이 되도록 노력한 결과이다.

2 보수교육의 종류와 대상자(제20조제4항 관련<개정 2012. 8. 17>)

보수교육은 현재 어린이집에 근무하고 있는 보육교직원을 대상으로 실시하는 것으로, 어린이집 원장이나 교사 자격을 가지고 있더라도 보수교육을 시작하는 시점에 어린이집에 근무를 하고 있지 않다면 보수교육을 받을 수 없다. 보수교육 대상자의 선정기준이 되는 보육업무 경력은 어린이집 및 육아종합지원센터에서 근무한 경력과 유아교육법에 따른 종일제 유치원에서 원장, 원감, 교사로 근무한 경력을 말한다.

시·도지사는 관내 시·군·구로 하여금 보수교육 실시 전문기관의 교육과정별 교육 개시 전까지 보수교육 대상자를 선정하여야 하며, 교육과정별 보수교육 대상자를 최종 확정하고, 보수교육 실시기관에 통보하여 대상자가 적절히 교육을 받을 수 있도록 하여야 한다. 어린이집 원장 또는 어린이집을 설치·운영하는 자는 특별한 사정이 없는 한 보육교사 등 보육교직원이 보수교육을 이수할 수 있도록 지원·허락하여야 한다.

표 12-1 • 어린이집 원장의 보수교육

직무교육					사전직무교육
일반직무교육		특별직무교육			어린이집 원장 사전직무교육
기본교육	심화교육	영아보육 직무교육	장애아보육 직무교육	방과후보육 직무교육	

• 일반직무교육에서 기본 및 심화교육과정은 보육업무경력 등을 감안하여 교육대상자가 선택하여 이수할 수 있음.
출처: 보건복지부(2016).

표 12-2 • 보육교사 등의 보수교육

직무교육					승급교육	
일반직무교육		특별직무교육			2급 보육교사 승급교육	1급 보육교사 승급교육
기본교육	심화교육	영아보육 직무교육	장애아보육 직무교육	방과후보육 직무교육		

• 일반직무교육에서 기본 및 심화교육과정은 보육업무경력 등을 감안하여 교육대상자가 선택하여 이수할 수 있음
출처: 보건복지부(2016).

1) 직무교육

교육대상자에 따라 일반직무교육과 특별직무교육으로 구분하여 실시하되, 직무교육을 이수하여야 하는 연도에 직무교육을 이수하지 못한 경우에는 그 다음 연도 12월 31일까지 이수하게 하여야 하며, 특별직무교육을 이수한 경우에는 일반직무교육을 이수한 것으로 본다. 직무교육을 위한 보수교육의 교육시간은 보육교사나 어린이집 원장 모두 40시간을 원칙으로 하고 있다.

(1) 일반직무교육

일반직무교육의 종류와 대상자는 다음과 같다.

① 보육교사 직무교육: 현직에 종사하고 있는 보육교사로서 보육업무 경력이 만 2년이 지난 사람과 보육교사 직무교육(승급교육을 포함한다)을 받은 해부터 만 2년이 지난 사람

② 어린이집의 원장 직무교육: 현직에 종사하고 있는 어린이집의 원장으로서, 어린이집 원장의 직무를 담당하는 첫 해에 해당하는 사람과 어린이집의 원장 직무교육을 받은 해부터 만 2년이 지난 사람

(2) 특별직무교육

특별직무교육의 종류와 대상자는 다음과 같다.

① 영아보육 직무교육: 영아보육을 담당하고 있는 일반직무교육 대상자와 영아보육을 담당하려는 보육교사 및 어린이집의 원장
② 장애아보육 직무교육: 장애아보육을 담당하고 있는 일반직무교육 대상자와 장애아보육을 담당하려는 보육교사 및 어린이집의 원장
③ 방과후보육 직무교육: 방과후보육을 담당하고 있는 일반직무교육 대상자와 방과후보육을 담당하려는 보육교사 및 어린이집의 원장

2) 승급교육

직무교육과 승급교육을 같은 해에 받아야 하는 경우에는 승급교육을 받은 사람은 직무교육을 생략할 수 있다. 교육시간은 80시간을 원칙으로 한다.

① 2급 보육교사 승급교육은 3급 보육교사 자격 취득 후 보육업무 경력이 만 1년이 지난 사람
② 1급 보육교사 승급교육은 2급 보육교사 자격 취득 후 보육업무 경력이 만 2년 이상이 경과한 사람. 다만, 보육교사 2급 자격을 취득한 후 보육 관련 대학원에서 석사학위 이상을 취득한 경우는 보육업무 경력이 만 6개월이 지난 사람

표 12-3 • 교육구분별 보수교육의 대상

교육구분			교육대상	교육시간	비고
직무교육	일반직무교육	보육교사	현직에 종사하고 있는 보육교사로서 보육업무 경력이 만 2년을 경과한 자와 보육교사 직무교육(승급교육 포함)을 받은 해부터 만 2년이 경과한 자	40시간	매 3년마다
		원장	어린이집의 원장의 직무를 담당한 때부터 만 2년이 지난 경우	40시간	매 3년마다
	특별직무교육	영아보육	영아보육을 담당하고 있는 일반직무교육 대상자와 영아보육을 담당하고자 하는 보육교사 및 어린이집 원장	40시간	이수하고자 하는 자
		장애아보육	장애아보육을 담당하고 있는 일반직무교육 대상자와 장애아보육을 담당하고자 하는 보육교사 및 어린이집 원장	40시간	이수하고자 하는 자
		방과후보육	방과후보육을 담당하고 있는 일반직무교육 대상자와 방과후보육을 담당하고자 하는 보육교사 및 어린이집 원장	40시간	이수하고자 하는 자
승급교육	2급 승급교육		보육교사 3급의 자격을 취득한 후 보육업무 경력이 만 1년이 경과한 자	80시간	이수하고자 하는 자
	1급 승급교육		보육교사 2급의 자격을 취득한 후 보육업무 경력이 만 2년이 경과한 자 및 보육교사 2급의 자격을 취득한 후 보육 관련 대학원에서 석사학위를 취득한 경우 보육업무 경력이 만 6개월이 경과한 자	80시간	이수하고자 하는 자
원장 사전 직무교육	–		영유아보육법 시행령 [별표1] 제1호의 가목부터 라목(일반, 가정, 영아전담, 장애아전담 어린이집 원장)까지 어느 하나의 자격을 취득하고자 하는 자	80시간	이수하고자 하는 자

출처: 보건복지부(2016).

보건복지부장관은 직무교육(일반 및 특별직무교육) 등의 보수교육과정을 인터넷 방식에 의한 온라인 보수교육을 실시할 수 있으며, 온라인 보수교육을 받은 자는 영유아보육법에 의한 보수교육을 받은 것으로 인정한다.

3 보수교육의 내용

보육교사를 위한 일반직무교육의 영역은 인성소양, 건강·안전, 전문지식기술 영역을 포함한 15과목으로 구성하며, 구체적인 내용은 보건복지부장관이 정하도록 되어 있다. 그리고 보육교사를 위한 승급교육의 영역은 인성소양, 건강·안전, 전문지식기술 영역을 포함한 21과목과 평가시험으로 구성되어 있다. 전문지식·기술영역에는 장애 및 다문화실제, 보육활동운영의 실제, 가족 및 지역사회협력으로 구성되어 있고, 구체적인 내용은 보건복지부장관이 정하도록 되어 있다.

1) 일반직무교육

일반직무교육은 보육교사와 원장에 대한 교육으로 나누어지며, 각각 기본과정과 심화과정으로 구성되어 있다.

(1) 보육교사

보육교사의 일반직무교육은 15과목 40시간으로 구성되어 있으며, 구체적인 내용은 다음과 같다(표 12-4 참조).

표 12-4 • 보육교사 일반직무교육

영역		일반직무교육(기본과정)		일반직무교육(심화과정)	
		교과목	시간	교과목	시간
인성·소양 (8시간)		• 보육교사와 인권 –인권에 대한 이해 –교사와 아동의 인권 존중 이해	3	• 보육교사의 인문적 소양 –행복한 교사되기	3
		• 보육교사의 직무역량 강화 –보육교사 직무 이해 –보육교사 의사 소통기법 훈련	3	• 보육교사의 직무역량 강화 –보육교사 리더십 키우기 –기관 구성원 간 멘토링 실행	3
		• 보육교사의 건강관리 –보육교사의 신체·정신건강 이해·관리	2	• 보육교사의 건강관리 –보육교사의 신체·정신건강 이해·관리	2
건강·안전 (9시간)		• 안전사고 예방교육 –재난대비, 교통안전 등	3	• 안전사고 예방교육 –재난대비, 교통안전 등	3
		• 보건위생관리 –감염병 및 약물오남용, 응급처치	3	• 보건위생관리 –감염병 및 약물오남용, 응급처치	3
		• 아동학대, 성폭력, 실종 예방 및 사후관리 –아동학대의 이해 –성폭력 및 실종 예방교육	3	• 아동학대, 성폭력, 실종 예방 및 사후관리 –아동학대의 이해 –성폭력 및 실종 예방교육	3
전문지식·기술 (23시간)	장애 및 다문화 실제 (4시간)	• 다문화교육 이해와 실제 –현장사례 중심 분석	2	• 다문화교육과정 심화 –다문화프로그램 개발	2
		• 장애통합보육 운영 실제 –개별화 프로그램 이해, 개발	2	• 장애통합보육 운영 실제 –개별화 프로그램 적용 및 부모 협력 강화	2
	보육활동 운영의 실제 (16시간)	• 영유아 관찰 및 기록 실제 –신체·인지·언어·정서 등 발달 관찰 및 사례 분석	3	• 영유아 관찰 기록의 활용 –관찰 기록 분석 및 영유아 발달 평가와 상담 활용능력 키우기	3
		• 영유아 부적응 행동의 이해 –부적응 행동 유형의 이해 (불안, 위축, 공격, 주의산만 등)	2	• 영유아 행동 유형별 발달 지원 –부적응 행동 예방과 지도	2
		• 보육정보 탐색의 적용과 사례 –인터넷 등 정보활용방법, 보육통합정보시스템 이해	2	• 보육교사의 놀이참여 및 확장·연계 –영유아 놀이 관찰, 개입을 통한 확장 및 연계 교수학습방법	2
		• 디지털시대의 교수매체 활용 및 적용 –인터넷, 스마트기기 등의 교수매체로서의 활용 방법 이해 및 실습	3	• 영유아 프로그램 계획 및 운영 –보육대상 및 철학에 따른 보육 프로그램 운영	3

(계속)

영 역		일반직무교육(기본과정)		일반직무교육(심화과정)	
		교과목	시간	교과목	시간
		• 영유아 인성교육의 실제 –기본생활습관지도 및 활동에 따른 인성교육 실제 사례	3	• 영유아 인성교육의 심화 –기관 및 영유아의 발달특성에 인성교육 계획 실습	3
		• 영아교사의 상호작용 전략 (선택) –영아발달, 흥미, 놀이에 따른 교수방법 학습	3	• 어린이집시설·설비관리(선택) –어린이집 시설·설비 관리 능력 학습	3
		• 유아교사의 상호작용 전략 (선택) –유아발달, 흥미, 놀이에 따른 교수방법 학습	3	• 동료 수업 멘토링(선택) –동료교사간 수업지원능력 학습	3
		• 보수교육기관 자체개발 교과목 (선택)	3	• 보수교육기관 자체개발 교과목 (선택)	3
	가족 및 지역 사회 협력 (3시간)	• 부모–교사 의사 소통의 이해와 실제(선택) –부모 –교사간 의사 소통 이해 및 갈등상황시 소통능력 함양	3	• 열린어린이집 계획 및 운영(선택) –열린어린이집 개념과 환경구성 –열린어린이집 계획과 운영 실제	3
		• 부모 개별 면담 기법(선택) –성공적인 부모 면담 위한 대화법	3	• 지역사회연계 프로그램 사례 분석 (선택) –지역내 육아인프라 활용능력 함양	3
계		15과목	40	15과목	40

※ 교육영역별 이수시간을 고려하여, 보수교육기관에서 일부 교과목 선택하여 운영·개설 가능
예) 「보육활동 운영의 실제」와 「가족 및 지역사회 협력」 영역의 경우 교과목 일부 선택이수 가능
※ 「보건위생관리」 교과목은 심폐소생술, 응급처치 실습 등 이론보다 실습 위주로 교육하도록 함

출처: 보건복지부(2016).

(2) 원장

어린이집 원장의 일반직무교육은 인성·소양, 건강·안전, 전문지식·기술(장애 및 다문화관리, 기관운영의 실제, 가족 및 지역사회협력)의 영역으로 구분되며, 16과목 40시간으로 구성되어 있다. 구체적인 내용은 다음과 같다(표 12-5 참조).

표 12-5 • 원장의 일반직무교육

영 역		일반직무교육(기본과정) 교과목	시간	일반직무교육(심화과정) 교과목	시간
인성·소양 (8시간)		• 보육철학과 윤리 －원장의 역할과 윤리	3	• 아동권리와 보육철학 －보육철학과 보육이념 및 아동권리 이해	3
		• 원장의 건강관리 －건강의 개념 및 건강관리 －신체·정신건강관리의 이해	3	• 원장의 건강관리 －성인기의 건강관리, 건강한 생활습관, 스트레스와 건강	3
		• 보육교직원의 인문적 소양 －행복에 대한 인문학적 고찰	2	• 보육교직원의 문화적 소양 －예술적 소양 증진을 위한 지역 문화인프라 연계 교육	2
건강·안전 (9시간)		• 안전사고 예방 및 대응 －재난대비, 교통안전 등 관련 법안 및 사례	3	• 안전사고 예방 및 대응 －재난대비, 교통안전 등 관련 법안 및 사례	3
		• 보건위생관리 －응급처치, 질병관리, 감염병 및 약물 오남용	3	• 보건위생관리 －응급처치, 질병관리, 감염병 및 약물 오남용	3
건강·안전 (9시간)		• 아동학대, 성폭력, 실종 예방 및 사후관리 －아동학대, 성폭력, 실종 이해 및 예방을 위한 지원 －아동보호서비스체계	3	• 아동학대, 성폭력, 실종 예방 및 사후관리 －아동학대, 성폭력, 실종 이해 및 예방을 위한 지원 －아동보호서비스체계	3
전문 지식 기술 (23시간)	장애 및 다문화 관리 (4시간)	• 다문화교육 프로그램 이해와 실제 －현장사례 중심 분석	2	• 다문화교육 프로그램 개발 －다문화교육 프로그램의 현황 분석 및 개발	2
		• 장애통합보육 운영 실제 －기관 내 장애통합보육의 운영 이해 －개별화 교육프로그램의 실제	2	• 장애통합보육을 위한 운영관리 －기관 내 특수교사 및 담임교사의 협력 지원	2
	기관 운영의 실제 (16시간)	• 어린이집 내 영유아 관찰과 평가 －영유아 놀이와 행동 관찰 기록 방법 －관찰기록을 통한 아동평가 이해	3	• 아동발달 진단도구의 이해와 활용 －기관에서 교사가 활용할 수 있는 아동발달 진단도구 및 방법 이해	3
		• 보육계획과 보육일지 작성 관리 －보육교사 지도 원리 및 보육계획 수립 지도 －보육일지 작성 원리 및 작성 지도	2	• 보육프로그램 개발 및 평가 －보육프로그램의 이해 및 개발 실제 －영아반·유아반 프로그램 평가	2

(계속)

영 역		일반직무교육(기본과정)		일반직무교육(심화과정)	
		교과목	시간	교과목	시간
전문 지식 기술 (23시간)		• 영유아 생활지도를 위한 교사교육 – 영유아 생활지도의 기초와 교사교육 – 영유아 생활지도의 실제에서의 교사지원	2	• 교사교육프로그램 개발 및 운영 – 교사교육프로그램 개발을 위한 개념 및 중요성 – 교사교육프로그램 운영의 실제	2
		• 교수매체 선정과 평가 – 교수매체의 유형, 구입시 선정 기준, 제작시 고려사항 – 교육적 가치 평가, 활용도 및 효율성 평가	2	• 보육과정 디지털활용능력 개발 – 어린이집 운영관리와 디지털 활용의 실제 및 실습	2
		• 원장의 대외협력 관리 – 원장의 대외협력 직무에 대한 이해 – 부모 및 지역사회의 요구 대처 관리	2	• 원장의 리더십과 조직관리 – 원장의 리더십 유형 점검 – 리더십 유형별 조직관리 특성 및 바람직한 리더십	2
전문 지식 기술 (23시간)	기관 운영의 실제 (16시간)	• 영상정보처리기기(CCTV)의 관리 및 운영 – CCTV 관련 규정 및 법규 이해 – CCTV 열람관리 방법 – CCTV 관련 개인정보 유출 예방 관리	2	• 개인정보보호와 디지털매체 윤리의 실제 – 개인정보보호 관련법에 대한 이해 – 어린이집 내 개인정보 관리 방법 – 디지털매체 사용 예절과 윤리(사례 중심 이해)	2
		• 우수 보육프로그램 사례(선택) – 우수 보육프로그램의 최신 동향 – 보육프로그램의 개선	3	• 우수 보육프로그램 동향(선택) – 우수 보육프로그램의 최근 연구동향, 사례 분석 – 우수 보육프로그램 개발 및 지원방안	3
		• 보수교육기관 자체개발 교과목(선택)	3	• 보수교육기관 자체개발 교과목(선택)	3
	가족 및 지역사회 협력 (3시간)	• 부모자원 활용 계획과 운영(선택) – 어린이집 운영에 부모참여 활성화를 위한 부모자원 활용 계획과 운영 방법	3	• 부모 요구 조사 및 활용(선택) – 연간운영계획 및 의사결정을 위한 부모 요구조사 방법 및 활용 이해	3
		• 어린이집과 지역사회 자원 연계의 실제(선택) – 지역사회 연계 참여 – 지역사회 연계 실제	3	• 어린이집과 지역사회 자원 연계 계발(선택) – 지역사회 연계 활용 – 지역사회 연계 활동 계획	3
계		16과목	40	16과목	40

※ 교육영역별 이수시간을 고려하여, 보수교육기관에서 일부 교과목을 선택하여 운영·개설 가능
예) 「보육활동 운영의 실제」와 「가족 및 지역사회 협력」 영역의 경우 교과목 일부 선택이수 가능
※ 「보건위생관리」 교과목은 심폐소생술, 응급처치 실습 등 이론보다 실습 위주로 교육하도록 함

출처: 보건복지부(2016).

2) 보육교사 승급교육

보육교사 승급교육은 2급 승급교육과 1급 승급교육으로 나누어지며, 인성·소양, 건강·안전, 전문지식·기술의 영역에서 21과목과 평가시험으로 구성되어 있다. 구체적인 내용은 표 12-6과 같다.

표 12-6 • 보육교사 승급교육

<table>
<tr><th colspan="2" rowspan="2">영 역</th><th colspan="2">2급 승급교육</th><th colspan="2">1급 승급교육</th></tr>
<tr><th>교과목</th><th>시간</th><th>교과목</th><th>시간</th></tr>
<tr><td colspan="2" rowspan="3">인성·소양
(11시간)</td><td>• 아동복지와 인권의 이해
－사례중심 아동권리에 대한 민감성 증진</td><td>4</td><td>• 아동복지와 인권의 실제
－사례중심 아동권리에 대한 민감성 증진</td><td>4</td></tr>
<tr><td>• 보육교사의 역할과 윤리
－보육교사 2급의 역할 및 직업윤리</td><td>4</td><td>• 보육교사의 역할과 윤리
－보육교사 1급의 역할 및 직업윤리</td><td>4</td></tr>
<tr><td>• 보육교사의 건강관리와 힐링
－보육교사의 신체 및 정신건강 이해
－실습중심 질환 예방법 및 대처법</td><td>3</td><td>• 보육교사의 건강관리와 힐링
－보육교사의 신체 및 정신건강 이해
－실습중심 질환 예방법 및 대처법</td><td>3</td></tr>
<tr><td colspan="2" rowspan="3">건강·안전
(12시간)</td><td>• 영유아 건강안전교육 계획 및 실행
－건강안전교육 계획 및 실행 실습</td><td>3</td><td>• 영유아 건강안전교육 계획 및 실행
－건강안전교육 계획 및 실행 실습</td><td>3</td></tr>
<tr><td>• 안전사고 예방교육
－재난대비, 교통안전 등</td><td>3</td><td>• 안전사고 예방교육
－재난대비, 교통안전 등</td><td>3</td></tr>
<tr><td>• 보건위생관리
－감염병 및 약물 오남용, 응급처치</td><td>3</td><td>• 보건위생관리
－감염병 및 약물 오남용, 응급처치</td><td>3</td></tr>
<tr><td rowspan="3">전문
지식
·기술
(55시간)</td><td rowspan="2">장애 및
다문화
실제
(8시간)</td><td>• 다양한 가정의 영유아 이해
－다양한 가정의 이해
－다양한 가정 영유아의 특성에 따른 발달적 지원 방법</td><td>4</td><td>• 다문화 가정의 영유아 지원
－다문화 가정 영유아의 생활 및 발달 지원, 보육 지원 등 사례중심</td><td>4</td></tr>
<tr><td>• 장애영유아의 이해
－발달기 영유아의 다양성 이해
－영유아 선별, 장애진단, 중재의 중요성</td><td>4</td><td>• 장애영유아의 이해 및 지원
－특수 영유아 특성별 지도
－기관 내 장애영유아 지원 관리 방안</td><td>4</td></tr>
<tr><td>보육활동
운영의
실제
(39시간)</td><td>• 영유아 관찰 사례 이해 및 실제
－관찰의 기초, 관찰 기록 이해
－일상생활 및 놀이행동, 상호작용 관찰 실습</td><td>4</td><td>• 영유아 관찰 및 평가
－관찰도구의 활용
－관찰기록을 평가에 활용하는 방안</td><td>4</td></tr>
</table>

(계속)

영역		2급 승급교육		1급 승급교육	
		교과목	시간	교과목	시간
전문 지식 ·기술 (55시간)	보육활동 운영의 실제 (39시간)	• 대소집단활동 운영 –대소집단활동 운영을 위한 교수학습방법	4	• 대소집단활동 운영의 실제 –대소집단활동 운영 실습	4
		• 신체·예술(음률)활동 운영 –신체·예술영역 발달의 이해 –신체·예술활동 운영 방법	4	• 신체·예술(음률)활동 운영의 실제 –신체·예술(음률)활동 운영 실습	4
		• 언어·수과학활동 운영 –언어·수과학영역 발달의 이해 –언어·수과학활동 운영 방법	4	• 언어·수과학활동 운영의 실제 –언어·수과학활동 운영 실습	4
		• 역할·쌓기놀이활동 운영 –역할·쌓기놀이영역 발달의 이해 –역할·쌓기놀이활동 운영 방법	4	• 역할·쌓기놀이활동 운영의 실제 –역할·쌓기놀이활동 운영 실습	4
		• 보육계획 수립 및 보육일지 작성 –보육계획의 원리, 연계성 있는 보육계획 –보육일지 작성의 원리, 일과 계획 작성, 일과의 실행과 평가 작성	4	• 보육일지 작성의 실제 –보육일지 작성 실습	4
		• 표준보육과정의 이해 및 평가 –제3차 어린이집표준보육과정 총론, 0~1세 보육과정(6개 영역목표, 내용체계), 2세 보육과정(6개 영역목표, 내용범주, 내용) –표준보육과정 운영평가	4	• 보육실습 지도의 적용과 사례 –보육실습 지도의 의의, 계획, 운영, 평가	4
		• 누리과정의 이해 및 평가 –3~5세 누리과정 5개 영역목표, 내용범주, 내용 –누리과정 운영평가	4	• 어린이집의 개인정보보호 관리 –개인정보보호 관련법에 대한 이해 –개인정보가 포함된 문서 관리 –CCTV 관련 개인정보 관리	4
		• 영유아 행동의 발달적 이해 –사례중심 발달영역별 영유아 행동의 이해 및 지원	4	• 영유아 문제행동 조기발견 –영유아 사회·정서발달과 적응 지도 –발달적 지원과 치료적 접근이 필요한 영유아 이해 –사례중심 문제행동 지원방법	4
		• 실내외 놀이 환경 구성 –실내외 놀이 환경 구성의 기본요건, 원리, 실제 및 평가	3	• 어린이집 환경 구성 및 관리 –어린이집 환경 구성의 원리 및 관리 실제	3

(계속)

영 역		2급 승급교육		1급 승급교육	
		교과목	시간	교과목	시간
전문 지식 ·기술 (55시간)	가족 및 지역사회 협력 (8시간)	• 다양한 부모-자녀 관계의 이해 −가족형태의 다양화, 부모역할, 건강한 부모-자녀 관계 형성	4	• 부모참여 계획 및 실행 −부모참여의 실제 및 활성화 방안	4
		• 부모참여 및 상담 실제 −부모참여활동 계획 −부모상담을 위한 준비 및 실습	4	• 지역사회 연계 활동 계획 및 운영 −보육과정, 장소, 활동에 따른 지역사회 연계 활동 계획	4
평가시험		• 2급 승급교육 평가시험	2	• 1급 승급교육 평가시험	2
계		21과목 + 평가시험	80	21과목 + 평가시험	80

※「보건위생관리」 교과목은 심폐소생술, 응급처치 실습 등 이론보다 실습 위주로 교육하도록 함

출처: 보건복지부(2016).

3) 어린이집 원장 사전직무교육

어린이집 원장의 사전직무교육은 인성·소양, 건강·안전, 전문지식·기술의 영역에서 22과목과 평가시험으로 구성되어 있다. 구체적인 내용은 표 12-7과 같다.

표 12-7 • 어린이집 원장의 사전직무교육

영역	교과목	시간
인성·소양 (12시간)	• 아동권리와 아동학대 −아동권리 이해 및 UN아동권리협약 이해 −아동학대 예방	4
	• 원장직무의 이해 및 윤리 −원장직무 이해 및 윤리 경영	4
	• 원장의 건강관리와 힐링 −만성질환 및 스트레스 관리법 등	4
건강·안전 (18시간)	• 영유아의 건강안전교육의 계획 및 관리 −사례중심 건강안전교육 계획 및 관리	3
	• 안전사고 예방 및 대응 −재난대비, 교통안전 등	3

(계속)

<table>
<tr><th colspan="2">영역</th><th>교과목</th><th>시간</th></tr>
<tr><td colspan="2" rowspan="4">건강·안전
(18시간)</td><td>• 보건위생관리
–응급처치, 질병관리, 감염병 및 약물오남용</td><td>3</td></tr>
<tr><td>• 아동학대, 성폭력, 실종 예방 및 사후관리
–아동학대, 성폭력, 실종 이해 및 예방
–신고의무자의 역할</td><td>3</td></tr>
<tr><td>• 친환경 급식 및 영양관리
–급식 운영의 관리사항 및 준수사항
–영아기·영유아기의 영양관리</td><td>3</td></tr>
<tr><td>• 시설·설비 안전관리
–어린이집 시설·설비 안전관리 원리
–어린이집 시설·설비 기준
–실내·외 시설의 안전평가 기준과 평정</td><td>3</td></tr>
<tr><td rowspan="9">전문
지식
기술
(48시간)</td><td rowspan="2">장애 및
다문화 관리
(8시간)</td><td>• 다문화가정과 연계한 영유아 지원
–다문화가정 영유아 교육 및 부모교육</td><td>4</td></tr>
<tr><td>• 장애통합보육의 운영관리
–장애통합보육프로그램 및 인력 관리</td><td>4</td></tr>
<tr><td rowspan="7">기관
운영의 실제
(32시간)</td><td>• 보육정책의 최신 동향
–보육정책에 대한 관점
–우리나라 보육정책의 변화, 최근 동향 및 이슈
–보육정책의 전망과 과제</td><td>3</td></tr>
<tr><td>• 보육 관련 법규의 이해
–영유아보육법, 아동복지법, 근로기준법 등</td><td>3</td></tr>
<tr><td>• 어린이집 인사관리
–인사관리의 주요 단계 및 내용
–인력개발을 위한 교직원 재교육, 복지, 평가 등</td><td>3</td></tr>
<tr><td>• 재무회계 관리
–재무회계의 중요성, 재무회계 관리 기본 원칙 이해, 재무회계 운영과정(예산·집행·결산)</td><td>3</td></tr>
<tr><td>• 조직관리와 리더십
–어린이집 조직 특성의 이해
–건강하고 효율적인 조직관리를 위한 원장의 리더십</td><td>4</td></tr>
<tr><td>• 사례별 발달 지원 및 전문가 연계
–영유아 발달 지원 및 관리 실제
–지역사회 의료전문가와의 네트워크 방법</td><td>4</td></tr>
<tr><td>• 보육교직원의 수업 멘토링
–보육교직원의 수업 능력 지원</td><td>4</td></tr>
</table>

(계속)

영역		교과목	시간
전문 지식 기술 (48시간	기관 운영의 실제 (32시간)	• 보육프로그램 개발과 운영 –보육프로그램의 특성 이해 및 운영 지원	4
		• 어린이집의 개인정보보호 관리 –개인정보보호 관련 법규의 이해 –개인정보관리계획 수립 및 관리 점검 –개인정보 유출 시 대응 방안	4
	가족 및 지역사회 협력 (8시간)	• 부모참여 계획 및 운영 –부모교육, 부모상담, 운영위원회 등	4
		• 어린이집과 지역사회 자원의 연계 –지역사회 자원 파악 및 활용 사례	4
평가시험		• 원장 사전직무교육 평가시험	2
계		22과목 + 평가시험	80

※「보건위생관리」교과목은 심폐소생술, 응급처치 실습 등 이론보다 실습 위주로 교육하도록 함

출처: 보건복지부(2016).

4) 특별직무교육

보육교사 및 어린이집 원장의 특별직무교육은 영아보육 직무교육, 장애아보육 직무교육, 방과후보육 직무교육으로 분류되며, 각각 보육기초, 발달 및 지도, 영유아교육, 영유아의 건강, 영양 및 안전, 가족 및 지역사회 협력 등 보육사업 운영의 6개 영역으로 구성되어 있다. 구체적인 내용은 표 12-8과 같다.

표 12-8 • **보육교사 및 어린이집 원장의 특별직무교육**

영역	영아보육 직무교육	장애아보육 직무교육	방과후보육 직무교육	시간
보육기초	• 현대사회 변화와 영아보육 • 영아보육의 이해 • 영아학대예방과 아동권리	• 장애인복지와 보육정책 • 장애아보육의 이해 • 장애아학대예방과 아동권리	• 현대사회 변화와 방과후 보육 • 방과후보육의 이해 • 아동학대예방과 아동권리	6
발달 및 지도	• 영아발달의 특성 • 영아 일상생활지도 • 영아행동관찰과 평가 • 영아감각 및 대소근육 발달 지도	• 장애이해 교육과 협력 • 장애 진단과 발달지체 영유아 선별 • 교육진단과 개별화 교육 프로그램 • 활동참여를 위한 보육과정 수정	• 아동발달의 특성 • 초등학교 교육과정의 이해 • 아동 일상생활지도 • 문제행동 수정과 지도	8
영유아교육	• 놀이를 통한 사회성발달 • 놀이를 통한 정서발달 • 놀이를 통한 언어발달 • 놀이를 통한 인지발달 • 교수매체 개발 및 활용방안 • 어린이집 표준보육과정 운영의 실제 • 놀이를 통함 감각탐색 및 신체발달	• 장애아 사회성지도 • 장애아 의사 소통지도 • 장애아 음악치료 • 장애아 미술치료 • 교수매체 개발 및 활용방안 • 어린이집 표준보육과정 운영과 개별화 교육의 실제	• 학습 및 과제지도 • 친구관계와 생활지도 • 아동언어교육 • 아동독서교육 • 아동예체능교육 • 초등학생을 위한 교수법 실제 • 어린이집 표준보육과정과 초등교육과정의 이해	12
영유아의 건강·영양 및 안전	• 영아 건강·안전관리(필수) • 영아 영양관리 및 식생활지도	• 장애아 건강·안전관리(필수) • 장애아 영양관리 및 식생활지도	• 초등학생 건강·안전관리 (필수) • 초등학생 영양관리 및 식생활지도	4
가족 및 지역사회 협력 등	• 영아 부모와의 의사 소통 실제 • 다양한 가정의 영아지원	• 장애아 가정에 대한 이해 • 장애아를 위한 지역사회 연계의 이해와 실제	• 학령기 부모상담 실제 • 방과후 아동을 위한 지역사회연계	4
보육사업 운영	• 영아보육교사의 역할과 자세(필수) • 어린이집 운영과 관리 • 보육정보 탐색	• 장애아보육교사의 역할과 자세(필수) • 어린이집 운영과 관리 • 보육정보 탐색	• 방과후보육교사의 역할과 자세(필수) • 어린이집 운영과 관리 • 보육정보 탐색	6
계	21과목	20과목	21과목	40

출처: 보건복지부(2016).

4 보수교육의 교육기관

보수교육 실시계획은 교육수요 및 예산배정 현황을 고려하여 수립하며, 시·도지사는 영유아보육법 제51조 및 시행령 제26조에 따라 관할 지역 보육교직원에 대한 보수교육을 실시하여야 한다. 따라서 매년 2월말까지 관할 지역의 교육수요를 파악하여 보수교육 실시계획을 수립하여야 한다. 보수교육의 수요는 관할 지역의 현직 교직원을 대상으로 파악하되, 승급교육의 경우 보육교사교육원의 보육교사 3급 양성과정을 수료하여 신규 배출되는 인원을 고려하여 파악하여야 한다. 시·도지사는 시·도 홈페이지 등을 통하여 자비부담 대상자에 대한 보수교육수요도 파악하여 반영하여야 하며, 승급교육 대상자에 대하여는 교육수요를 정확히 파악하여 승급교육을 받지 못하는 사례가 발생하지 않도록 조치하여야 한다.

연간 교육실시계획은 교육수요 및 예산배정 현황을 고려하여 수립하게 되는데, 다만 예산집행현황을 고려하여 추가 수요 발생 시에는 당초 계획을 변경하거나 추가교육계획을 수립할 수 있다. 시·도지사는 예산의 범위를 초과하여 보수교육수요가 발생할 경우 추가교육계획을 수립할 수 있으나, 이 경우 보수교육 비용을 지원하지 아니하고 교육생이 보수교육 비용의 자부담을 용인하는 조건으로 교육을 실시할 수 있다.

영유아보육법 제23조 행정권한의 위임 및 위탁에 관한 규정에 근거하여 보수교육을 대학(전문대학 포함), 보육교사교육원 등의 전문기관에 위탁하여 실시할 수 있다. 위탁이 가능한 전문기관은 다음과 같다.

① 대학(전문대학 포함) 또는 이와 동등 이상의 학교로 보육관련학과가 설치된 대학(전문대학)에 한함

② 법 제21조 제2항 제2호에 의한 보육교사 양성 교육훈련시설(보육교사 교육원)
③ 정부출연 연구기관 등의 설립·운영 및 육성에 관한 법률에 의하여 설립된 정부출연 연구기관
④ 보육관련 비영리 법인·단체
⑤ 육아종합지원센터

시·도지사는 수탁기관이 보조금을 목적 외의 용도에 사용한 경우, 보조금을 거짓이나 그 밖의 부정한 방법으로 교부받은 경우, 보수교육의 실시기준에 위반하여 보수교육을 실시한 경우, 교육자격 미달자에게 보수교육을 실시하고 수료증을 발급하거나, 교육수료 인정기준 미달자에게 수료증을 발급한 경우에는 시행규칙 제22조에 근거하여 보수교육 실시의 위탁을 취소할 수 있다(보건복지부, 2016).

5 보수교육 안내

시·도지사는 보수교육 대상자가 연간 보수교육 일정을 인지할 수 있도록 보수교육 실시 전문기관별 교육일정을 자체 홈페이지나 중앙 및 각 시·도 육아종합지원센터 등에 게시하여 연중 안내를 하며 보건복지부는 안내상황에 대해 점검을 실시한다. 당해 시·도에서 특별직무교육 대상자가 적어 보수교육과정을 설치·운영할 수 없을 경우에는 보건복지부에서 실시하는 온라인 특별직무교육을 받을 수 있도록 안내한다(보건복지부, 2016).

6 보수교육 평가

보수교육 실시 전문기관은 교육생을 대상으로 다음 기준에 따라 보수교육 이수 여부를 평가하여야 한다.

① 이수기준 : 해당 교육시간을 모두 출석한 경우에만 이수한 것으로 인정
② 본인·배우자의 직계가족 및 형제자매의 사망·사고 또는 결혼, 본인의 사고·질병 등으로 인한 결석의 경우에는 교육시간의 최대 10% 범위에서 출석한 것으로 인정하되, 출석을 인정받기 위해서는 반드시 관련서류(재적등본, 주민등록등본, 사망신고서, 진단서 등 사유서)를 제출
③ 승급교육은 출석시간을 충족하고 평가시험에서 80점 이상을 획득한 경우에 교육을 이수한 것으로 인정
④ 평가시험은 교과목당 3~5문제 이상 총 80문항 이상으로 출제하되, 1회에 한하여 재시험 가능

보수교육 실시 전문기관은 보수교육을 이수한 자에게 보수교육 수료증을 발급하여야 하고, 수료자 명단을 시·도지사에게 통보해야 한다. 그리고 보수교육실시에 관한 기록을 작성하여 작성한 날로부터 2년 동안 보관하여야 한다(보건복지부, 2016).

7 보수교육 비용 지원

현직 보육교직원이 직무교육 및 승급교육을 이수한 경우 예산의 범위 내에서 국가 및 지방자치단체에서 보수교육 비용을 지원하며, 예산의 범위를 초과한 보수교육 수요가 발생하여 교육생이 교육비용의 자비부담을 용인하는 조건으로 교육을 실시한 경우에는 교육비용의 일부 또는 전부를 지원하지 않을 수 있다.

교육비용을 자부담하는 조건으로 보수교육을 받는 자는 교육비용의 일부 또는 전부를 보수교육 실시 전문기관에 납부하여야 하며, 현직 보육교직원이 아닌 경우에는 교육비용을 지원할 수 없다. 교육생 1인당 보수교육의 비용 및 지원단가는 직무교육은 1인당 6만원(40시간 기준)이고 승급교육은 1인당 12만원(80시간 기준)이다.

보수교육 비용의 지원절차는 시·도지사 또는 시장·군수·구청장이 현직 교직원의 보수교육 비용을 보수교육 실시 전문기관에 지원하는 방법과 시·도지사 또는 시장·군수·구청장이 지역 여건에 따라 교육생에게 보수교육비를 교육기관에 선 납부하도록 하고, 보수교육을 이수한 경우에 교육비용을 환급하는 방법으로 지원할 수 있다.

보수교육기관의 귀책사유가 아닌 보수교육 대상자의 귀책사유로 미수료한 경우에는 교육비용을 보수교육기관에 지원할 수 있으며, 이때 보수교육기관은 미수료자 명단을 관할 시·도로 통보하여야 하며, 시·도에서는 보수교육 미수료자에 대하여는 별도의 제재 방안을 마련하여 시행한다. 보수교육 실시 전문기관은 당해 시·도 또는 시·군·구에 국고보조금신청서를 작성하여 제출하되, 교육 이수자 명단을 첨부하여 제출하여야 한다. 이 경우 보수교육 평가기준에 따라 보수교육을 이수한 것으로 인정할 수 없는 자에게는 교육비용을 환급할 수 없다.

시·도지사는 매년 3월말까지 보수교육 실시 전문기관 선정 현황을 서식에 따라 보건복지부장관에게 보고하며, 반기별로 보수교육 실시 현황 및 예산 집행현황 등도 보고하여야 한다(보건복지부, 2016).

PART Ⅳ

부 록

영유아보육법

[시행 2017.9.15.] [법률 제14597호, 2017.3.14., 일부개정]

보건복지부(보육정책과) 044-202-3541

제1장 총칙 <개정 2007.10.17.>

제1조(목적) 이 법은 영유아(영幼兒)의 심신을 보호하고 건전하게 교육하여 건강한 사회 구성원으로 육성함과 아울러 보호자의 경제적·사회적 활동이 원활하게 이루어지도록 함으로써 영유아 및 가정의 복지 증진에 이바지함을 목적으로 한다. 〈개정 2011.8.4.〉

[전문개정 2007.10.17.]

제2조(정의) 이 법에서 사용하는 용어의 뜻은 다음과 같다. 〈개정 2008.12.19., 2011.6.7.〉

1. "영유아"란 6세 미만의 취학 전 아동을 말한다.
2. "보육"이란 영유아를 건강하고 안전하게 보호·양육하고 영유아의 발달 특성에 맞는 교육을 제공하는 어린이집 및 가정양육 지원에 관한 사회복지서비스를 말한다.
3. "어린이집"이란 보호자의 위탁을 받아 영유아를 보육하는 기관을 말한다.
4. "보호자"란 친권자·후견인, 그 밖의 자로서 영유아를 사실상 보호하고 있는 자를 말한다.
5. "보육교직원"이란 어린이집 영유아의 보육, 건강관리 및 보호자와의 상담, 그 밖에 어린이집의 관리·운영 등의 업무를 담당하는 자로서

어린이집의 원장 및 보육교사와 그 밖의 직원을 말한다.
[전문개정 2007.10.17.]

제3조(보육 이념) ① 보육은 영유아의 이익을 최우선적으로 고려하여 제공되어야 한다.

② 보육은 영유아가 안전하고 쾌적한 환경에서 건강하게 성장할 수 있도록 하여야 한다.

③ 영유아는 자신이나 보호자의 성, 연령, 종교, 사회적 신분, 재산, 장애, 인종 및 출생지역 등에 따른 어떠한 종류의 차별도 받지 아니하고 보육되어야 한다. 〈개정 2011.8.4.〉

[전문개정 2007.10.17.]

제4조(책임) ① 모든 국민은 영유아를 건전하게 보육할 책임을 진다.

② 국가와 지방자치단체는 보호자와 더불어 영유아를 건전하게 보육할 책임을 지며, 이에 필요한 재원을 안정적으로 확보하도록 노력하여야 한다. 〈개정 2013.1.23.〉

③ 특별자치도지사·시장·군수·구청장(자치구의 구청장을 말한다. 이하 같다)은 영유아의 보육을 위한 적절한 어린이집을 확보하여야 한다. 〈개정 2011.6.7., 2011.8.4.〉

④ 국가와 지방자치단체는 보육교직원의 양성 및 근로여건 개선을 위하여 노력하여야 한다. 〈신설 2015.5.18.〉

[전문개정 2007.10.17.]

제5조(보육정책조정위원회) ① 보육정책에 관한 관계 부처 간의 의견을 조정하기 위하여 국무총리 소속으로 보육정책조정위원회(이하 "보육정책조정위원회"라 한다)를 둔다.

② 보육정책조정위원회는 다음 각 호의 사항을 심의·조정한다.

1. 보육정책의 기본 방향에 관한 사항
2. 보육 관련 제도개선과 예산지원에 관한 사항
3. 보육에 관한 관계 부처간 협조 사항
4. 그 밖에 위원장이 회의에 부치는 사항

③ 보육정책조정위원회는 위원장을 포함한 12명 이내의 위원으로 구성하되, 위원장은 국무조정실장이 되고 위원은 다음 각 호의 자가 된다. 〈개정 2008.2.29., 2010.1.18., 2010.6.4., 2011.6.7., 2013.3.23.〉

1. 기획재정부차관, 교육부차관, 보건복지부차관, 고용노동부차관 및 여성가족부차관
2. 제1호의 위원이 추천하여 위원장이 위촉하는 보육계·유아교육계·여성계·사회복지계·시민단체 및 보호자를 대표하는 자 각 1명

④ 보육정책조정위원회의 구성과 운영 등에 필요한 사항은 대통령령으로 정한다.

[전문개정 2007.10.17.]

제6조(보육정책위원회) ① 보육에 관한 각종 정책·사업·보육지도 및 어린이집 평가인증사항 등을 심의하기 위하여 보건복지부에 중앙보육정책위원회를, 특별시·광역시·도·특별자치도(이하 "시·도"라 한다) 및 시·군·구(자치구를 말한다. 이하 같다)에 지방보육정책위원회를 둔다. 다만, 지방보육정책위원회는 그 기능을 담당하기에 적합한 다른 위원회가 있고 그 위원회의 위원이 제2항에 따른 자격을 갖춘 경우에는 시·도 또는 시·군·구의 조례로 정하는 바에 따라 그 위원회가 지방보육정책위원회의 기능을 대신할 수 있다. 〈개정 2008.2.29., 2010.1.18., 2011.6.7.〉

② 제1항에 따른 중앙보육정책위원회와 지방보육정책위원회(이하 "보

육정책위원회"라 한다)의 위원은 보육전문가, 어린이집의 원장 및 보육교사 대표, 보호자 대표 또는 공익을 대표하는 자, 관계 공무원 등으로 구성한다. 〈개정 2011.6.7.〉

③ 보육정책위원회의 구성 · 기능 및 운영 등에 필요한 사항은 대통령령으로 정한다.

[전문개정 2007.10.17.]

제7조(육아종합지원센터) ① 영유아에게 제26조의2에 따른 시간제보육 서비스를 제공하거나 보육에 관한 정보의 수집 · 제공 및 상담을 위하여 보건복지부장관은 중앙육아종합지원센터를, 특별시장 · 광역시장 · 특별자치시장 · 도지사 · 특별자치도지사(이하 "시 · 도지사"라 한다) 및 시장 · 군수 · 구청장은 지방육아종합지원센터를 설치 · 운영하여야 한다. 이 경우 필요하다고 인정하는 경우에는 영아 · 장애아 보육 등에 관한 육아종합지원센터를 별도로 설치 · 운영할 수 있다. 〈개정 2008.2.29., 2010.1.18., 2013.6.4.〉

② 제1항에 따른 중앙육아종합지원센터와 지방육아종합지원센터(이하 "육아종합지원센터"라 한다)에는 육아종합지원센터의 장과 보육에 관한 정보를 제공하는 보육전문요원 및 보육교직원의 정서적 · 심리적 상담 등의 업무를 하는 상담전문요원 등을 둔다. 〈개정 2013.6.4., 2015.5.18.〉

③ 삭제 〈2011.8.4.〉

④ 육아종합지원센터의 설치 · 운영 및 기능, 육아종합지원센터의 장과 보육전문요원 및 상담전문요원의 자격 및 직무 등에 필요한 사항은 대통령령으로 정한다. 〈개정 2011.8.4., 2013.6.4., 2015.5.18.〉

[전문개정 2007.10.17.]

[제목개정 2013.6.4.]

제8조(보육개발원) ① 보건복지부장관은 보육에 관한 연구와 정보 제공, 프로그램 및 교재 개발, 평가척도 개발 및 보육교직원 연수 등의 업무를 위하여 보육개발원을 설치하거나 그 업무를 관련 연구기관 등에 위탁할 수 있다. 〈개정 2008.2.29., 2010.1.18., 2011.6.7.〉

② 제1항에 따른 보육개발원의 설치·운영 및 위탁 등에 필요한 사항은 대통령령으로 정한다.

[전문개정 2007.10.17.]

제9조(보육 실태 조사) ① 보건복지부장관은 이 법의 적절한 시행을 위하여 보육 실태 조사를 3년마다 하여야 한다. 〈개정 2008.2.29., 2010.1.18., 2011.6.7.〉

② 제1항에 따른 보육 실태 조사의 방법과 내용 등에 필요한 사항은 보건복지부령으로 정한다. 〈개정 2008.2.29., 2010.1.18.〉

[전문개정 2007.10.17.]

제9조의2(보호자 교육) ① 국가와 지방자치단체는 영유아의 보호자에게 영유아의 성장·양육방법, 보호자의 역할, 영유아의 인권 등에 대한 교육을 실시할 수 있다.

② 보건복지부장관 또는 지방자치단체의 장은 예산의 범위에서 제1항에 따른 교육에 필요한 비용을 보조할 수 있다.

③ 제1항에 따른 교육의 내용, 실시 방법 등에 필요한 사항은 보건복지부령으로 정한다.

[본조신설 2017.3.14.]

제2장 어린이집의 설치 <개정 2011.6.7.>

제10조(어린이집의 종류) 어린이집의 종류는 다음 각 호와 같다. 〈개정 2011.6.7., 2011.8.4., 2016.2.3., 2017.3.14.〉

1. 국공립어린이집: 국가나 지방자치단체가 설치·운영하는 어린이집
2. 사회복지법인어린이집: 「사회복지사업법」에 따른 사회복지법인(이하 "사회복지법인"이라 한다)이 설치·운영하는 어린이집
3. 법인·단체등어린이집: 각종 법인(사회복지법인을 제외한 비영리법인)이나 단체 등이 설치·운영하는 어린이집으로서 대통령령으로 정하는 어린이집
4. 직장어린이집: 사업주가 사업장의 근로자를 위하여 설치·운영하는 어린이집(국가나 지방자치단체의 장이 소속 공무원 및 국가나 지방자치단체의 장과 근로계약을 체결한 자로서 공무원이 아닌 자를 위하여 설치·운영하는 어린이집을 포함한다)
5. 가정어린이집: 개인이 가정이나 그에 준하는 곳에 설치·운영하는 어린이집
6. 협동어린이집: 보호자 또는 보호자와 보육교직원이 조합(영리를 목적으로 하지 아니하는 조합에 한정한다)을 결성하여 설치·운영하는 어린이집
7. 민간어린이집: 제1호부터 제6호까지의 규정에 해당하지 아니하는 어린이집

[전문개정 2007.10.17.]

[제목개정 2011.6.7.]

제11조(보육계획의 수립 및 시행) ① 보건복지부장관, 시·도지사 및 시장·군수·구청장은 보육사업을 원활하게 추진하기 위하여 보건복지부

장관의 경우에는 중앙보육정책위원회, 그 밖의 경우에는 각 지방보육정책위원회의 심의를 거쳐 어린이집 수급계획 등을 포함한 보육계획을 수립·시행하여야 한다. 이 경우 보육계획에는 국공립어린이집의 공급에 관한 계획 및 목표가 포함되어야 한다. 〈개정 2008.2.29., 2010.1.18., 2011.6.7., 2013.8.13.〉

② 보건복지부장관, 시·도지사 및 시장·군수·구청장은 제1항에 따른 보육계획의 수립·시행을 위하여 필요하면 어린이집, 보육 관련 법인·단체 등에 대하여 자료 제공 등의 협조를 요청할 수 있으며, 그 요청을 받은 어린이집과 보육 관련 법인·단체 등은 정당한 사유가 없으면 요청에 따라야 한다. 〈개정 2008.2.29., 2010.1.18., 2011.6.7.〉

③ 제1항에 따른 보육계획의 내용, 수립 시기 및 절차 등에 필요한 사항은 대통령령으로 정한다.

[전문개정 2007.10.17.]

제11조의2(어린이집 또는 어린이집용지 확보) 시·도지사, 시장·군수·구청장은 「도시개발법」, 「도시 및 주거환경정비법」, 「택지개발촉진법」, 「산업입지 및 개발에 관한 법률」 및 「공공주택 특별법」 등에 따라 시행하는 개발·정비·조성사업에 어린이집 또는 어린이집용지가 확보될 수 있도록 노력하여야 한다. 〈개정 2009.3.20., 2011.6.7., 2011.8.4., 2014.1.14., 2015.8.28.〉

[본조신설 2008.1.17.]

[제목개정 2011.6.7.]

제12조(국공립어린이집의 설치 등) ① 국가나 지방자치단체는 국공립어린이집을 설치·운영하여야 한다. 이 경우 국공립어린이집은 제11조의 보육계획에 따라 다음 각 호의 지역에 우선적으로 설치하여야 한다. 〈개정 2011.6.7., 2013.8.13., 2017.3.14.〉

1. 도시 저소득주민 밀집 주거지역 및 농어촌지역 등 취약지역
2. 삭제 〈2018.12.24.〉
3. 「산업입지 및 개발에 관한 법률」 제2조제8호에 따른 산업단지 지역

② 국가나 지방자치단체가 제1항에 따라 국공립어린이집을 설치할 경우 제6조제1항에 따른 지방보육정책위원회의 심의를 거쳐야 한다.

③ 국가나 지방자치단체는 「주택법」 제2조제3호에 따른 공동주택에 같은 법 제35조에 따라 설치되어야 하는 어린이집을 국공립어린이집으로 운영하여야 한다. 다만, 「공동주택관리법」 제2조제7호에 따른 입주자등의 과반수가 국공립어린이집으로의 운영에 찬성하지 아니하는 경우 등 대통령령으로 정하는 경우에는 그러하지 아니하다.

④ 제3항에 따라 국공립어린이집을 설치·운영하여야 하는 공동주택의 규모와 국공립어린이집의 설치·운영에 필요한 사항은 대통령령으로 정한다.

[전문개정 2007.10.17.]

[제목개정 2011.6.7.]

제13조(국공립어린이집 외의 어린이집의 설치) ① 국공립어린이집 외의 어린이집을 설치·운영하려는 자는 특별자치도지사·시장·군수·구청장의 인가를 받아야 한다. 인가받은 사항 중 중요 사항을 변경하려는 경우에도 또한 같다. 〈개정 2011.6.7., 2011.8.4.〉

② 제1항에 따라 어린이집의 설치인가를 받은 자는 어린이집 방문자 등이 볼 수 있는 곳에 어린이집 인가증을 게시하여야 한다. 〈신설 2011.8.4.〉

③ 제1항에 따른 인가에 필요한 사항은 보건복지부령으로 정한다. 〈개정 2008.2.29., 2010.1.18., 2011.8.4.〉

[전문개정 2007.10.17.]

[제목개정 2011.6.7.]

제14조(직장어린이집의 설치 등) ① 대통령령으로 정하는 일정 규모 이상의 사업장의 사업주는 직장어린이집을 설치하여야 한다. 다만, 사업장의 사업주가 직장어린이집을 단독으로 설치할 수 없을 때에는 사업주 공동으로 직장어린이집을 설치·운영하거나, 지역의 어린이집과 위탁계약을 맺어 근로자 자녀의 보육을 지원(이하 이 조에서 "위탁보육"이라 한다)하여야 한다. 〈개정 2011.6.7., 2014.5.20.〉

② 제1항 단서에 따라 사업장의 사업주가 위탁보육을 하는 경우에는 사업장 내 보육대상이 되는 근로자 자녀 중에서 위탁보육을 받는 근로자 자녀가 보건복지부령으로 정하는 일정 비율 이상이 되도록 하여야 한다. 〈개정 2008.2.29., 2010.1.18., 2011.6.7., 2014.5.20.〉

③ 제1항에 따른 어린이집의 설치 및 위탁보육에 필요한 사항은 보건복지부령으로 정한다. 〈신설 2014.5.20.〉

[전문개정 2007.10.17.]

[제목개정 2011.6.7.]

제14조의2(직장어린이집 설치의무 미이행 사업장 명단 공표 등) ① 보건복지부장관 및 대통령령으로 정하는 기관("조사기관"이라 한다. 이하 이 조에서 같다)의 장은 제14조에 따른 직장어린이집 설치 등 의무 이행에 관한 실태 조사를 매년 실시하여야 한다. 이 경우, 조사기관의 장은 실태 조사를 완료한 후 그 결과를 보건복지부장관에게 통보하여야 한다.

② 보건복지부장관은 제1항에 따른 실태조사 결과 직장어린이집 설치 등의 의무를 이행하지 아니한 사업장 및 실태조사에 불응한 사업장("미이행 사업장"이라 한다. 이하 이 조에서 같다)의 명단을 공표할 수 있다. 다만, 대통령령으로 정하는 사유가 있는 경우에는 그러하

지 아니하다. 〈개정 2014.5.20.〉

③ 제2항에 따른 명단 공표 여부를 심의하기 위하여 보건복지부에 직장어린이집명단공표심의위원회(이하 이 조에서 "위원회"라 한다)를 둔다. 이 경우 위원회의 위원은 위원장을 포함하여 5인 이상으로 구성하고 다음 각 호의 어느 하나에 해당하는 사람 중에서 보건복지부장관이 임명 또는 위촉한다. 〈개정 2014.5.20.〉

1. 보건복지부에서 보육정책을 담당하는 3급 공무원 또는 고위공무원단에 속하는 일반직 공무원
2. 변호사 등 법률 전문가
3. 근로자를 대표하는 사람
4. 사업주를 대표하는 사람
5. 공익을 대표하는 사람
6. 그 밖에 보육전문가 등 대통령령으로 정하는 사람

④ 보건복지부장관은 위원회의 심의를 거친 명단공표 대상 사업장의 사업주에게 대통령령으로 정하는 바에 따라 명단 공표 대상자임을 통지하여 소명기회를 주어야 한다.

⑤ 제2항에 따른 공표는 보건복지부·고용노동부의 홈페이지에 1년간 게시하고, 2개 이상 일간지에 게재하는 방법으로 한다. 〈개정 2014.5.20.〉

⑥ 제1항부터 제3항까지의 규정에 따른 직장어린이집 설치 등 의무 이행에 관한 실태 조사의 내용과 방법, 미이행 사업장 명단 공표와 관련하여 필요한 사항 및 위원회의 설치·운영 등에 필요한 사항은 대통령령으로 정한다.

[본조신설 2011.12.31.]

제15조(어린이집 설치기준) 어린이집을 설치·운영하려는 자는 보건복지부령으로 정하는 설치기준을 갖추어야 한다. 다만, 놀이터, 비상재해대

비시설 및 폐쇄회로 텔레비전의 설치와 관련된 사항은 각각 제15조의2부터 제15조의4까지에 따른다. 〈개정 2008.2.29., 2010.1.18., 2011.6.7., 2011.12.31., 2015.5.18.〉

[전문개정 2007.10.17.]

[제목개정 2011.6.7.]

제15조의2(놀이터 설치) ① 어린이집을 설치·운영하는 자는 놀이터를 설치하여야 하며 설치에 관한 기준은 보건복지부령으로 정한다. 다만, 다음 각 호의 어느 하나에 해당하는 어린이집은 그러하지 아니한다.

1. 보육 정원 50명 미만인 어린이집

2. 100미터 이내에 보건복지부령으로 정하는 기준을 충족하는 놀이터가 설치되어 있는 어린이집

② 제1항에도 불구하고 특별자치도지사·시장·군수·구청장은 제6조 제1항에 따른 지방보육정책위원회의 심의를 거쳐 2005년 1월 29일 이전에 인가받은 어린이집이 도심지 및 도서·벽지 등 지역의 여건상 놀이터를 설치하기 곤란한 경우로서 보육상 지장이 없다고 인정하는 경우에는 놀이터를 설치하지 아니하거나 놀이터 설치 기준을 완화하여 변경인가할 수 있다.

[본조신설 2011.6.7.]

제15조의3(비상재해대비시설) ① 어린이집을 설치·운영하는 자는 반드시 1층과 2층 이상 등 종류별 비상재해대비시설을 설치하여야 하며 설치에 관한 기준은 보건복지부령으로 정한다.

② 제1항에도 불구하고 특별자치도지사·시장·군수·구청장은 2009년 7월 3일 이전에 이미 인가받은 어린이집("기인가 어린이집"이라 한다. 이하 이 조에서 같다)이 비상재해 대비에 지장이 없다고 판단

할 경우 종전 인가당시 기준을 적용할 수 있다. 이 경우, 특별자치도지사 · 시장 · 군수 · 구청장은 기인가 어린이집이 비상재해 대비에 지장이 없는지 여부를 판단하기 위해 비상재해대비시설기준 심의위원회를 구성 · 운영하여야 하며 해당 위원회의 심의를 반드시 거쳐야 한다.

③ 제2항에 따른 비상재해대비시설기준 심의위원회의 위원은 5인 이상으로 하며 다음 각 호의 어느 하나에 해당하는 사람 중에서 특별자치도지사 · 시장 · 군수 · 구청장이 임명하거나 위촉한다. 이 경우 전체 위원의 2분의 1 이상은 제1호부터 제4호까지에 해당하는 사람으로 구성하여야 하며 위원장은 위원 중에서 호선한다.

1. 소방공무원
2. 소방기술사
3. 소방시설관리사
4. 「소방시설 설치 · 유지 및 안전관리에 관한 법률」 제4조의2에 따른 소방 · 방재 분야에 관한 전문지식을 갖춘 사람
5. 보육 관련 업무를 담당하는 공무원
6. 「고등교육법」 제2조에 따른 학교에 재직하고 있는 보육 관련 분야 교수

④ 위원의 임기, 운영 및 회의 등에 필요한 사항은 제6조에 따른 지방보육정책위원회 관련 규정을 준용한다.

[본조신설 2011.12.31.]

제15조의4(폐쇄회로 텔레비전의 설치 등) ① 어린이집을 설치 · 운영하는 자는 아동학대 방지 등 영유아의 안전과 어린이집의 보안을 위하여 「개인정보 보호법」 및 관련 법령에 따른 폐쇄회로 텔레비전(이하 "폐쇄회로 텔레비전"이라 한다)을 설치 · 관리하여야 한다. 다만, 다음 각

호의 어느 하나에 해당하는 경우에는 그러하지 아니하다.

1. 어린이집을 설치·운영하는 자가 보호자 전원의 동의를 받아 시장·군수·구청장에게 신고한 경우
2. 어린이집을 설치·운영하는 자가 보호자 및 보육교직원 전원의 동의를 받아 「개인정보 보호법」 및 관련 법령에 따른 네트워크 카메라를 설치한 경우

② 제1항에 따라 폐쇄회로 텔레비전을 설치·관리하는 자는 영유아 및 보육교직원 등 정보주체의 권리가 침해되지 아니하도록 다음 각 호의 사항을 준수하여야 한다.

1. 아동학대 방지 등 영유아의 안전과 어린이집의 보안을 위하여 최소한의 영상정보만을 적법하고 정당하게 수집하고, 목적 외의 용도로 활용하지 아니하도록 할 것
2. 영유아 및 보육교직원 등 정보주체의 권리가 침해받을 가능성과 그 위험 정도를 고려하여 영상정보를 안전하게 관리할 것
3. 영유아 및 보육교직원 등 정보주체의 사생활 침해를 최소화하는 방법으로 영상정보를 처리할 것

③ 어린이집을 설치·운영하는 자는 폐쇄회로 텔레비전에 기록된 영상정보를 60일 이상 보관하여야 한다.

④ 제1항에 따른 폐쇄회로 텔레비전의 설치·관리기준 및 동의 또는 신고의 방법·절차·요건, 제3항에 따른 영상정보의 보관기준 및 보관기간 등에 필요한 사항은 보건복지부령으로 정한다.

[본조신설 2015.5.18.]

제15조의5(영상정보의 열람금지 등) ① 폐쇄회로 텔레비전을 설치·관리하는 자는 다음 각 호의 어느 하나에 해당하는 경우를 제외하고는 제15조의4제1항의 영상정보를 열람하게 하여서는 아니 된다.

1. 보호자가 자녀 또는 보호아동의 안전을 확인할 목적으로 열람시기·절차 및 방법 등 보건복지부령으로 정하는 바에 따라 요청하는 경우
2. 「개인정보 보호법」 제2조제6호가목에 따른 공공기관이 제42조 또는 「아동복지법」 제66조 등 법령에서 정하는 영유아의 안전업무 수행을 위하여 요청하는 경우
3. 범죄의 수사와 공소의 제기 및 유지, 법원의 재판업무 수행을 위하여 필요한 경우
4. 그 밖에 보육관련 안전업무를 수행하는 기관으로서 보건복지부령으로 정하는 자가 업무의 수행을 위하여 열람시기·절차 및 방법 등 보건복지부령으로 정하는 바에 따라 요청하는 경우

② 어린이집을 설치·운영하는 자는 다음 각 호의 어느 하나에 해당하는 행위를 하여서는 아니 된다.

1. 제15조의4제1항의 설치 목적과 다른 목적으로 폐쇄회로 텔레비전을 임의로 조작하거나 다른 곳을 비추는 행위
2. 녹음기능을 사용하거나 보건복지부령으로 정하는 저장장치 이외의 장치 또는 기기에 영상정보를 저장하는 행위

③ 어린이집을 설치·운영하는 자는 제15조의4제1항의 영상정보가 분실·도난·유출·변조 또는 훼손되지 아니하도록 내부 관리계획의 수립, 접속기록 보관 등 대통령령으로 정하는 바에 따라 안전성 확보에 필요한 기술적·관리적 및 물리적 조치를 하여야 한다.

④ 국가 및 지방자치단체는 어린이집에 설치한 폐쇄회로 텔레비전의 설치·관리와 그 영상정보의 열람으로 영유아 및 보육교직원 등 정보주체의 권리가 침해되지 아니하도록 설치·관리 및 열람 실태를 보건복지부령으로 정하는 바에 따라 매년 1회 이상 조사·점검하여야 한다.

⑤ 폐쇄회로 텔레비전의 설치·관리와 그 영상정보의 열람에 관하여 이 법에서 규정된 것을 제외하고는 「개인정보 보호법」(제25조는 제외한다)을 적용한다.

[본조신설 2015.5.18.]

제16조(결격사유) 다음 각 호의 어느 하나에 해당하는 자는 어린이집을 설치·운영할 수 없다. 〈개정 2011.6.7., 2013.8.13., 2014.5.28., 2015.5.18.〉

1. 미성년자·피성년후견인 또는 피한정후견인
2. 「정신보건법」 제3조제1호의 정신질환자
3. 「마약류 관리에 관한 법률」 제2조제1호의 마약류에 중독된 자
4. 파산선고를 받고 복권되지 아니한 자
5. 금고 이상의 실형을 선고받고 그 집행이 종료(집행이 종료된 것으로 보는 경우를 포함한다)되거나 집행이 면제된 날부터 5년(「아동복지법」 제3조제7호의2에 따른 아동학대관련범죄를 저지른 경우에는 20년)이 경과되지 아니한 자
6. 금고 이상의 형의 집행유예를 선고받고 그 유예기간 중에 있는 사람. 다만, 「아동복지법」 제3조제7호의2에 따른 아동학대관련범죄로 금고 이상의 형의 집행유예를 선고받은 경우에는 그 집행유예가 확정된 날부터 20년이 지나지 아니한 사람
7. 제45조에 따라 어린이집의 폐쇄명령을 받고 5년이 경과되지 아니한 자
8. 제54조에 따라 300만원 이상의 벌금형이 확정된 날부터 2년이 지나지 아니한 사람 또는 「아동복지법」 제3조제7호의2에 따른 아동학대관련범죄로 벌금형이 확정된 날부터 10년이 지나지 아니한 사람
9. 제23조의3에 따른 교육명령을 이행하지 아니한 자

[전문개정 2007.10.17.]

제3장 보육교직원 <개정 2011.6.7.>

제17조(보육교직원의 배치) ① 어린이집에는 보육교직원을 두어야 한다. 〈개정 2011.6.7.〉

② 어린이집에는 보육교사의 업무 부담을 경감할 수 있도록 보조교사 등을 둔다. 〈신설 2015.5.18.〉

③ 휴가 또는 보수교육 등으로 보육교사의 업무에 공백이 생기는 경우에는 이를 대체할 수 있는 대체교사를 배치한다. 〈신설 2015.5.18.〉

④ 보육교직원 및 그 밖의 인력의 배치기준 등에 필요한 사항은 보건복지부령으로 정한다. 〈개정 2008.2.29., 2010.1.18., 2011.6.7., 2015.5.18.〉

[전문개정 2007.10.17.]

[제목개정 2011.6.7.]

제18조(보육교직원의 직무) ① 어린이집의 원장은 어린이집을 총괄하고 보육교사와 그 밖의 직원을 지도·감독하며 영유아를 보육한다. 〈개정 2011.6.7.〉

② 보육교사는 영유아를 보육하고 어린이집의 원장이 불가피한 사유로 직무를 수행할 수 없을 때에는 그 직무를 대행한다. 〈개정 2011.6.7.〉

[전문개정 2007.10.17.]

[제목개정 2011.6.7.]

제18조의2(보육교직원의 책무) ① 보육교직원은 영유아를 보육함에 있어 영유아에게 신체적 고통이나 고성·폭언 등의 정신적 고통을 가하여서는 아니 된다. 〈개정 2017.3.14.〉

② 보육교직원은 업무를 수행함에 있어 영유아의 생명·안전보호 및 위험방지를 위하여 주의의무를 다하여야 한다. 〈신설 2017.3.14.〉

[본조신설 2015.5.18.]

제19조(보육교직원의 임면 등) ① 특별자치도지사 · 시장 · 군수 · 구청장은 보육교직원의 권익 보장과 근로여건 개선을 위하여 보육교직원의 임면(任免)과 경력 등에 관한 사항을 관리하여야 한다. 〈개정 2011.6.7., 2011.8.4.〉

② 어린이집의 원장은 보건복지부령으로 정하는 바에 따라 보육교직원의 임면에 관한 사항을 특별자치도지사 · 시장 · 군수 · 구청장에게 보고하여야 한다. 〈개정 2008.2.29., 2010.1.18., 2011.6.7., 2011.8.4.〉

[전문개정 2007.10.17.]

[제목개정 2011.6.7.]

제20조(결격사유) 다음 각 호의 어느 하나에 해당하는 자는 어린이집에 근무할 수 없다. 〈개정 2011.6.7., 2013.8.13.〉

1. 제16조 각 호의 어느 하나에 해당하는 자
2. 제46조나 제47조에 따라 자격정지 중인 자
3. 제48조제1항에 따라 자격이 취소된 후 같은 조 제2항에 따른 자격 재교부 기한이 경과되지 아니한 자

[전문개정 2007.10.17.]

제21조(어린이집의 원장 또는 보육교사의 자격) ① 어린이집의 원장은 대통령령으로 정하는 자격을 가진 자로서 보건복지부장관이 검정 · 수여하는 자격증을 받은 자이어야 한다. 〈개정 2008.2.29., 2010.1.18., 2011.6.7.〉

② 보육교사는 다음 각 호의 어느 하나에 해당하는 자로서 보건복지부장관이 검정 · 수여하는 자격증을 받은 자이어야 한다. 〈개정 2008.1.17., 2008.2.29., 2010.1.18., 2011.8.4.〉

1. 「고등교육법」 제2조에 따른 학교에서 보건복지부령으로 정하는 보육 관련 교과목과 학점을 이수하고 전문학사학위 이상을 취득한 사람

1의2. 법령에 따라 「고등교육법」 제2조에 따른 학교를 졸업한 사람과 같은 수준 이상의 학력이 있다고 인정된 사람으로서 보건복지부령으로 정하는 보육 관련 교과목과 학점을 이수하고 전문학사학위 이상을 취득한 사람

2. 고등학교 또는 이와 같은 수준 이상의 학교를 졸업한 자로서 시·도지사가 지정한 교육훈련시설에서 소정의 교육과정을 이수한 사람

③ 제2항에 따른 보육교사의 등급은 1·2·3급으로 하고, 등급별 자격기준은 대통령령으로 정한다.

④ 제2항제2호에 따른 교육훈련시설의 지정 및 지정 취소, 교육과정 등에 필요한 사항은 보건복지부령으로 정한다. 〈신설 2011.8.4.〉

[전문개정 2007.10.17.]

[제목개정 2011.6.7.]

제22조(어린이집의 원장 또는 보육교사 자격증의 교부 등) ① 보건복지부장관은 제21조제1항 및 제2항에 따라 어린이집의 원장 또는 보육교사의 자격을 검정하고 자격증을 교부하여야 한다. 〈개정 2008.2.29., 2010.1.18., 2011.6.7.〉

② 보건복지부장관은 제1항에 따른 어린이집의 원장 또는 보육교사의 자격증을 교부받거나 재교부(이하 "보육자격증 교부등"이라 한다)를 받으려는 사람에게 보건복지부령으로 정하는 바에 따라 수수료를 받을 수 있다. 〈신설 2011.6.7.〉

③ 삭제 〈2011.8.4.〉

④ 삭제 〈2011.8.4.〉

⑤ 제51조의2제1항제2호에 따라 보육자격증 교부등에 관한 업무를 위탁받은 공공 또는 민간 기관·단체는 제2항에 따라 납부받은 수수료를 보건복지부장관의 승인을 받아 보육자격증 교부등에 필요한 경비에 직접 충당할 수 있다. 〈신설 2011.6.7., 2011.8.4.〉

⑥ 보육자격증 교부등에 필요한 사항은 보건복지부령으로 정한다. 〈개정 2008.2.29., 2010.1.18., 2011.6.7.〉

[전문개정 2007.10.17.]

[제목개정 2011.6.7.]

제22조의2(명의대여 등의 금지) 어린이집의 원장 또는 보육교사는 다른 사람에게 자기의 성명이나 어린이집의 명칭을 사용하여 어린이집의 원장 또는 보육교사의 업무를 수행하게 하거나 자격증을 대여하여서는 아니 된다. 〈개정 2011.6.7.〉

[전문개정 2007.10.17.]

제23조(어린이집 원장의 보수교육) ① 보건복지부장관은 어린이집 원장의 자질 향상을 위한 보수교육(補修敎育)을 실시하여야 한다. 이 경우 보수교육은 집합교육을 원칙으로 한다. 〈개정 2008.2.29., 2010.1.18., 2011.6.7., 2011.12.31., 2015.5.18.〉

② 제1항에 따른 보수교육은 사전직무교육과 직무교육으로 구분한다. 〈개정 2011.12.31.〉

③ 삭제 〈2011.8.4.〉

④ 제1항에 따른 보수교육에는 다음 각 호의 사항에 관한 내용을 포함하여야 한다. 〈신설 2015.5.18., 2015.12.29.〉

1. 성폭력 및 아동학대 예방

2. 실종 · 유괴의 예방과 방지
3. 감염병 및 약물의 오남용 예방 등 보건위생 관리
4. 재난대비 안전
5. 교통안전
6. 어린이집 원장의 인성함양(영유아의 인권보호 교육을 포함한다)
7. 그 밖에 보건복지부령으로 정하는 사항

⑤ 그 밖에 보수교육의 기간 · 방법 등에 필요한 사항은 보건복지부령으로 정한다. 〈개정 2008.2.29., 2010.1.18., 2011.8.4., 2015.5.18.〉

[전문개정 2007.10.17.]

[제목개정 2011.12.31.]

제23조의2(보육교사의 보수교육) ① 보건복지부장관은 보육교사의 자질 향상을 위한 보수교육(補修教育)을 실시하여야 한다. 이 경우 보수교육은 집합교육을 원칙으로 한다. 〈개정 2015.5.18.〉

② 제1항에 따른 보수교육은 직무교육과 승급교육으로 구분한다.

③ 제1항에 따른 보수교육에는 다음 각 호의 사항에 관한 내용을 포함하여야 한다. 〈신설 2015.5.18., 2015.12.29.〉

1. 성폭력 및 아동학대 예방
2. 실종 · 유괴의 예방과 방지
3. 감염병 및 약물의 오남용 예방 등 보건위생 관리
4. 재난대비 안전
5. 교통안전
6. 보육교사의 인성함양(영유아의 인권보호 교육을 포함한다)
7. 그 밖에 보건복지부령으로 정하는 사항

④ 그 밖에 보수교육의 기간 · 방법 등에 필요한 사항은 보건복지부령으로 정한다. 〈개정 2015.5.18.〉

[본조신설 2011.12.31.]

제23조의3(교육명령) ① 보건복지부장관은 「아동복지법」 제3조제7호의2에 따른 아동학대관련범죄를 저지른 사람이 제16조제5호부터 제8호까지의 결격사유 및 제20조제1호의 결격사유(제16조제5호부터 제8호까지의 결격사유에 해당하는 경우에 한정한다)에 해당하지 아니하게 되어 어린이집을 설치·운영하거나 어린이집에 근무하려는 경우에는 그 사람에 대하여 사전에 아동학대 방지를 위한 교육을 받도록 명하여야 한다. 이 경우 교육 실시에 드는 비용은 교육을 받는 사람이 부담한다. 〈개정 2015.5.18.〉

② 제1항에 따른 교육명령의 조치와 관련한 절차, 교육기관, 교육 방법·내용 등에 필요한 사항은 보건복지부령으로 정한다.

[본조신설 2013.8.13.]

제4장 어린이집의 운영 <개정 2011.6.7.>

제24조(어린이집의 운영기준 등) ① 어린이집을 설치·운영하는 자는 보건복지부령으로 정하는 운영기준에 따라 어린이집을 운영하여야 한다. 〈개정 2008.2.29., 2010.1.18., 2011.6.7.〉

② 국가나 지방자치단체는 제12조에 따라 설치된 국공립어린이집을 법인·단체 또는 개인에게 위탁하여 운영할 수 있다. 이 경우 최초 위탁은 보건복지부령으로 정하는 국공립어린이집 위탁체 선정관리 기준에 따라 심의하며, 다음 각 호의 어느 하나에 해당하는 자에게 위탁하는 경우를 제외하고는 공개경쟁의 방법에 따른다. 〈개정 2008.1.17., 2011.6.7., 2011.8.4.〉

1. 민간어린이집을 국가 또는 지방자치단체에 기부채납하여 국공립어린이집으로 전환하는 경우 기부채납 전에 그 어린이집을 설치·운영한 자
2. 국공립어린이집 설치 시 해당 부지 또는 건물을 국가 또는 지방자치단체에 기부채납하거나 무상으로 사용하게 한 자
3. 「주택법」에 따라 설치된 민간어린이집을 국공립어린이집으로 전환하는 경우 전환하기 전에 그 어린이집을 설치·운영한 자

③ 제14조에 따라 직장어린이집을 설치한 사업주는 이를 법인·단체 또는 개인에게 위탁하여 운영할 수 있다. 〈개정 2011.6.7.〉

④ 제2항과 제3항에 따른 어린이집 위탁 및 위탁 취소 등에 필요한 사항은 보건복지부령으로 정한다. 〈개정 2008.2.29., 2010.1.18., 2011.6.7., 2011.8.4.〉

[전문개정 2007.10.17.]

[제목개정 2011.6.7.]

제25조(어린이집운영위원회) ① 어린이집의 원장은 어린이집 운영의 자율성과 투명성을 높이고 지역사회와의 연계를 강화하여 지역 실정과 특성에 맞는 보육을 실시하기 위하여 어린이집에 어린이집운영위원회를 설치·운영할 수 있다. 다만, 제26조에 따른 취약보육(脆弱保育)을 우선적으로 실시하여야 하는 어린이집과 대통령령으로 정하는 어린이집은 어린이집운영위원회를 설치·운영하여야 한다. 〈개정 2011.6.7.〉

② 어린이집운영위원회는 그 어린이집의 원장, 보육교사 대표, 학부모 대표 및 지역사회 인사(직장어린이집의 경우에는 그 직장의 어린이집 업무 담당자로 한다)로 구성한다. 이 경우 학부모 대표가 2분의 1 이상이 되도록 구성하여야 한다. 〈개정 2011.6.7., 2015.5.18.〉

③ 어린이집의 원장은 어린이집운영위원회의 위원 정수를 5명 이상 10

명 이내의 범위에서 어린이집의 규모 등을 고려하여 정할 수 있다. 〈개정 2011.6.7.〉

④ 어린이집운영위원회는 다음 각 호의 사항을 심의한다. 〈개정 2011.6.7., 2011.8.4., 2013.8.13., 2015.5.18.〉

1. 어린이집 운영 규정의 제정이나 개정에 관한 사항
2. 어린이집 예산 및 결산의 보고에 관한 사항
3. 영유아의 건강·영양 및 안전에 관한 사항

   3의2. 아동학대 예방에 관한 사항
4. 보육 시간, 보육과정의 운영 방법 등 어린이집의 운영에 관한 사항
5. 보육교직원의 근무환경 개선에 관한 사항
6. 영유아의 보육환경 개선에 관한 사항
7. 어린이집과 지역사회의 협력에 관한 사항
8. 보육료 외의 필요경비를 받는 경우 제38조에 따른 범위에서 그 수납액 결정에 관한 사항
9. 그 밖에 어린이집 운영에 대한 제안 및 건의사항

⑤ 어린이집운영위원회는 연간 4회 이상 개최하여야 한다. 〈신설 2015.5.18.〉

⑥ 그 밖에 어린이집운영위원회의 설치·운영에 필요한 사항은 보건복지부령으로 정한다. 〈개정 2008.2.29., 2010.1.18., 2011.6.7., 2015.5.18.〉

[전문개정 2007.10.17.]

[제목개정 2011.6.7.]

제25조의2(부모모니터링단) ① 시·도지사 또는 시장·군수·구청장은 어린이집 보육환경을 모니터링하고 개선을 위한 컨설팅을 하기 위하여 부모, 보육·보건 전문가로 점검단(이하 이 조에서 "부모모니터링단"이라 한다)을 구성·운영할 수 있다.

② 부모모니터링단은 다음 각 호의 직무를 수행한다.

1. 어린이집 급식, 위생, 건강 및 안전관리 등 운영상황 모니터링
2. 어린이집 보육환경 개선을 위한 컨설팅
3. 그 밖에 보육 관련 사항으로서 보건복지부령으로 정하는 사항

③ 부모모니터링단은 10명 이내로 구성하며 시 · 도지사 또는 시장 · 군수 · 구청장이 위촉한다.

④ 시 · 도지사 및 시장 · 군수 · 구청장은 부모모니터링단으로 위촉된 사람에게 직무 수행에 필요한 교육을 실시할 수 있다.

⑤ 국가와 지방자치단체는 부모모니터링단의 구성 · 운영 및 교육 등에 필요한 비용의 전부 또는 일부를 예산의 범위에서 지원할 수 있다.

⑥ 부모모니터링단은 제2항 각 호의 직무를 수행하기 위하여 어린이집에 출입할 수 있으며, 이 경우 미리 시 · 도지사 또는 시장 · 군수 · 구청장의 승인을 받아야 한다.

⑦ 부모모니터링단이 제6항에 따른 승인을 받아 어린이집에 출입하는 경우에는 승인서와 신분을 표시하는 증표를 어린이집의 원장 등 관계자에게 내보여야 한다.

⑧ 부모모니터링단은 공무원이 제42조에 따라 어린이집 운영 상황을 조사하기 위하여 어린이집에 출입하는 경우에는 공무원과 함께 어린이집에 출입할 수 있다. 이 경우 시 · 도지사 또는 시장 · 군수 · 구청장의 승인을 생략할 수 있다.

⑨ 제1항부터 제8항까지에 따른 부모모니터링단의 구성 · 운영, 교육, 비용 지원 및 직무 수행 등에 필요한 세부사항은 보건복지부령으로 정한다.

[본조신설 2013.6.4.]

제25조의3(보호자의 어린이집 참관) ① 보호자는 영유아의 보육환경 · 보육내용 등 어린이집의 운영실태를 확인하기 위하여 어린이집 원장에

게 어린이집 참관을 요구할 수 있다. 이 경우 어린이집 원장은 특별한 사유가 없으면 이에 따라야 한다.

② 제1항에 따른 참관 기준 및 방법 등에 필요한 사항은 보건복지부령으로 정한다.

[본조신설 2015.5.18.]

제26조(취약보육의 우선 실시 등) ① 국가나 지방자치단체, 사회복지법인, 그 밖의 비영리법인이 설치한 어린이집과 대통령령으로 정하는 어린이집의 원장은 영아·장애아·「다문화가족지원법」 제2조제1호에 따른 다문화가족의 아동 등에 대한 보육(이하 "취약보육"이라 한다)을 우선적으로 실시하여야 한다. 〈개정 2008.12.19., 2011.6.7.〉

② 보건복지부장관, 시·도지사 및 시장·군수·구청장은 취약보육을 활성화하는 데에 필요한 각종 시책을 수립·시행하여야 한다. 〈개정 2008.2.29., 2010.1.18.〉

③ 취약보육의 종류와 실시 등에 필요한 사항은 보건복지부령으로 정한다. 〈개정 2008.2.29., 2010.1.18.〉

[전문개정 2007.10.17.]

제26조의2(시간제보육 서비스) ① 국가 또는 지방자치단체는 제34조에 따른 무상보육 및 「유아교육법」 제24조에 따른 무상교육 지원을 받지 아니하는 영유아에 대하여 필요한 경우 시간제보육 서비스를 지원할 수 있다. 이 경우 시간제보육 서비스의 종류, 지원대상, 지원방법, 그 밖에 시간제보육 서비스의 제공에 필요한 사항은 보건복지부령으로 정한다.

② 특별자치시장·특별자치도지사·시장·군수·구청장은 다음 각 호의 어느 하나에 해당하는 시설을 시간제보육 서비스를 제공하는 기관(이하 이 조에서 "시간제보육서비스지정기관"이라 한다)으로 지정할

수 있다.

1. 육아종합지원센터
2. 어린이집
3. 그 밖에 시간제보육 서비스의 제공이 가능한 시설로서 보건복지부령으로 정하는 시설

③ 보건복지부장관, 시·도지사 또는 시장·군수·구청장은 시간제보육서비스지정기관에 예산의 범위에서 시간제보육 서비스의 제공에 필요한 비용을 보조할 수 있다.

④ 시장·군수·구청장은 시간제보육서비스지정기관이 다음 각 호의 어느 하나에 해당하는 경우에는 제2항에 따른 지정을 취소할 수 있다.

1. 시간제보육서비스지정기관이 지급받은 보조금 및 비용을 목적 외의 용도에 사용하였을 경우
2. 시간제보육서비스지정기관이 거짓이나 그 밖의 부정한 방법으로 보조금 및 비용을 지급받았을 경우
3. 그 밖에 대통령령령으로 정하는 사유가 있는 경우

⑤ 시간제보육서비스지정기관의 안전사고 예방 및 사고에 따른 영유아 생명·신체 등의 피해 보상에 관하여는 제31조의2를 준용한다. 이 경우 "어린이집"은 "시간제보육서비스지정기관"으로, "어린이집의 원장"은 "시간제보육서비스지정기관의 장"으로 본다.

[본조신설 2013.6.4.]

제27조(어린이집 이용대상) 어린이집의 이용대상은 보육이 필요한 영유아를 원칙으로 한다. 다만, 필요한 경우 어린이집의 원장은 만 12세까지 연장하여 보육할 수 있다. 〈개정 2011.6.7.〉

[전문개정 2007.10.17.]

[제목개정 2011.6.7.]

제28조(보육의 우선 제공) ① 국가나 지방자치단체, 사회복지법인, 그 밖의 비영리법인이 설치한 어린이집과 대통령령으로 정하는 어린이집의 원장은 다음 각 호의 어느 하나에 해당하는 자가 우선적으로 어린이집을 이용할 수 있도록 하여야 한다. 다만, 「고용정책 기본법」 제40조제2항에 따라 고용촉진시설의 설치·운영을 위탁받은 공공단체 또는 비영리법인이 설치·운영하는 어린이집의 원장은 근로자의 자녀가 우선적으로 어린이집을 이용하게 할 수 있다. 〈개정 2007.10.17., 2008.2.29., 2009.10.9., 2010.1.18., 2011.6.7., 2013.8.13., 2016.2.3., 2017.3.14.〉

1. 「국민기초생활 보장법」에 따른 수급자
2. 「한부모가족지원법」 제5조에 따른 보호대상자의 자녀
3. 「국민기초생활 보장법」 제24조에 따른 차상위계층의 자녀
4. 「장애인복지법」 제2조에 따른 장애인 중 보건복지부령으로 정하는 장애등급 이상에 해당하는 자의 자녀
5. 「다문화가족지원법」 제2조제1호에 따른 다문화가족의 자녀
6. 「국가유공자 등 예우 및 지원에 관한 법률」 제4조제1항에 따른 국가유공자 중 제3호의 전몰군경, 제4호·제6호·제12호·제15호·제17호의 상이자로서 보건복지부령으로 정하는 자, 제5호·제14호·제16호의 순직자의 자녀
7. 제1형 당뇨를 가진 경우로서 의학적 조치가 용이하고 일상생활이 가능하여 보육에 지장이 없는 영유아
8. 그 밖에 소득수준 및 보육수요 등을 고려하여 보건복지부령으로 정하는 자의 자녀

② 사업주는 사업장 근로자의 자녀가 우선적으로 직장어린이집을 이용할 수 있도록 하여야 한다. 〈개정 2011.6.7.〉

③ 제1항에 따른 보육의 우선제공 대상에 대한 적용 방법·기준 등에 필요한 사항은 보건복지부령으로 정한다. 〈신설 2017.3.14.〉

[전문개정 2007.10.17.]

제28조(보육의 우선 제공) ① 국가나 지방자치단체, 사회복지법인, 그 밖의 비영리법인이 설치한 어린이집과 대통령령으로 정하는 어린이집의 원장은 다음 각 호의 어느 하나에 해당하는 자가 우선적으로 어린이집을 이용할 수 있도록 하여야 한다. 다만, 「고용정책 기본법」 제40조제2항에 따라 고용촉진시설의 설치 · 운영을 위탁받은 공공단체 또는 비영리법인이 설치 · 운영하는 어린이집의 원장은 근로자의 자녀가 우선적으로 어린이집을 이용하게 할 수 있다. 〈개정 2007.10.17., 2008.2.29., 2009.10.9., 2010.1.18., 2011.6.7., 2013.8.13., 2016.2.3., 2017.3.14., 2017.12.19.〉

1. 「국민기초생활 보장법」에 따른 수급자
2. 「한부모가족지원법」 제5조에 따른 보호대상자의 자녀
3. 「국민기초생활 보장법」 제24조에 따른 차상위계층의 자녀
4. 「장애인복지법」 제2조에 따른 장애인 중 보건복지부령으로 정하는 장애 정도에 해당하는 자의 자녀
5. 「다문화가족지원법」 제2조제1호에 따른 다문화가족의 자녀
6. 「국가유공자 등 예우 및 지원에 관한 법률」 제4조제1항에 따른 국가유공자 중 제3호의 전몰군경, 제4호 · 제6호 · 제12호 · 제15호 · 제17호의 상이자로서 보건복지부령으로 정하는 자, 제5호 · 제14호 · 제16호의 순직자의 자녀
7. 제1형 당뇨를 가진 경우로서 의학적 조치가 용이하고 일상생활이 가능하여 보육에 지장이 없는 영유아
8. 그 밖에 소득수준 및 보육수요 등을 고려하여 보건복지부령으로 정하는 자의 자녀

② 사업주는 사업장 근로자의 자녀가 우선적으로 직장어린이집을 이용할 수 있도록 하여야 한다. 〈개정 2011.6.7.〉

③ 제1항에 따른 보육의 우선제공 대상에 대한 적용 방법·기준 등에 필요한 사항은 보건복지부령으로 정한다. 〈신설 2017.3.14.〉

[전문개정 2007.10.17.]

[시행일: 2019.7.1.] 제28조

제29조(보육과정) ① 보육과정은 영유아의 신체·정서·언어·사회성 및 인지적 발달을 도모할 수 있는 내용을 포함하여야 한다.

② 보건복지부장관은 표준보육과정을 개발·보급하여야 하며 필요하면 그 내용을 검토하여 수정·보완하여야 한다. 〈개정 2008.2.29., 2010.1.18.〉

③ 어린이집의 원장은 제2항의 표준보육과정에 따라 영유아를 보육하도록 노력하여야 한다. 〈개정 2011.6.7.〉

④ 어린이집의 원장은 보호자의 동의를 받아 일정 연령 이상의 영유아에게 보건복지부령으로 정하는 특정한 시간대에 한정하여 보육과정 외에 어린이집 내외에서 이루어지는 특별활동프로그램(이하 "특별활동"이라 한다)을 실시할 수 있다. 이 경우 어린이집의 원장은 특별활동에 참여하지 아니하는 영유아를 위하여 특별활동을 대체할 수 있는 프로그램을 함께 마련하여야 한다. 〈신설 2013.8.13.〉

⑤ 제1항에 따른 보육과정, 제4항에 따른 특별활동 대상 영유아의 연령 및 특별활동의 내용 등에 필요한 사항은 보건복지부령으로 정한다. 〈개정 2008.2.29., 2010.1.18., 2013.8.13.〉

[전문개정 2007.10.17.]

제29조의2(어린이집 생활기록) 어린이집의 원장은 영유아 생활지도 및 초등학교 교육과의 연계 지도에 활용할 수 있도록 영유아의 발달상황 등을 종합적으로 관찰·평가하여 보건복지부장관이 정하는 기준에 따라 생활기록부를 작성·관리하여야 한다. 〈개정 2008.2.29., 2010.1.18., 2011.6.7.〉

[전문개정 2007.10.17.]

[제목개정 2011.6.7.]

제30조(어린이집 평가인증) ① 보건복지부장관은 보육서비스의 질적 수준을 향상시키기 위하여 어린이집 설치·운영자의 신청에 따라 어린이집의 보육환경, 보육과정 운영 및 보육인력의 전문성 등을 평가하여 해당 어린이집에 대한 평가인증을 실시할 수 있다. 〈개정 2011.8.4.〉

② 보건복지부장관은 제1항에 따른 평가인증을 받으려는 어린이집 설치·운영자에게 보건복지부령으로 정하는 바에 따라 평가인증에 필요한 비용을 받을 수 있다.

③ 보건복지부장관은 제1항에 따른 평가인증의 결과에 따라 보육사업 실시에 필요한 지원을 할 수 있다.

④ 보건복지부장관은 제1항에 따른 어린이집 평가인증의 결과를 보건복지부령으로 정하는 바에 따라 공표할 수 있다. 〈개정 2011.8.4.〉

⑤ 보건복지부장관은 제1항에 따라 평가인증을 받은 어린이집의 설치·운영자가 다음 각 호의 어느 하나에 해당하는 경우에는 그 평가인증을 취소할 수 있다. 다만, 제1호에 해당하는 경우에는 그 인증을 취소하여야 한다. 〈개정 2011.8.4.〉

1. 거짓이나 그 밖의 부정한 방법으로 평가인증을 받은 경우
2. 어린이집의 설치·운영자가 이 법을 위반하여 금고 이상의 형을 선고받고 그 형이 확정된 경우
3. 제40조제2호 또는 제3호에 따라 보조금의 반환명령을 받았거나, 제45조 또는 제46조부터 제48조까지의 규정에 따른 행정처분을 받은 경우(시정명령을 받은 경우는 제외한다)
4. 그 밖에 평가인증을 유지하기 어렵다고 인정되는 경우로서 보건복지부령으로 정하는 경우

⑥ 제51조의2제1항제4호에 따라 평가인증에 관한 업무를 위탁받은 공공 또는 민간 기관 · 단체는 제2항에 따라 납부받은 수수료를 보건복지부장관의 승인을 받아 평가인증에 필요한 경비에 직접 충당할 수 있다. 〈개정 2011.8.4.〉

⑦ 제1항에 따른 어린이집 평가인증의 실시 및 유효기간 등에 필요한 사항은 보건복지부령으로 정한다. 〈개정 2011.8.4.〉

[전문개정 2011.6.7.]

제5장 건강·영양 및 안전

제31조(건강관리 및 응급조치) ① 어린이집의 원장은 영유아와 보육교직원에 대하여 정기적으로 건강진단을 실시하고, 영유아의 건강진단 실시 여부를 제29조의2에 따른 어린이집 생활기록부에 기록하여 관리하는 등 건강관리를 하여야 한다. 다만, 보호자가 별도로 건강검진을 실시하고 그 검진결과 통보서를 제출한 영유아에 대해서는 건강진단을 생략할 수 있다. 〈개정 2011.6.7., 2017.3.14.〉

② 어린이집의 원장은 영유아에게 질병 · 사고 또는 재해 등으로 인하여 위급 상태가 발생한 경우 즉시 응급의료기관에 이송하여야 한다. 〈개정 2011.6.7.〉

③ 제1항에 따른 건강진단의 구체적인 기준과 내용 등 필요한 사항은 보건복지부령으로 정한다. 〈개정 2008.2.29., 2010.1.18., 2017.3.14.〉

[전문개정 2007.10.17.]

제31조의2(어린이집 안전공제사업 등) ① 어린이집 상호 간의 협동조직을 통하여 어린이집의 안전사고를 예방하고 어린이집 안전사고로 인하여

생명·신체 또는 재산상의 피해를 입은 영유아 및 보육교직원 등에 대한 보상을 하기 위하여 보건복지부장관의 허가를 받아 어린이집 안전공제사업(이하 "공제사업"이라 한다)을 할 수 있다. 〈개정 2010.1.18., 2011.6.7., 2011.8.4.〉

② 공제사업을 위하여 설립되는 어린이집 안전공제회(이하 "공제회"라 한다)는 법인으로 하며, 주된 사무소의 소재지에 설립등기를 함으로써 성립한다. 〈개정 2011.6.7.〉

③ 어린이집의 원장은 공제회의 가입자가 된다. 〈개정 2011.8.4.〉

④ 공제회에 가입한 어린이집의 원장은 공제사업의 수행에 필요한 출자금과 다음 각 호의 공제료 등을 공제회에 납부하여야 한다. 다만, 제2호와 제3호의 공제료는 어린이집의 원장이 선택하여 납부할 수 있다. 〈신설 2011.8.4.〉

1. 영유아의 생명·신체에 대한 피해를 보상하기 위한 공제료
2. 보육교직원 등의 생명·신체에 대한 피해를 보상하기 위한 공제료
3. 어린이집의 재산상의 피해를 보상하기 위한 공제료

⑤ 공제회의 기본재산은 회원의 출자금 등으로 조성한다. 다만, 보건복지부장관은 공제회의 주된 사무소의 설치 및 운영에 필요한 비용의 일부를 지원할 수 있다. 〈개정 2010.1.18., 2011.8.4.〉

⑥ 공제회의 회원자격, 임원에 관한 사항 및 출자금의 부담기준에 관한 사항은 정관으로 정한다. 〈개정 2011.8.4.〉

⑦ 공제회의 설립허가 기준 및 절차, 정관기재사항, 운영 및 감독 등에 관하여 필요한 사항은 대통령령으로 정한다. 〈개정 2011.8.4.〉

⑧ 공제회는 공제사업의 범위, 공제료, 공제사업에 충당하기 위한 책임준비금 등 공제사업의 운영에 관하여 필요한 사항을 포함한 공제규정을 정하여 보건복지부장관의 허가를 받아야 한다. 공제규정을 변경하고자 하는 때에도 또한 같다. 〈개정 2010.1.18., 2011.8.4.〉

⑨ 공제회에 관하여 이 법에 규정된 것을 제외하고는 「민법」중 재단법인에 관한 규정을 준용한다. 〈개정 2011.8.4.〉

⑩ 이 법에 따른 공제회의 사업에 대하여는 「보험업법」을 적용하지 아니한다. 〈개정 2011.8.4.〉

⑪ 어린이집의 원장이 제4항제3호의 공제료를 납부하는 경우 「사회복지사업법」 제34조의3에 따른 보험가입의무를 이행한 것으로 본다. 〈신설 2011.8.4.〉

[본조신설 2008.12.19.]

[제목개정 2011.6.7.]

제31조의3(예방접종 여부의 확인) ① 어린이집의 원장은 영유아에 대하여 매년 정기적으로 「감염병의 예방 및 관리에 관한 법률」 제33조의2에 따른 예방접종통합관리시스템을 활용하여 영유아의 예방접종에 관한 사실을 확인하여야 한다. 다만, 영유아에 대하여 최초로 보육을 실시하는 경우에는 보육을 실시한 날부터 30일 이내에 확인하여야 한다.

② 어린이집의 원장은 제1항에 따른 확인 결과 예방접종을 받지 아니한 영유아에게는 필요한 예방접종을 받도록 보호자를 지도할 수 있으며, 필요한 경우 관할 보건소장에게 예방접종 지원 등의 협조를 요청할 수 있다.

③ 어린이집의 원장은 영유아의 예방접종 여부 확인 및 관리를 위하여 제29조의2에 따른 어린이집 생활기록에 예방접종 여부 및 내역에 관한 사항을 기록하여 관리하여야 한다.

[본조신설 2011.8.4.]

제32조(치료 및 예방조치) ① 어린이집의 원장은 제31조에 따른 건강진단

결과 질병에 감염되었거나 감염될 우려가 있는 영유아에 대하여 그 보호자와 협의하여 질병의 치료와 예방에 필요한 조치를 하여야 한다. 〈개정 2011.6.7.〉

② 어린이집의 원장은 제31조에 따른 건강진단의 결과나 그 밖에 의사의 진단 결과 감염병에 감염 또는 감염된 것으로 의심되거나 감염될 우려가 있는 영유아, 어린이집 거주자 및 보육교직원을 보건복지부령으로 정하는 바에 따라 어린이집으로부터 격리시키는 등 필요한 조치를 할 수 있다. 〈신설 2011.8.4.〉

③ 어린이집의 원장은 제1항의 조치를 위하여 필요하면 「지역보건법」 제10조와 제13조에 따른 보건소 및 보건지소, 「의료법」 제3조에 따른 의료기관에 협조를 구할 수 있다. 〈개정 2011.6.7., 2011.8.4., 2015.5.18.〉

④ 제2항에 따라 협조를 요청받은 보건소·보건지소 및 의료기관의 장은 적절한 조치를 취하여야 한다. 〈개정 2011.8.4.〉

⑤ 어린이집의 원장은 간호사(간호조무사를 포함한다)로 하여금 영유아가 의사의 처방, 지시에 따라 투약행위를 할 때 이를 보조하게 할 수 있다. 이 경우 어린이집의 원장은 보호자의 동의를 받아야 한다. 〈신설 2016.2.3.〉

[전문개정 2007.10.17.]

제33조(급식 관리) 어린이집의 원장은 영유아에게 보건복지부령으로 정하는 바에 따라 균형 있고 위생적이며 안전한 급식을 하여야 한다. 〈개정 2008.2.29., 2010.1.18., 2011.6.7.〉

[전문개정 2007.10.17.]

제33조의2(어린이집 차량안전관리) 어린이집의 원장은 영유아의 통학을

위하여 차량을 운영하는 경우「도로교통법」제52조에 따라 미리 어린이통학버스로 관할 경찰서장에게 신고하여야 한다.

[본조신설 2013.8.13.]

제6장 비용

제34조(무상보육) ① 국가와 지방자치단체는 영유아에 대한 보육을 무상으로 하되, 그 내용 및 범위는 대통령령으로 정한다.

② 국가와 지방자치단체는 장애아 및「다문화가족지원법」제2조제1호에 따른 다문화가족의 자녀의 무상보육에 대하여는 대통령령으로 정하는 바에 따라 그 대상의 여건과 특성을 고려하여 지원할 수 있다.

③ 제1항에 따른 무상보육 실시에 드는 비용은 대통령령으로 정하는 바에 따라 국가나 지방자치단체가 부담하거나 보조하여야 한다.

④ 보건복지부장관은 어린이집 표준보육비용 등을 조사하고 그 결과를 바탕으로 예산의 범위에서 관계 행정기관의 장과 협의하여 제3항에 따른 국가 및 지방자치단체가 부담하는 비용을 정할 수 있다.

⑤ 국가와 지방자치단체는 자녀가 2명 이상인 경우에 대하여 추가적으로 지원할 수 있다.

⑥ 제12조제1항 후단에도 불구하고 국가와 지방자치단체는 제1항 및 제2항에 따른 무상보육을 받으려는 영유아와 장애아 및 다문화가족의 자녀를 보육하기 위하여 필요한 어린이집을 설치·운영하여야 한다.

[전문개정 2013.1.23.]

제34조의2(양육수당) ① 국가와 지방자치단체는 어린이집이나「유아교육

법」 제2조에 따른 유치원을 이용하지 아니하는 영유아에 대하여 영유아의 연령을 고려하여 양육에 필요한 비용을 지원할 수 있다. 〈개정 2011.6.7.〉

② 제1항에 따른 영유아가 제26조의2에 따른 시간제보육 서비스를 이용하는 경우에도 그 영유아에 대하여는 제1항에 따른 양육에 필요한 비용을 지원할 수 있다. 〈신설 2013.6.4.〉

③ 국가와 지방자치단체는 제1항에 따라 양육에 필요한 비용을 지원받는 영유아가 90일 이상 지속하여 해외에 체류하는 경우에는 그 기간 동안 양육에 필요한 비용의 지원을 정지한다. 〈신설 2015.5.18.〉

④ 보건복지부장관 및 지방자치단체의 장은 제3항에 따라 양육수당의 지급을 정지하는 경우 서면으로 그 이유를 분명하게 밝혀 영유아의 보호자에게 통지하여야 한다. 〈신설 2015.5.18.〉

⑤ 제1항에 따른 비용 지원의 대상·기준 등에 대하여 필요한 사항은 대통령령으로 정한다. 〈개정 2013.6.4., 2015.5.18.〉

[본조신설 2008.12.19.]

제34조의3(보육서비스 이용권) ① 국가와 지방자치단체는 제34조 및 제34조의2에 따른 비용 지원을 위하여 보육서비스 이용권(이하 "이용권"이라 한다)을 영유아의 보호자에게 지급할 수 있다. 〈개정 2011.6.7., 2011.8.4., 2013.1.23.〉

② 삭제 〈2011.8.4.〉

③ 이용권의 지급 및 이용 절차 등에 관하여 필요한 사항은 보건복지부령으로 정한다. 〈개정 2010.1.18., 2011.8.4.〉

[본조신설 2008.12.19.]

제34조의4(비용 지원의 신청) ① 영유아의 보호자는 제34조 및 제34조의2

에 따른 비용의 지원을 신청할 수 있다. 〈개정 2011.6.7., 2013.1.23.〉

② 삭제 〈개정 2018.12.24〉

③ 제1항에 따른 비용 지원의 신청 방법 및 절차는 보건복지부령으로 정한다. 〈개정 2011.8.4.〉

[본조신설 2008.12.19.]

제34조의5(조사 · 질문) ① 보건복지부장관 또는 지방자치단체의 장은 제34조의4제1항에 따른 신청자 및 지원이 확정된 자에 대하여 비용 지원 대상 자격확인을 위하여 필요한 서류나 그 밖의 소득활동, 가족관계 등에 관한 자료의 제출을 요구할 수 있으며, 소속 공무원으로 하여금 비용 지원 신청자 및 지원이 확정된 자의 주거, 그 밖의 필요한 장소에 방문하여 서류 등을 조사하게 하거나 관계인에게 필요한 질문을 하게 할 수 있다. 〈개정 2010.1.18., 2016.2.3.〉

② 보건복지부장관 또는 지방자치단체의 장은 제1항에 따른 조사 또는 비용 지원사업을 수행하기 위하여 필요한 국세 · 지방세 · 건강보험 · 국민연금 · 고용보험 · 산재보험 등에 관한 자료의 제공을 관계 기관의 장에게 요청할 수 있다. 이 경우 자료의 제공을 요청받은 관계 기관의 장은 특별한 사유가 없는 한 이에 응하여야 한다. 〈개정 2010.1.18.〉

③ 제1항에 따라 방문 · 조사 · 질문을 하는 자는 그 권한을 표시하는 증표 및 조사기간, 조사범위, 조사담당자, 관계 법령 등이 기재된 서류를 지니고 이를 관계인에게 내보여야 한다. 〈개정 2016.2.3.〉

④ 보건복지부장관 또는 지방자치단체의 장은 비용 지원 신청자 또는 지원이 확정된 자가 제1항에 따른 서류 또는 자료의 제출을 거부하거나 조사 · 질문을 거부 · 방해 또는 기피하는 경우에는 비용 지원의 신청을 각하하거나 지원결정을 취소 · 중지 또는 변경할 수 있

다. 〈개정 2010.1.18.〉

⑤ 제1항에 따른 조사·질문의 범위·시기 및 내용에 관하여 필요한 사항은 보건복지부령으로 정한다. 〈개정 2010.1.18.〉

⑥ 보육비용 지원대상에 대한 주민등록 주소지 등을 파악하기 위하여 「전자정부법」 제36조제1항에 따라 행정정보를 공동이용할 수 있다. 〈개정 2010.2.4.〉

⑦ 제1항에 따른 조사 또는 질문의 내용·절차·방법 등에 관하여는 이 법에서 정하는 사항을 제외하고는 「행정조사기본법」에서 정하는 바에 따른다. 〈신설 2016.2.3.〉

[본조신설 2008.12.19.]

제34조의6(금융정보 등의 제공) 삭제 〈2018.12.24〉

제34조의7(비용 지원 신청 관련 정보의 고지) ① 보건복지부장관 또는 지방자치단체의 장은 영유아의 보호자에게 제34조의4에 따른 비용 지원의 신청과 관련한 정보를 서면 등의 방식으로 고지하여야 한다.

② 제1항에 따른 고지의 방식·시기·내용 및 절차 등에 필요한 사항은 보건복지부령으로 정한다.

[본조신설 2015.5.18.]

제35조 삭제 〈2013.1.23.〉

제36조(비용의 보조 등) 국가나 지방자치단체는 대통령령으로 정하는 바에 따라 제10조에 따른 어린이집의 설치, 보육교사(대체교사를 포함한다)의 인건비, 초과보육(超過保育)에 드는 비용 등 운영 경비 또는 지방육아종합지원센터의 설치·운영, 보육교직원의 복지 증진, 취약보육의

실시 등 보육사업에 드는 비용, 제15조의4에 따른 폐쇄회로 텔레비전 설치비의 전부 또는 일부를 보조한다. 〈개정 2011.6.7., 2011.8.4., 2013.6.4., 2015.5.18.〉

[전문개정 2007.10.17.]

제37조(사업주의 비용 부담) 제14조에 따라 어린이집을 설치한 사업주는 대통령령으로 정하는 바에 따라 그 어린이집의 운영과 보육에 필요한 비용의 전부 또는 일부를 부담하여야 한다. 〈개정 2011.6.7.〉

[전문개정 2007.10.17.]

제38조(보육료 등의 수납) 제12조부터 제14조까지의 규정에 따라 어린이집을 설치·운영하는 자는 그 어린이집의 소재지를 관할하는 시·도지사가 정하는 범위에서 그 어린이집을 이용하는 자로부터 보육료와 그 밖의 필요경비 등을 받을 수 있다. 다만, 시·도지사는 필요시 어린이집 유형과 지역적 여건을 고려하여 그 기준을 다르게 정할 수 있다. 〈개정 2011.6.7.〉

[전문개정 2007.10.17.]

제39조(세제 지원) ① 제14조와 제37조에 따라 사업주가 직장어린이집을 설치·운영하는 데에 드는 비용과 보호자가 영유아의 보육을 위하여 지출한 보육료와 그 밖에 보육에 드는 비용에 관하여는 「조세특례제한법」에서 정하는 바에 따라 조세를 감면한다. 〈개정 2011.6.7., 2014.5.20.〉

② 제10조제4호의 직장어린이집을 제외한 어린이집의 운영비에 대하여도 「조세특례제한법」에서 정하는 바에 따라 조세를 감면한다. 〈개정 2011.6.7., 2011.8.4.〉

[전문개정 2007.10.17.]

제39조의2(국 · 공유재산의 대부 등) 국가 또는 지방자치단체는 다음 각 호의 어린이집의 설치·운영을 위하여 필요하다고 인정하는 경우 「국유재산특례제한법」에 따라 국유재산을, 「공유재산 및 물품 관리법」에도 불구하고 공유재산을 무상으로 대부하거나 사용하게 할 수 있다.

1. 제12조에 따른 국공립어린이집
2. 제14조에 따른 직장어린이집 중 「중소기업기본법」 제2조제1항에 따른 중소기업이 공동으로 설치 · 운영하는 어린이집

[본조신설 2018.12.24]

제40조(비용 및 보조금의 반환명령) 국가나 지방자치단체는 어린이집의 설치 · 운영자, 육아종합지원센터의 장, 보수교육 위탁실시자 등이 다음 각 호의 어느 하나에 해당하는 경우에는 이미 교부한 비용과 보조금의 전부 또는 일부의 반환을 명할 수 있다. 〈개정 2011.6.7., 2011.8.4., 2011.12.31., 2013.6.4.〉

1. 어린이집 운영이 정지 · 폐쇄 또는 취소된 경우
2. 사업 목적 외의 용도에 보조금을 사용한 경우
3. 거짓이나 그 밖의 부정한 방법으로 보조금을 교부받은 경우
4. 삭제 〈2011.8.4.〉
5. 착오 또는 경미한 과실로 보조금을 교부받은 경우로서 보건복지부령이 정하는 사유에 해당하는 경우

[전문개정 2007.10.17.]

제40조의2(보육비용 지원액의 환수) ① 국가 또는 지방자치단체는 보호자가 거짓이나 그 밖의 부정한 방법으로 제34조 및 제34조의2에 따른 비용을 지원받은 경우에는 그 비용의 전부 또는 일부를 환수할 수 있다. 〈개정 2013.1.23.〉

② 제1항에 따라 환수하는 경우에 비용을 반환할 자가 기한 내에 반환하지 아니한 때에는 국세 또는 지방세 체납처분의 예에 따라 징수한다.

[본조신설 2011.6.7.]

제7장 지도 및 감독

제41조(지도와 명령) 보건복지부장관, 시·도지사 및 시장·군수·구청장은 보육사업의 원활한 수행을 위하여 어린이집 설치·운영자 및 보육교직원에 대하여 필요한 지도와 명령을 할 수 있다. 〈개정 2008.2.29., 2010.1.18., 2011.6.7.〉

[전문개정 2007.10.17.]

제42조(보고와 검사) ① 보건복지부장관, 시·도지사 또는 시장·군수·구청장은 어린이집을 설치·운영하는 자로 하여금 그 어린이집에 관하여 필요한 보고를 하게 하거나 관계 공무원으로 하여금 그 어린이집의 운영 상황을 조사하게 하거나 장부와 그 밖의 서류를 검사하게 할 수 있다. 〈개정 2008.2.29., 2010.1.18., 2011.6.7.〉

② 제1항에 따라 관계 공무원이 그 직무를 수행할 때에는 그 권한을 표시하는 증표를 지니고 이를 관계인에게 내보여야 한다.

[전문개정 2007.10.17.]

제42조의2(위법행위의 신고 및 신고자 보호) ① 누구든지 다음 각 호의 어느 하나에 해당하는 자를 관계 행정기관이나 수사기관에 신고 또는 고발할 수 있다.

1. 거짓이나 그 밖의 부정한 방법으로 보조금을 교부받거나 유용한 자

2. 제24조제1항에 따른 어린이집 운영기준을 지키지 아니한 자
3. 제33조에 따른 급식관리기준을 지키지 아니한 자
4. 제33조의2에 따른 어린이집 차량안전관리 기준을 지키지 아니한 자
5. 「아동복지법」 제3조제7호에 따른 아동학대 행위를 한 자
6. 그 밖에 보건복지부령으로 정하는 자

② 어린이집을 설치·운영하는 자는 보육교직원이 제1항에 따른 신고 또는 고발을 하였다는 이유로 「공익신고자 보호법」 제2조제6호에 따른 불이익조치를 하여서는 아니 된다.

③ 제1항에 따른 신고 절차·방법 등에 필요한 사항은 보건복지부령으로 정한다.

[본조신설 2015.5.18.]

제43조(어린이집의 폐지·휴지 및 재개 등의 신고) ① 제13조제1항에 따라 인가된 어린이집을 폐지하거나 일정기간 운영을 중단하거나 운영을 재개하려는 자는 보건복지부령으로 정하는 바에 따라 미리 특별자치도지사·시장·군수·구청장에게 신고하여야 한다. 〈개정 2008.2.29., 2010.1.18., 2011.6.7., 2011.8.4.〉

② 어린이집의 원장은 어린이집이 폐지되거나 일정기간 운영이 중단되는 경우에는 보건복지부령으로 정하는 바에 따라 그 어린이집에서 보육 중인 영유아가 다른 어린이집으로 옮길 수 있도록 하는 등 영유아의 권익을 보호하기 위한 조치를 취하여야 한다. 〈개정 2008.2.29., 2010.1.18., 2011.6.7.〉

[전문개정 2007.10.17.]

[제목개정 2011.6.7.]

제43조의2(어린이집에 대한 휴원명령) ① 보건복지부장관, 시·도지사 또

는 시장 · 군수 · 구청장은 천재지변이나 감염병 발생 등 긴급한 사유로 정상적인 보육이 어렵다고 인정하는 경우 어린이집의 원장에게 휴원을 명할 수 있다.

② 제1항에 따른 명령을 받은 어린이집의 원장은 지체 없이 어린이집을 휴원하여야 하며, 휴원 시 보호자가 영유아를 가정에서 양육할 수 없는 경우 등 긴급보육수요에 대비하여 긴급보육 계획을 가정통신문 등을 통하여 보호자에게 미리 안내하는 등 어린이집 운영에 필요한 조치를 하여야 한다.

③ 제1항에 따른 휴원명령의 기준 및 제2항에 따른 조치 등에 관하여 필요한 사항은 보건복지부령으로 정한다.

[본조신설 2015.12.29.]

제44조(시정 또는 변경 명령) 보건복지부장관, 시 · 도지사 또는 시장 · 군수 · 구청장은 어린이집이 다음 각 호의 어느 하나에 해당하면 어린이집의 원장 또는 그 설치 · 운영자에게 기간을 정하여 그 시정 또는 변경을 명할 수 있다. 〈개정 2008.2.29., 2010.1.18., 2011.6.7., 2011.8.4., 2013.6.4., 2013.8.13., 2015.5.18., 2015.12.29.〉

1. 제13조제1항에 따른 변경인가를 받지 아니하고 어린이집을 운영하는 경우
2. 제15조, 제15조의2 및 제15조의3에 따른 어린이집의 설치기준을 위반한 경우

   2의2. 제15조의4에 따른 폐쇄회로 텔레비전의 설치 · 관리 및 영상정보의 보관기준을 위반한 경우

3. 제17조제4항에 따른 보육교직원의 배치기준을 위반한 경우

   3의2. 제19조제2항에 따른 보육교직원의 임면에 관한 사항을 보고하지 아니하거나 거짓으로 보고한 경우

4. 제24조제1항에 따른 어린이집의 운영기준을 위반한 경우
   4의2. 제25조제1항 단서를 위반하여 어린이집운영위원회를 설치·운영하지 아니한 경우
   4의3. 제29조제4항 전단을 위반하여 영유아에게 특별활동을 제공한 경우
   4의4. 제29조제4항 후단을 위반하여 특별활동에 참여하지 아니하는 영유아에게 특별활동을 대체할 수 있는 프로그램을 제공하지 아니한 경우
   4의5. 제29조의2에 따른 생활기록부를 작성·관리하지 아니한 경우
   4의6. 제32조제1항에 따른 질병의 치료와 예방조치를 하지 아니한 경우
   4의7. 제33조에 따른 균형 있고 위생적이며 안전한 급식을 하지 아니한 경우
5. 제38조에 따른 보육료 등을 한도액을 초과하여 받은 경우
6. 제42조에 따른 보고를 하지 아니하거나 거짓으로 보고한 경우 또는 조사·검사를 거부하거나 기피한 경우
7. 제43조제1항에 따른 신고를 하지 아니하고 어린이집을 폐지하거나 일정기간 운영을 중단하거나 운영을 재개한 경우
   7의2. 제43조의2제2항을 위반하여 휴원하지 아니하거나 긴급보육수요에 대비한 조치를 하지 아니한 경우
8. 제49조의2에 따른 정보의 공시에 관한 사항을 위반한 경우

[전문개정 2007.10.17.]

제44조의2(직장어린이집 설치의무 미이행 사업장에 대한 이행명령) 시·도지사, 시장·군수·구청장은 제14조에 따른 사업장의 사업주가 직장어린이집의 설치 등 의무를 이행하지 아니하는 경우에는 상당한 기간

을 정하여 그 의무를 이행할 것을 명할 수 있다.

[본조신설 2014.5.20.]

제44조의3(이행강제금) ① 시·도지사, 시장·군수·구청장은 제44조의2에 따른 명령을 이행하지 아니한 자에 대하여 그 명령의 이행에 필요한 상당한 기간을 정하여 그 기간 내에 이행할 것을 다시 명할 수 있으며, 이를 이행하지 아니한 경우에는 같은 조에 따른 명령이 있었던 날을 기준으로 하여 1년에 2회, 매회 1억원의 범위에서 이행강제금을 부과·징수할 수 있다.

② 시·도지사, 시장·군수·구청장은 제1항에 따른 이행강제금을 부과하기 전에 상당한 기간을 정하여 그 기간 내에 이행하지 아니할 때에는 이행강제금을 부과·징수한다는 뜻을 미리 문서로 계고(戒告)하여야 한다.

③ 시·도지사, 시장·군수·구청장은 제1항에 따른 이행강제금을 부과하는 때에는 이행강제금의 금액, 부과사유, 납부기한, 수납기관, 불복방법 등을 적은 문서로 통지하여야 한다.

④ 시·도지사, 시장·군수·구청장은 제44조의2에 따른 명령을 받은 자가 그 명령을 이행하는 경우에는 새로운 이행강제금의 부과를 중지하되, 이미 부과된 이행강제금은 징수하여야 한다.

⑤ 시·도지사, 시장·군수·구청장은 제1항에 따라 이행강제금 부과처분을 받은 자가 납부기한까지 이행강제금을 납부하지 아니하는 경우에는 「지방세외수입금의 징수 등에 관한 법률」에 따라 징수한다.

⑥ 제1항에 따른 이행강제금의 부과기준, 부과·징수된 이행강제금의 반환절차 등 필요한 사항은 대통령령으로 정한다.

[본조신설 2014.5.20.]

제45조(어린이집의 폐쇄 등) ① 보건복지부장관, 시·도지사 및 시장·군수·구청장은 어린이집을 설치·운영하는 자(이하 이 조에서 "설치·운영자"라 한다)가 다음 각 호의 어느 하나에 해당하면 1년 이내의 어린이집 운영정지를 명하거나 어린이집의 폐쇄를 명할 수 있다. 이 경우 보육교직원 등 설치·운영자의 관리·감독 하에 있는 자가 제4호에 해당하는 행위를 한 경우에는 설치·운영자가 한 행위로 본다(설치·운영자가 그 행위를 방지하기 위하여 상당한 주의와 감독을 게을리하지 아니한 경우에는 그러하지 아니하다). 〈개정 2008.2.29., 2010.1.18., 2011.6.7., 2013.8.13., 2014.5.28., 2015.5.18.〉

1. 거짓이나 그 밖의 부정한 방법으로 보조금을 교부받거나 보조금을 유용(流用)한 경우
2. 제40조에 따른 비용 또는 보조금의 반환명령을 받고 반환하지 아니한 경우
3. 제44조에 따른 시정 또는 변경 명령을 위반한 경우
4. 「아동복지법」 제3조제7호에 따른 아동학대 행위를 한 경우
5. 「도로교통법」 제53조제3항을 위반하여 어린이통학버스(제33조의2 및 「도로교통법」 제52조에 따른 신고를 하지 아니한 경우를 포함한다)에 보육교직원을 함께 태우지 아니한 채 어린이통학버스 운행 중 발생한 교통사고로 영유아가 사망하거나 신체에 보건복지부령으로 정하는 중상해를 입은 경우

② 삭제 〈2011.6.7.〉

③ 특별자치시장·특별자치도지사·시장·군수·구청장은 설치·운영자 또는 보육교직원이 제1항제4호에 따른 아동학대 행위를 한 것으로 의심되는 경우 즉시 제42조에 따른 보고를 받거나 조사·검사를 실시하여야 한다. 〈신설 2015.5.18.〉

④ 특별자치시장·특별자치도지사·시장·군수·구청장은 제3항에 따

른 보고나 조사·검사를 실시한 후 지체 없이 「아동복지법」 제45조에 따른 아동보호전문기관 등 관계 기관과 협의하여 제1항에 따른 행정처분 여부를 결정하여야 한다. 〈신설 2015.5.18.〉

⑤ 특별자치도지사·시장·군수·구청장은 어린이집이 제1항에 따라 운영정지 또는 폐쇄되는 경우에는 어린이집에 보육 중인 영유아를 다른 어린이집으로 옮기도록 하는 등 영유아의 권익을 보호하기 위하여 필요한 조치를 하여야 한다. 〈신설 2011.8.4., 2015.5.18.〉

⑥ 제1항에 따른 행정처분의 세부기준은 보건복지부령으로 정한다. 〈개정 2008.2.29., 2010.1.18., 2011.6.7., 2011.8.4., 2015.5.18.〉

[전문개정 2007.10.17.]

[제목개정 2011.6.7.]

제45조의2(과징금 처분) ① 보건복지부장관, 시·도지사 또는 시장·군수·구청장은 어린이집의 설치·운영자가 제45조제1항 각 호의 어느 하나에 해당하여 어린이집 운영정지를 명하여야 하는 경우로서 그 운영정지가 영유아 및 보호자에게 심한 불편을 주거나 그 밖에 공익을 해칠 우려가 있으면 어린이집 운영정지 처분을 갈음하여 3천만원 이하의 과징금을 부과할 수 있다.

② 제1항에 따른 과징금을 부과하는 위반행위의 종류와 위반 정도 등에 따른 과징금의 금액 등에 필요한 사항은 대통령령으로 정한다.

③ 보건복지부장관, 시·도지사 또는 시장·군수·구청장은 제1항에 따른 과징금을 내야 할 자가 납부기한까지 내지 아니한 경우에는 국세 체납처분의 예 또는 「지방세외수입금의 징수 등에 관한 법률」에 따라 징수한다. 〈개정 2013.8.6.〉

[본조신설 2011.6.7.]

[종전 제45조의2는 제45조의3으로 이동 〈2011.6.7.〉]

제45조의3(행정제재처분효과의 승계) ① 어린이집을 설치 · 운영하는 자가 그 어린이집을 양도하거나 사망한 때 또는 법인의 합병이 있는 때에는 종전의 어린이집을 설치 · 운영한 자에게 제45조제1항 각 호의 사유로 행한 행정제재처분의 효과는 그 행정처분일부터 1년간 그 양수인 · 상속인 또는 합병 후 신설되거나 존속하는 법인에 승계되며, 행정제재처분의 절차가 진행 중인 경우에는 양수인 · 상속인 또는 합병 후 신설되거나 존속하는 법인에 대하여 행정제재처분의 절차를 속행할 수 있다. 다만, 양수인 · 상속인 또는 합병 후 신설되거나 존속하는 법인이 양수 또는 합병할 때 그 처분 또는 위반사실을 알지 못하였음을 증명하는 경우에는 그러하지 아니하다. 〈개정 2011.6.7., 2015.5.18.〉

② 제1항의 양수인 · 상속인 또는 합병 후 신설되거나 존속하는 법인이 어린이집을 양수 · 상속 또는 합병할 때에는 종전의 어린이집을 설치 · 운영한 자가 제45조제1항 각 호의 사유로 행정처분의 절차가 진행 중인지 및 행정제재 처분을 받은 이력이 있는지 여부를 확인하여야 하며, 보건복지부장관, 시 · 도지사 및 시장 · 군수 · 구청장은 양수인 · 상속인 또는 합병 후 신설되거나 존속하는 법인이 그 확인을 요청하는 경우 이를 보건복지부령으로 정하는 바에 따라 확인하는 서류를 발부할 수 있다. 〈신설 2015.5.18.〉

[본조신설 2008.1.17.]

[제45조의2에서 이동 〈2011.6.7.〉]

제46조(어린이집의 원장의 자격정지) 보건복지부장관은 어린이집의 원장이 다음 각 호의 어느 하나에 해당하면 1년(「아동복지법」 제3조제7호에 따른 아동학대 행위로 제1호가목에 해당하게 된 경우에는 2년) 이내의 범위에서 보건복지부령으로 정하는 바에 따라 그 자격을 정지시킬 수 있다. 〈개정 2008.2.29., 2010.1.18., 2011.6.7., 2013.6.4., 2015.5.18.〉

1. 어린이집의 원장이 업무 수행 중 고의나 중대한 과실로 영유아에게 손해를 입힌 경우로서 다음 각 목의 어느 하나에 해당하는 경우
   가. 영유아의 생명을 해치거나 신체 또는 정신에 중대한 손해를 입힌 경우
   나. 제24조에 따른 운영기준을 위반하여 손해를 입힌 경우
   다. 제33조에 따라 보건복지부령으로 정한 급식기준을 위반하여 손해를 입힌 경우
   라. 그 밖에 손해를 입힌 경우
2. 해당 업무 수행에 필요한 자격이 없는 자를 채용하여 보육교사·간호사 또는 영양사 등의 업무를 수행하게 한 경우
3. 제23조에 따른 보수교육을 연속하여 3회 이상 받지 아니한 경우
4. 거짓이나 그 밖의 부정한 방법으로 보조금을 교부받거나 보조금을 유용한 경우
5. 「공익신고자 보호법」 제2조제2호에 따른 공익신고를 한 보육교직원에게 같은 조 제6호에 따른 불이익조치를 한 경우

[전문개정 2007.10.17.]

[제목개정 2011.6.7.]

제47조(보육교사의 자격정지) 보건복지부장관은 보육교사가 다음 각 호의 어느 하나에 해당하면 1년(「아동복지법」 제3조제7호에 따른 아동학대행위로 제1호에 해당하게 된 경우에는 2년) 이내의 범위에서 보건복지부령으로 정하는 바에 따라 그 자격을 정지시킬 수 있다. 〈개정 2008.2.29., 2010.1.18., 2011.12.31., 2015.5.18.〉

1. 보육교사가 업무 수행 중 그 자격과 관련하여 고의나 중대한 과실로 손해를 입힌 경우
2. 제23조의2에 따른 보수교육을 연속하여 3회 이상 받지 아니한 경우

[전문개정 2007.10.17.]

제48조(어린이집의 원장 또는 보육교사의 자격취소) ① 보건복지부장관은 어린이집의 원장 또는 보육교사가 다음 각 호의 어느 하나에 해당하면 그 자격을 취소할 수 있다. 〈개정 2008.2.29., 2010.1.18., 2011.6.7., 2011.8.4., 2013.8.13., 2015.5.18.〉

1. 거짓이나 그 밖의 부정한 방법으로 자격증을 취득한 경우
2. 자격 취득자가 업무 수행 중 그 자격과 관련하여 고의나 중대한 과실로 손해를 입히고 금고 이상의 형을 선고받은 경우
3. 「아동복지법」 제3조제7호의2에 따른 아동학대관련범죄로 처벌을 받은 경우
4. 제22조의2에 따른 명의대여 금지 등의 의무를 위반한 경우
5. 자격정지처분기간 종료 후 3년 이내에 자격정지처분에 해당하는 행위를 한 경우
6. 자격정지처분을 받고도 자격정지처분기간 이내에 자격증을 사용하여 자격 관련 업무를 수행한 경우
7. 자격정지처분을 3회 이상 받은 경우
8. 제46조제4호에 해당하여 금고 이상의 형을 선고받은 경우

② 보건복지부장관은 제1항에 따라 자격이 취소된 사람에게는 그 취소된 날부터 다음 각 호의 구분에 따라 자격을 재교부하지 못한다. 〈신설 2013.8.13., 2015.5.18.〉

1. 제1항 각 호의 사항 중 제3호 이외의 어느 하나에 해당하는 경우: 2년
2. 제1항제3호에 해당하는 경우: 10년(다만, 「아동복지법」 제3조제7호의2에 따른 아동학대관련범죄로 금고 이상의 실형을 선고받고 그 집행이 종료되거나 집행이 면제된 날부터 20년이 지나지 아

니한 사람 또는 「아동복지법」 제3조제7호의2에 따른 아동학대관련범죄로 금고 이상의 형의 집행유예가 확정된 날부터 20년이 지나지 아니한 사람에게는 자격을 재교부할 수 없다)

[전문개정 2007.10.17.]

[제목개정 2011.6.7.]

제49조(청문) 보건복지부장관, 시·도지사 및 시장·군수·구청장은 제45조부터 제48조까지의 행정처분을 하려면 청문을 하여야 한다. 〈개정 2008.2.29., 2010.1.18.〉

[전문개정 2007.10.17.]

제49조의2(어린이집 정보의 공시 등) ① 어린이집의 원장은 어린이집이 보유·관리하는 다음 각 호의 정보를 매년 1회 이상 공시하여야 한다. 이 경우 어린이집의 원장은 공시한 정보(이하 이 조에서 "공시정보"라 한다)를 특별자치시장·특별자치도지사·시장·군수·구청장에게 제출하여야 하고 보건복지부장관은 공시정보와 관련된 자료의 제출을 요구할 수 있다.

1. 어린이집의 시설, 설치·운영자, 보육교직원 등 기본현황
2. 제29조에 따른 어린이집 보육과정에 관한 사항
3. 제38조에 따라 수납하는 보육료와 그 밖의 필요경비에 관한 사항
4. 어린이집 예산·결산 등 회계에 관한 사항
5. 영유아의 건강·영양 및 안전관리에 관한 사항
6. 그 밖에 보육여건 및 어린이집 운영에 관한 사항으로서 대통령령으로 정하는 사항

② 공시정보의 구체적인 범위와 공시의 횟수·시기 및 방법 등에 필요한 사항은 대통령령으로 정한다.

③ 보건복지부장관은 제1항에 따른 공시에 필요한 양식을 마련·보급하고 공시정보를 수집 및 관리할 수 있다. 이 경우 보건복지부장관은 보육정책 수립, 학술연구 진흥, 통계 작성 등에 활용하기 위하여 공시정보를 연계·가공할 수 있다.

④ 보건복지부장관, 시·도지사 또는 시장·군수·구청장은 어린이집의 원장이 해당 정보를 공시하지 아니하거나 게을리할 경우 이에 대한 시정을 권고하여야 한다.

⑤ 어린이집의 원장은 어린이집을 홍보하거나 「표시·광고의 공정화에 관한 법률」에 따른 표시 또는 광고를 할 때에는 제1항에 따라 공시된 정보와 다르게 알려서는 아니 된다.

⑥ 보건복지부장관, 시·도지사 또는 시장·군수·구청장은 제5항의 위반 여부를 확인할 필요가 있는 경우에는 해당 어린이집의 원장에게 관련 자료의 제출을 요청할 수 있다. 이 경우 요청을 받은 어린이집의 원장은 정당한 사유가 없는 한 관련 자료를 보건복지부장관, 시·도지사 또는 시장·군수·구청장에게 제출하여야 한다.

[본조신설 2013.6.4.]

제49조의3(위반사실의 공표) ① 보건복지부장관, 시·도지사 또는 시장·군수·구청장은 제45조 또는 제45조의2에 따른 행정처분을 받은 어린이집으로서 다음 각 호의 어느 하나의 경우에 해당하는 어린이집에 대하여 그 위반행위, 처분내용, 해당 어린이집의 명칭, 대표자의 성명, 어린이집 원장의 성명(대표자와 동일인이 아닌 경우만 해당한다) 및 그 밖에 다른 어린이집과의 구별에 필요한 사항으로서 대통령령으로 정하는 사항을 공표하여야 한다. 다만, 제1호의 경우에는 보건복지부령으로 정하는 금액 이상인 경우에 한하여 공표하여야 한다. 〈개정 2015.5.18.〉

1. 거짓이나 그 밖의 부정한 방법으로 보조금을 교부받거나 보조금

을 유용한 경우

2. 제24조에 따른 운영기준 및 제33조에 따라 보건복지부령으로 정한 급식기준을 위반하여 영유아의 생명을 해치거나 신체 또는 정신에 중대한 피해가 발생한 경우

② 보건복지부장관, 시·도지사 또는 시장·군수·구청장은 제46조부터 제48조까지의 행정처분을 받은 사람으로서 「아동복지법」 제3조제7호에 따른 아동학대 행위를 하여 영유아의 생명을 해치거나 신체 또는 정신에 중대한 피해를 입힌 어린이집의 원장 및 보육교사에 대하여 법 위반 이력과 명단, 그 밖에 대통령령으로 정하는 사항을 공표하여야 한다. 〈개정 2015.5.18.〉

③ 보건복지부장관, 시·도지사 또는 시장·군수·구청장은 제1항 및 제2항에 따른 공표를 실시하기 전에 공표대상자에게 그 사실을 통지하여 소명자료를 제출하거나 출석하여 의견진술을 할 수 있는 기회를 부여하여야 한다.

④ 제1항 및 제2항에 따른 공표의 절차·방법, 그 밖에 필요한 사항은 대통령령으로 정한다.

[본조신설 2013.6.4.]

제8장 보칙

제50조(경력의 인정) ① 어린이집에 근무하는 자 중 「유아교육법」에 따른 유치원교원의 자격을 가진 자에 대하여는 어린이집에서의 근무경력을 「유아교육법」에 따른 교육경력으로 인정한다. 〈개정 2011.6.7.〉

② 유치원(「유아교육법」 제2조제6호에 따른 방과후 과정 수업과정을 운영하고 있는 유치원을 말한다)에 근무하는 자 중 이 법에 따른

보육교사의 자격을 가진 자에 대하여는 유치원에서의 근무경력을 이 법에 따른 보육경력으로 인정한다. 〈개정 2012.3.21.〉

[전문개정 2007.10.17.]

제51조(권한의 위임) 이 법에 따른 보건복지부장관 또는 시·도지사의 권한은 대통령령으로 정하는 바에 따라 그 일부를 시·도지사 또는 시장·군수·구청장에게 위임할 수 있다.

[전문개정 2011.8.4.]

제51조의2(업무의 위탁) ① 보건복지부장관, 시·도지사 또는 시장·군수·구청장은 대통령령으로 정하는 바에 따라 다음 각 호에 해당하는 업무를 공공기관 또는 민간기관·단체 등에 위탁할 수 있다. 〈개정 2011.12.31., 2013.6.4.〉

1. 제7조제1항에 따른 육아종합지원센터의 운영업무
2. 제22조제1항에 따른 어린이집의 원장 또는 보육교사의 자격 검정 및 보육자격증 교부등에 관한 업무
3. 제23조제1항 및 제23조의2제1항에 따른 보수교육의 실시 업무
4. 제30조제1항에 따른 어린이집 평가인증에 관한 업무
5. 제34조의3제1항에 따른 이용권에 관한 업무

② 보건복지부장관, 시·도지사 또는 시장·군수·구청장은 제1항에 따라 업무를 위탁한 경우에는 예산의 범위에서 그에 필요한 비용을 보조할 수 있다.

③ 보건복지부장관, 시·도지사 또는 시장·군수·구청장은 다음 각 호의 어느 하나에 해당하는 경우에는 제1항에 따른 위탁을 취소할 수 있다.

1. 수탁기관이 제2항에 따라 지급받은 보조금을 목적 외의 용도에

사용하였을 경우
2. 수탁기관이 거짓이나 그 밖의 부정한 방법으로 제2항에 따른 보조금을 지급받았을 경우
3. 그 밖에 대통령령으로 정하는 사유가 있는 경우

[본조신설 2011.8.4.]

제51조의3(관계 기관 간 업무협조) ① 특별자치시장 · 특별자치도지사 · 시장 · 군수 · 구청장은 제16조 또는 제20조에 따른 결격사유의 확인을 위하여 관계 기관의 장에게 범죄경력자료 등에 대한 조회요청을 할 수 있다.
② 제1항에 따른 조회요청을 받은 관계 기관의 장은 정당한 사유 없이 이를 거부하여서는 아니 된다.

[본조신설 2014.5.28.]

제52조(도서 · 벽지 · 농어촌지역 등의 어린이집) ① 특별자치도지사 · 시장 · 군수 · 구청장은 도서 · 벽지 · 농어촌지역 등에 있는 어린이집으로서 제15조에 따른 어린이집의 설치기준 및 제17조제4항에 따른 보육교직원의 배치기준을 적용하기 어렵다고 인정하는 경우에는 제6조에 따른 지방보육정책위원회의 심의를 거쳐 관할 시 · 도지사의 승인을 받아 이를 달리 적용할 수 있다. 〈개정 2011.6.7., 2011.8.4.〉
② 제1항에 따른 도서 · 벽지 · 농어촌지역 등의 구체적인 범위, 어린이집의 설치기준 및 보육교직원의 배치기준은 보건복지부령으로 정한다. 〈개정 2008.2.29., 2010.1.18., 2011.6.7.〉

[전문개정 2007.10.17.]

[제목개정 2011.6.7.]

제53조(어린이집연합회) ① 보육사업의 원활한 추진과 어린이집의 균형적

인 발전, 어린이집 간의 정보 교류 및 상호 협조 증진을 위하여 어린이집연합회를 설립할 수 있다. 〈개정 2011.6.7.〉

② 어린이집연합회의 조직과 운영, 기능 등에 필요한 사항은 보건복지부령으로 정한다. 〈개정 2008.2.29., 2010.1.18., 2011.6.7.〉

[전문개정 2007.10.17.]

[제목개정 2011.6.7.]

제9장 벌칙

제54조(벌칙) ① 삭제 〈개정 2018.12.24〉

② 다음 각 호의 어느 하나에 해당하는 자는 3년 이하의 징역 또는 3천만원 이하의 벌금에 처한다. 〈개정 2015.5.18.〉

1. 거짓이나 그 밖의 부정한 방법으로 보조금을 교부받거나 보조금을 유용한 자
2. 제15조의5제2항제1호를 위반하여 폐쇄회로 텔레비전의 설치 목적과 다른 목적으로 폐쇄회로 텔레비전을 임의로 조작하거나 다른 곳을 비추는 행위를 한 자
3. 제15조의5제2항제2호를 위반하여 녹음기능을 사용하거나 보건복지부령으로 정하는 저장장치 이외의 장치 또는 기기에 영상정보를 저장한 자

③ 제15조의5제3항에 따른 안전성 확보에 필요한 조치를 하지 아니하여 영상정보를 분실·도난·유출·변조 또는 훼손당한 자는 2년 이하의 징역 또는 2천만원 이하의 벌금에 처한다. 〈신설 2015.5.18.〉

④ 다음 각 호의 어느 하나에 해당하는 자는 1년 이하의 징역 또는 1천만원 이하의 벌금에 처한다. 〈개정 2008.12.19., 2011.6.7., 2013.1.23.,

2014.5.28., 2015.5.18.〉

1. 제13조제1항에 따른 설치인가를 받지 아니하고 어린이집의 명칭을 사용하거나 사실상 어린이집의 형태로 운영한 자
2. 거짓이나 그 밖의 부정한 방법으로 제13조제1항에 따른 어린이집의 설치인가 또는 변경인가를 받은 자
3. 제22조의2를 위반하여 자기의 성명이나 어린이집의 명칭을 사용하여 어린이집의 원장 또는 보육교사의 업무를 수행하게 하거나 자격증을 대여한 자 및 그 상대방
4. 거짓이나 그 밖의 부정한 방법으로 제34조 및 제34조의2에 따른 비용을 지원받거나 타인으로 하여금 지원을 받게 한 자
5. 제34조의3에 따른 보육서비스 이용권을 부정사용한 자
6. 거짓이나 그 밖의 부정한 방법으로 제38조에 따른 보육료 등을 수납한 어린이집의 설치·운영자
7. 제45조제1항에 따른 어린이집 운영정지명령 또는 어린이집의 폐쇄명령을 위반하여 사업을 계속한 자
8. 삭제 〈2011.6.7.〉

[전문개정 2007.10.17.]

제54조의2 삭제 〈2015.5.18.〉

제55조(양벌규정) 법인의 대표자나 법인 또는 개인의 대리인, 사용인, 그 밖의 종업원이 그 법인 또는 개인의 업무에 관하여 제54조의 위반행위를 하면 그 행위자를 벌하는 외에 그 법인 또는 개인에게도 해당 조문의 벌금형을 과(科)한다. 다만, 법인 또는 개인이 그 위반행위를 방지하기 위하여 해당 업무에 관하여 상당한 주의와 감독을 게을리하지 아니한 경우에는 그러하지 아니하다.

[전문개정 2011.6.7.]

제56조(과태료) ① 제43조제1항에 따른 신고를 하지 아니하고 어린이집을 폐지하거나 일정기간 운영을 중단하거나 운영을 재개한 자에게는 500만원 이하의 과태료를 부과한다. 〈개정 2011.6.7.〉

② 다음 각 호의 어느 하나에 해당하는 자에게는 300만원 이하의 과태료를 부과한다. 〈개정 2015.5.18.〉

1. 제26조제1항에 따른 취약보육을 우선적으로 실시하지 아니한 자
2. 제28조제1항 각 호에 해당하는 자를 우선적으로 보육하지 아니한 자
3. 제31조에 따른 건강진단 또는 응급조치 등을 이행하지 아니한 자
4. 제15조의4에 따른 폐쇄회로 텔레비전을 설치하지 아니하거나 설치 · 관리의무를 위반한 자
5. 제15조의5제1항에 따른 열람요청에 응하지 아니한 자

③ 제1항과 제2항에 따른 과태료는 대통령령으로 정하는 바에 따라 보건복지부장관, 시 · 도지사 또는 시장 · 군수 · 구청장이 부과 · 징수한다. 〈개정 2008.2.29., 2010.1.18., 2011.6.7.〉

④ 삭제 〈2011.6.7.〉

⑤ 삭제 〈2011.6.7.〉

⑥ 삭제 〈2011.6.7.〉

[전문개정 2007.10.17.]

부칙 <제14597호, 2017.3.14.>

제1조(시행일) 이 법은 공포 후 6개월이 경과한 날부터 시행한다. 다만, 제10조제4호 및 제12조의 개정규정은 공포한 날부터 시행한다.

제2조(어린이집의 종류에 관한 적용례) 제10조제4호의 개정규정은 같은 개정규정 시행 당시 종전의 규정에 따라 국가나 지방자치단체의 장이 설치·운영하는 직장어린이집에도 적용한다.

강문숙(2008). 보육교사의 직무에 대한 내용분석 및 인식조사. 부산대학교 대학원 석사학위논문.

강문희, 정정옥, 이경옥, 윤애희, 류진희(2002). **유아교육기관 운영관리**. 서울: 학지사.

강정원, 계영애(2001). 유아 인성교육을 위한 인성적 덕목과 교수 전략에 대한 교사들이 인식 연구. 유아교육학논집. 5(1), 55-75.

교육과학기술부(2009). 유치원 지도서 1 총론.

교육과학기술부(2011). 유치원 기본과정 내실화를 위한 인성교육 프로그램.

교육과학기술부, 보건복지부(2013a). 3-5세 연령별 누리과정 교사용 지침서.

교육과학기술부, 보건복지부(2013b). 3-5세 연령별 누리과정 해설서.

교육부(2014). 인성 덕목을 활용한 융합형 인성교육 프로그램개발연구.

교육부(2016). 인성교육 5개년 종합계획(2016~2020).

국립국어연구원(2000). **표준국어대사전**. 서울: 동아출판.

권영례, 김소라(2015). **영유아 교사론**. 경기: 양서원.

권정숙(2002). 유아교사의 반성적 사고 및 반성적 사고 수준과 교수능력. 서울여자대학교 대학원 박사학위논문.

김기환(2001). 저소득 가정의 아동을 위한 포괄적 보육서비스의 이론적 개념과 지역사회연계 프로그램의 활용. 삼성복지재단 제9회 학술대회 자료집.

김명희(2001). **유아보육의 이론과 실제**. 서울: 교육아카데미.

김세웅(2005). 멘토링의 역할이 대학 스포츠선수들의 선수생활 만족과 선수생활포기 의도에 미치는 영향. 성균관대학교 대학원 박사학위논문.

김소연(2016). 초등학생이 지각한 부모의 공감능력과 아동의 공감능력 및 타인존중 태도와의 관계: 자아존중감을 매개로. 한양대학교 교육대학원 석사학위논문.

김애리(2004). 보육교사의 전문성 신장을 위한 보수교육방안. 중앙대학교 사회복지개발대학원 석사학위논문.

김영만(2004). 교사발달단계와 교사의 직무능력 및 직무만족 간의 관계 연구. 인하대학교 대학원 박사학위논문.

김영옥(2014). **유아사회교육**. 경기: 양서원.

김영옥(2014). **유아인성교육의 이론과 실제**. 경기: 공동체.

김왕규(2003). 교육과정 분석을 통한 효 교육 실천방안에 관한 연구: 7차 초등도덕 교과를 중심으로. 군산대학교 교육대학원 석사학위논문.

김용조(1999). 초등교사의 인성적 자질에 관한연구. 대구교육대학교 논문집. 34, 429-458.

김은설, 박수연(2010). **보육 시설장·교사 윤리강령 개발 연구**. 서울: 한국보육시설연합회.

김은설, 안재진, 최윤경, 김의향, 양성은, 김문정(2009). 보육시설종사자의 전문성 제고 방안. 보건복지부·육아정책연구소.

김종두(2011). **효의 패러다임과 현대적 개념**. 서울: 명문당.

김종해(2003). 보육서비스 발전을 위한 합리적 선택을 위해. 보육발전을 위한 합리적 선택은 무엇인가? 토론회 자료집. 참여연대 사회복지위원회.

김창복, 김오남, 모지환(2004). **영유아 보육론**. 서울: 형설출판사.

김혜경(2011). **유아교사를 위한 교직의 이해**. 서울: 창지사.

김혜영(2004). 전자포트폴리오를 통한교사 전문성 훈련 및 평가방안. 한국교원교육연구. 21(3), 113-134.

김회용(2007). 좋은 교사의 자질. 교육철학. 38, 27-46.

김희숙(2009). 유아교육기관에서 멘토링 기능이 교사의 조직성과에 미치는 영향. 공주대학교 대학원 석사학위논문.

남궁달화(1999). **인성교육론**. 서울: 문음사.

노길영(2000). 경력 유치원 교사를 통해 본 교사발달의 제 요인 및 유형. 이화여자대학교 대학원 석사학위논문.

도미향, 남연희, 이무영, 변미희(2016). **아동복지론**. 경기: 공동체.

문승태, 양복만(2007). 교사의 근무학교에 따른 직업윤리, 조직몰입 및 조직효과성과의 인과관계. 농업교육과 인적자원개발. 39(4), 143-166.

문용린(1998). 학교교육에서의 인권, 교권, 학습권의 위상. 제3회 관악 교육정책 포럼 자료집.
문혁준, 안효진, 김경회, 김영심, 김정희, 김혜연, 배지희, 서소정, 이미정, 이희경, 정다운, 조혜정(2016). **보육교사론**. 서울: 창지사.
민성혜, 심혜원, 김의향(2013). **보육교사론**. 경기: 양서원.
박경옥(2010). 유아 인성교육에 대한 예비유아교사의 인식에 관한 연구. 중앙대학교 대학원 석사학위논문.
박은주(2009). 돌봄의 관점에서 살펴본 보육교사의 윤리적 딜레마. 유아교육학논집. 13(5), 45-74.
박은혜(1999). 유아교사교육에서 저널쓰기 활용에 대한 고찰. 한국교사교육. 19(2), 195-216.
박은혜(2001). **지식기반 사회에서의 유아 교사의 지식**. 서울: 창지사.
박은혜(2009). **유아교사론**. 서울: 창지사.
박은혜(2016). **유치원 교사를 위한 교직실무**. 서울: 창지사.
박지영(2006). 유아교사의 전문적 지식과 실천적 지식에 대한 이론적 고찰. 통일연구. 11(2), 113-132.
백승선(2010). 좋은 교사의 특성에 대한 보육교사의 인식. 중앙대학교 대학원 석사학위논문.
백은주, 조부경(2004). 유치원 교사의 전문성 발달 수준 자기평가도구개발, 유아교육연구. 24(4), 95-117.
백혜리(2012). **보육교사론**. 서울: 동문사.
보건복지부(2016). 보육사업안내.
보건복지부(2016a). 영유아보육법 시행규칙(2016.1.12. 일부개정).
보건복지진흥원(2006). 영유아 보육편람.
부산광역시교육청(1996). (21세기를 준비하는)하기 쉬운 인성교육.
서문희(2005). 서울지역 보육정책 대토론회 발표자료.
서영숙, 김경혜(2003). **영유아 보육론**. 경기: 양서원.
서울대학교 교육연구소(2011). **교육학용어사전**. 서울: 하우.
서정화(1994). 교육인사행정. 서울: 세영사.
손봉호(1995). 인성교육: 필요, 성격, 방법. 철학과 현실. 27, 60-69.
손승남(1999). 21세기를 대비한 인성교육의 철학적 구상. 한독교육학연구.

4(1), 67-85.
송명자(1995). 발달심리학. 서울: 학지사.
송명자(1995). 정직성의 본질과 정직성 교육에 관한 고찰. 한국청소년연구. 21, 33-46.
송응식(2005). 유아 협동의 개념 확립을 위한 논의. 제주관광대학論文集. 11, 121-122.
신용주, 김민선(2005). 멘토링의 도입 및 성공 사례에 관한 연구. 생활과학연구. 10, 99-111.
양옥승, 임승렬, 박은혜, 조부경(1997). 유아교사 양성대학 평가. 한국교원교육연구 14(1), 30-56.
양옥승, 김영옥, 김현희, 신화식, 위영희, 이옥, 이정란, 이차숙, 정미라, 지성애, 홍혜경(2001). **영유아 보육개론**. 서울: 학지사.
엄상현(2014). 인성 덕목을 활용한 융합형 인성교육 프로그램개발연구. 세종: 교육부.
염지숙, 이명순, 조형숙, 김현주(2011). **유아교사론**. 서울: 정민사.
오한나, 이영애(2014). 웹기반 토론에서 이루어진 초임교사 시절에 관한 기억. 열린유아교육연구. 35(3), 81-99.
유권종, 최상진, 강혜원, 김경호(2005). 한국인의 유교적 마음의 구성에 대한 분석과 이에 기초한 청소년 예교육 모델 개발. 철학탐구. 18, 29-62.
유승연(2000). 포트폴리오 평가 활용을 통한 예비교사의 유아과학교수방법에 대한 반성적 사고 증진과 전문성 함양에 관한 연구. 유아교육연구. 20(1), 163-184.
유아교육선진화위원회(2010). 유치원 교사 헌장과 강령.
유주연, 김순환(2015). 유아교사의 통합적 인성함양 프로그램 개발 및 적용. 육아지원연구. 10(2), 137-165.
유치원 교원양성·임용체제개선방안 T/F팀(2010). 유치원 교사 헌장, 강령. 유치원 교원양성·임용제도개선연구단.
윤종건, 전하찬(1998). **교사론**. 서울: 정민사.
이기숙, 심성경 역(1995). **효과적인 영유아 교육, 어떻게 할 것인가**. 서울: 이화여자대학교출판부.

이기숙(1995). **유아교육과정**. 서울: 교문사.

이기숙, 이연섭, 이영자(1986). 유아교사 양성대학의 교육과정 모형에 관한 고찰. 유아교육연구. 6, 33-49.

이미화, 장명림, 신나리, 김문정, 김현철(2006). 육아지원인력의 수급전망과 전문성 제고방안 연구. 육아정책개발센터.

이미화, 최윤경, 이정원, 도남희, 권미경, 박진아, 이혜민, 김영원(2016). **2015년 전국보육실태조사: 어린이집조사 보고**. 서울: 육아정책연구소.

이병환, 장기풍, 김규태(2012). **교육행정 및 교육경영**. 서울: 태영출판사.

이성혜(2011). 보육시설의 교수·학습풍토, 보육교사의 전문성 인식과 보육과정 운영. 경희대학교 대학원 석사학위 청구논문.

이승연(1994). 유아교사발달단계에 기초한 유치원 교사의 관심사 분석. 이화여자대학교 대학원 석사학위논문.

이영희(2008). 보육교사의 교사 효능과 전문성 발달과의 관계. 중부대학교 교육대학원 석사학위논문.

이완정(2016). 보육교사 인성교육 및 평가. 2016 한국보육지원학회 학술대회지. 78-90.

이윤식(1991). 우리나라 중등교사들의 발달 과정에 관한 예비적 기술. 한국교육. 18, 293-331.

이은상, 김명희, 김보현, 민광미, 배정호, 성소영, 이소정, 이완희, 홍자영(2013). **보육교사론**. 경기: 공동체.

이은정(2016). 인성의 8대 핵심가치덕목에 따른 3~5세 연령별 누리과정 교사용 지도서 내용분석, 중앙대학교 교육대학원 석사학위논문.

이은화(1985). 유아교육교사의 역할과 바른 자세. 유아교사연수교재. 새세대육영회 교원연수원.

이은화, 배소연, 조부경(2006). **유아교사론**. 경기: 양서원.

이은화, 이정환, 이경우, 이기숙, 홍용희, 박은혜, 김희진(2009). **유아교육개론(개정판)**. 서울: 이화여자대학교출판부.

이재만(2012). 영유아 보육서비스 전달체계의 평가에 관한 연구: 대구광역시 동구지역의 효과성과 만족도 평가를 중심으로. 한양대학교 대학원 박사학위 청구논문.

이향(1996). 보육시설의 보육교사 전문성 인식과 영아반 프로그램 질에 관한 연구. 건국대학교 대학원 석사학위논문.

임부연, 김성숙, 송진영(2014). **유아교사론**. 경기: 양서원.

임승렬(2000). 교사교육에서 포트폴리오 개발과 활용. 한국교사교육. 17(1), 32-57.

임시아(2013). **아동복지론**. 경기: 공동체.

임종률(2012). **노동법**. 서울: 박영사.

전국경제인연합회(2002). 인구고령화 추세에 따른 경제·사회적 파급 영향과 대책.

전남련, 이은임, 김기선, 남궁기선, 백향기, 이재영, 원종순, 김정화, 손권희, 박주선, 박연순, 김행숙, 김혜란(2015). **영유아 인성교육**. 경기: 양서원.

전재선(2011). 유아교사인성 자기평가도구 개발 및 타당화 연구. 성균관대학교 대학원 박사학위논문.

정미경, 박균열, 임소현, 허은정, 박상완, 정찬우, 김왕준, 성미정, 이지미(2016). **인성교육 기반구축 정책연구**. 충북: 한국교육개발원.

정창우, 손경원, 김남준, 신호재, 한혜민, 양해성, 김하연, 하영근(2013). **학교급별 인성교육 실태 및 활성화 방안**. 세종: 교육부.

정현숙(2002). 예비유아교사의 반성적 사고에 관한 연구. 상지영서대학논문집. 21, 211-240.

조난심(2004). 인성평가척도 개발을 위한 기초연구. 한국교육과정평가원 연구보고서.

조미나(2005). 보육교사 전문성 향상을 위한 실태 연구. 경성대학교 교육대학원 석사학위논문.

조부경, 김정화(2000). 유아교사 양성대학 전공강좌에서 이론과 교수경험의 통합운영에 대한 예비교사, 지도교사 및 담당교수의 반응분석. 유아교육연구. 20(1), 139-163.

조운주, 최일선(2004). 사립 유아교육기관 초임교사들의 갈등 및 안정에 대한 이해. 유아교육연구. 24(1), 71-94.

조한무, 조성탁(2001). 초등체육교사 전문성 개발을 위한 교사 포트폴리오 적용. 한국체육학. 40(2), 253-262.

조형숙(2009). **유아의 마음을 사로잡는 교사**. 서울: 한국유아교육협회.

조형숙, 박은주, 류혜숙(2008). 예비유아교사의 교직윤리 인식에 관한 연구. 미래유아교육학회지. 15(1), 301-325.

주정일, 이소희(1998). **아동복지학**. 경기: 교문사.

중앙보육정보센터(2016). 2015년 전국보육정보센터 사업결과보고서.

중앙육아종합지원센터(2015). 2015 보육교직원의 인성함양을 위한 아동학대 예방 특별 교육.

지성애, 김미경, 유구종(2005). 영유아 교사의 현직교육과정 운영. 유아교육학논집. 9(1), 129-157.

지은림(2013). **인성지수 개발 연구**. 세종: 교육부.

차정윤(2007). 유아교육 현장에서 요구하는 유아교사상에 대한 질적 연구. 중앙대학교 사회교육대학원 석사학위논문.

천세영(2012). **인성교육 비전 수립 및 실천 방안 연구**. 세종: 교육부.

최미곤, 황인옥(2016). 보육교사의 인성과 직무만족도가 교사-영유아 상호작용에 미치는 영향. 사회과학담론과 정책. 9(2), 169-197.

최수태(2014). 효도의 놀라운 효과. 한국심리학회지. 13(2), 293-310.

충청남도교육청(2001). 효교육의 이론과 실제: 1, 2학년용.

한국보건사회연구원(2005). 2002, 2003 영아·모성사망조사.

한덕웅, 강혜자(2000). 한국사회에서 사회문제의 지속과 변화: 1994년과 비교. 한국심리학회지. 사회문제. 6(2), 15-37

한덕웅, 최훈석(2006). 한국사회문제의 변화: 지난 10년간 세 시점의 비교. 한국심리학회지. 사회문제. 12(1), 103-128.

허혜경, 박인숙(2010). 보육교사의 자질과 직무태도가 보육의 질에 미치는 영향. 한국영유아보육학. 64, 21-41.

현주, 최상근, 차성현, 류덕엽, 이혜경(2009). 학교인성교육 실태 분석 연구: 중학교를 중심으로. 한국교육개발연구보고. RR 2009-09

황정규 외(1996). 대학 교육이 학생의 도덕성 발달에 미치는 영향: 평가 패러다임, 결과 및 함의. 고등교육연구. 8(1), 151-179.

황해익, 송연숙, 정혜영, 남미경, 정혜영, 유수경(2015). 보육교사론. 경기: 정민사.

국가직무능력표준 홈페이지: www.ncs.go.kr
인성교육진흥법, 법제처 국가법령정보센터 홈페이지: www.law.go.kt
영유아보육법, 법제처 국가법령정보센터 홈페이지: www.law.go.kt
육아정책연구소 홈페이지: www.kicce.re.kr

Almy, M.(1975). *The Early Childhood Educator at Work*. New York: McGraw-Hill Book Company.

Almy, M.(1995). *The early childhood at work*. New York: McGraw-Hill Book company.

Anderson, R. S., & Demeulle, L.(1998). Portfolio use in twenty-four teacher education programs, Teacher Education Quarterly, 21(1), 23-32.

Arroyo, A. A., & Sugawara, A.I.(1985). *A scale of student teaching concerns for use with early childhood education teacher trainees. Unpublished doctoral dissertation*. Oregon State University, Corvallis.

Attinello, J. R Lare, D., & Waters. F.(2006). The value of teacher portfolios for evaluation and professional growth. NASSAP Bulletin, 90(2), 132-152.

Barton, J., & Collins, A.(1993). Portfolios in teacher education. Journal of Teacher Education, 44(3), 200-210.

Bray, E.(1996). Using reflection: Review journals in Japaneses classroom. ERIC ED403778.

Broudy, H. S.(1984). The university and preparation of teachers. In S. G. Katz & J. D. Raths(eds.). *Advance in teacher education*. New Jersey: Ablex Publishing Corporation.

Burden, P. R.(1990). Teacher development. In W. R. Houston, M. Haberman, & J. Sikula (Eds.), *Handbook of research on teacher education*. New York: Macmillan.

Calderhead, J.(1992). *The role of reflection in learning to teach*. In L. Valli (Ed.), *Reflective Teacher Education*(pp. 139-146). Albany: State University of New York Press.

Clarke-Stewart, A.(1982). Daycare. 서영숙 역. 탁아. 서울: 교육과학사.

Cohen, N.(1995a). *Mentoring adult learners: A guide for educators and trainners.* Mallabor, FL: Krieger Publishing Company.

Copenhaver, R., Waggoner, J. E., Young, A., & James, T. L.(1997). Promoting preservice teachers' professional growth through developmental portfolios, Teacher Educator, Vol. 33 pp.103-111.

Corey, G.(2003). *Theory and Practice of Counseling and Psychotherapy.* 조현춘, 조현재 공역. 심리상담과 치료의 이론과 실제. 서울: 시그마프레스.

Crockenberg, S. B., & Litman, C.(1990). Autonomy as competence in 2-year-olds: Maternal correlates of child defiance, compliance and self-assertion. Developmental Psychology, 26, 961-971.

Daleison, C.(1996). Enhancing professional practice: A framework for teaching. Alexandra, VA: Association for Supervision and Curriculum Development.

Dewey, J.(1960). *How We Think: A Restatement of the Relation of Reflective Thinking to the Educative Process.* Chicago: D.C. Henry Regnery.

Dignam, M. H.(1965) Ego identification. Journal of Personality and Social Psychology, 1(5), 476.

Doolittle, P.(1994). Teacher Portfolio assessment. ERIC Document. ED385608.

Erikson, E. H.(1968). *Identity: Youth and crisis*(No.7). W.W.Norton & Company.

Floden, R. E.(1980). Educational Evaluation and Policy Analysis, 2(2), 35-46.

Freidus, H.(1998). Narrative practice: portfolio in teacher education(ERIC Document Reproduction Service No. ED037934).

Goossens, F. A., & van IJzendoorn, M. H.(1990). Quality of Infants' Attachments to Professional Caregivers: Relation to Infant-Parent Attachment and Day-Care Characteristics. Child Development, 61(3), 832-837.

Guillaume, A. M., & Yopp, H. K.(1995). Professional portfolios for student teachers. Teacher Education Quarterly, 22(1), 93-101.

Jonson, K., & Hodges, C.(1998). Developing professional portfolios in a teacher education program. ERIC Document, ED418070.

Kantz, L. G.(1972). Developmental stages of preschool teachers. Elementary

School Journal, 73, 50-54.

Katz, L.(1987). The nature of professions. Katz & Steiner(eds.), Current topics in early childhood education. Norwood: Ablex. Sikula(Eds.), Handbook of research on teacher education (pp. 311-327). New York: Macmillan.

Katz, L. G.(1995). *Talks with teachers of young children: A collection*. CT: Ablex.

Katz, L. G.(1978). Talks with teachers. 이차숙 역. 유아교사를 위한 제언. 경기: 양서원.

Kohlberg, L., & Candee, D.(1984). The reaction of moral judgement tomoral action. In W. M. Kurtines, & J. L. Gewirtz(eds). *Morality, moral behavior, and moral development*. New York: Wiley-Interscience Publication.

Lansdown, G.(2005). The evolving capacities of the child. UNICEF/Save the Children, 83.

Leavitt R. L.(1994). *Power and emotion in infant-toddler day care*. New York: State University of New York.

Leeper, S. H., Skipper, D. H., & Witherspoon, R. C.(1974). *Good schools for young children*. New York: Macmillan Publishing Co., Inc.

NAEYC(2005). NAEYC code of ethical conduct revised. National association of elementary school principals. 1615 Duke Street, Alexandria, VA.

NAEYC(2011). Code of ethical conduct and statement of commitment. http://www.naeyc.org/files/naeyc/file/positions/Ethics/Position/Statement2011.pdf

NICHD Early Child Care Research Network.(2001). Before Head Start: Income and Ethnicity, Family Characteristics, Child Care Experiences, and Child Development. Early Education & Development, 12(4), 545-576.

Ott, D., Zeichner, K. M., & Price, G. G.(1990). Research horizons and the quest for a knowledge base in early childhood teacher education In B. Spodek & O. N. Saracho (Eds), Early childhood teacher preparation, Vol. 1 (pp. 67-81). New York : Teachers College Press.

Peters, D. L., & Klinzing, D.(1990). The content of early childhood teacher education program: Child development. In O. /n. Saracho(Ed.), Early childhood teacher preparation(pp. 67-81). New York: Teachers College Press.

Ramsey, M. E., & Bayless, K. M.(1980). *Kindergarten Programs and Practices*. St Lousis: The C. V. Mosby Co.

Ritzer, G.(1977). Working: *Conflictsand change*. Englewood Cliffs. New Jersey: Prentice-Hall.

Rodd, J.(1994). *Leadership in early childhood. The pathway to professionalism.* Sydney: Southwood Press Pty Ltd.

Seefeldt, C.(1980). *Acurriculum for Preschools*(2nd ed). Columbus: Charles E. Merrill.

Shoffner, M.(2009). The place of the personal: Exploring the affective domain through reflection in teacher preparation. Teaching and Teacher Education, 25, 783-789.

Sockett, H.(1993). *The moral base for teacher professionalism.* New York: Teachers College Press.

Spodeck, B., & Saracho, O. N.(1992). Issues in Child Care, Year book in Early Childhood Education, Vol.3, Teachers College Colombia University.

Tasi, Chiu-Tao.(1990). A survey of Chinese kindergarten teacher concerns. Unpublished doctoral dissertation, University of Illinois.

Warren, H. C.(1934). *Dictionary of psychology*. Boston, New York: Houghton Mifflin Company.

Weiser, M. G.(1970). Teaching and the new morality. Childhood Education, 46(5), 234-238.

Wilson, S. C.(1986). *Infants and Toddlers: Curriculum and Teaching*. Albany, New York: Delmar Pulishers.

Yinger, R., & Clark, C.(1981). Reflective journal writing: Theory and practice. ERIC ED208411.

• ㄱ •

• ㄴ •

• ㄷ •

• ㅁ •

• ㅂ •

INDEX

저자소개

강유정

계명대학교 교육학박사(교육이론 및 정책 전공)

현 대구공업대학교 유아교육과 조교수

저서: 교육행정 및 교육경영, 영유아교사 인성교육의 이론과 실제, 교직의 사회학적 이해 외 다수

박진희

계명대학교 유아교육학 박사수료(유아교육 전공)

현 성덕대학교 유아교육과 조교수

저서: 유아창의인성교육, 유아과학교육, 영유아교사 인성교육의 이론과 실제 외 다수

보육교사인성론

초판 1쇄 인쇄 / 2018년 3월 10일
초판 2쇄 발행 / 2019년 2월 25일

•

공저자 / 강유정 · 박진희
발행인 / 이 중 수
발행처 / **동 문 사**

•

서울특별시 서대문구 홍제원 1길 12
(홍제동 137-8)
Tel: 02)736-3718(대), 736-3710, 3720
Fax: 02)736-3719
등록번호: 1974.04.07 제9-17호
가격: 16,000원

•

ISBN: 978-89-8251-977-2(93370)
E-mail: dong736@naver.com
www.dongmunsa.com